대전광역시교육청

교육공무직원

소양평가(인성검사 및 직무능력검사)

대전광역시교육청

교육공무직원

소양평가(인성검사 및 직무능력검사)

초판 2쇄 발행 2023년 01월 19일
개정 2판 1쇄 발행 2024년 04월 08일

편 저 자 | 공무원시험연구소
발 행 처 | (주)서원각
등록번호 | 1999-1A-107호
주 소 | 경기도 고양시 일산서구 덕산로 88-45(가좌동)
대표번호 | 031-923-2051
팩 스 | 031-923-3815
교재문의 | 카카오톡 플러스 친구 [서원각]
홈페이지 | goseowon.com

PREFACE

교육공무직원은 대한민국의 교육부 산하, 시도교육청 산하 학교와 기관에서 교사들이 학생지도에 전념할 수 있도록 교육업무지원과 행정업무 등을 담당하는 교직원이다.

교육공무직원은 응시한계연령 및 정년연령이 만60세인 국·공립교육기관에 속한 무기계약직으로 안정적 신분과 처우로 그 인기가 높다.

각 시도교육청별로 필요에 따라 공개경쟁으로 채용하는 교육공무직원은 기존에 국어와 일반상식 시험을 치르던 방식을 변경하여 2014년부터는 1차 시험인 소양평가(인적성검사＋직무능력검사)와 2차 시험인 면접으로 인재를 선발한다.

본서는 교육공무직원 채용을 준비하는 수험생을 위해 발행된 소양평가 및 면접 대비 기본서이다. 공무원 및 공기업 신규 직원 채용 시 시행하는 인적성검사의 유형을 분석하고 가장 대표적인 유형을 엄선하여 교육공무직원 소평평가에도 포괄적으로 대비할 수 있도록 구성하였다.

또한 직무능력검사 영역별 핵심이론 및 출제예상문제, 다양한 유형의 인성검사, 면접기출 등을 수록하여 교육공무직원 채용에 다각도로 대비할 수 있도록 하였다.

교육공무직원 채용을 꿈꾸는 모든 수험생들의 합격을 기원한다.

채용안내

※ 본 안내는 「2023년 대전광역시교육청 교육공무직원 채용시험 시행」 공고문을 바탕으로 작성된 것으로, 채용시험을 준비하는 수험생은 지원 전 반드시 대전광역시교육청 홈페이지의 공고문을 참고하시기 바랍니다.

1. 선발예정직종 및 업무내용

직종명	업무내용	근무형태
교육 복지사	• 교육복지우선지원사업 중점학교 운영 및 지원 업무 • 교육취약계층 학생을 지원하기 위해 필요한 업무 • 교육·문화·복지 등 지역사회 기관 연계·협력 업무 • 기타 기관(학교)장이 지정하는 업무	주40시간 (상시근무)
돌봄 전담사	• 학생 및 돌봄교실 관리 업무 • 초등 돌봄교실(방과후학교 연계형 돌봄교실 포함) 운영 계획 수립 및 학교 운영위원회 심의 • 특기 적성 프로그램 관리 • 급·간식 제공 및 관리 업무 • 돌봄전담사 대체인력풀 운영 • 돌봄교실 관련 예산 관리 업무, NEIS 업무 • 초등 돌봄교실 관련 업무 및 학교장이 지정하는 업무	주40시간 (상시근무)
특수교육 실무원	• 특수교육대상자의 교수학습 활동, 방과후활동, 신변처리, 급식, 교내 외 활동, 등·하교 등 교육 및 학교 활동에 대한 전반적인 지원 • 기타 학교장이 지정하는 업무	주40시간 (방학중비근무)

취업지원관	•직업계고 취업 지원에 관한 업무
	  – 취업처 발굴 및 관리
	  – 학생-기업체 매칭 시스템 구축 및 운영관리
	  – 안전한 현장실습 운영관리
	  – 취업역량강화 지원(취업기초역량 교육지원, 노동인권교육 등)
	•기타 기관(학교)장이 지정하는 업무
		주40시간
		(상시근무)

체험해설 실무원	• 전시·체험해설 프로그램 진행 업무 • 전시체험물 유지보수 및 관리 업무 • 기타 기관장이 지정하는 업무	주40시간 (상시근무) ※ 휴무일은 근무처의 별도 계획에 따름

조리원	• 급식품의 위생적인 조리 및 배식 • 급식시설·설비, 기구 및 기물의 세척, 소독 • 급식시설(조리실, 식당, 계단실 등 학교급식 관련 전체 면적)의 청소 및 소독 • 기타 영양(교)사의 지시사항 이행 및 업무보조 • 기타 기관(학교)장이 지정하는 업무	주40시간 (방학중비근무)
전문상담사	• 117 학교폭력 사안 접수 및 초기 상담 • 학교폭력 사안에 대한 조사 및 통보 • 기타 기관(부서)장이 지정하는 업무	상시근무 (365일 교대근무)
	• 근무지에 따라 구체적인 업무는 다름(대표업무*는 참조) • 기타 기관(부서)장이 지정하는 업무	
수련지도원	• 학생해양체험활동 및 실내프로그램 지도·운영 • 수련활동 제반 사항 업무 등 • 기타 원장이 지정하는 업무	주40시간 (상시근무)
당직실무원	• 야간 및 휴무일에 학교 및 기관 시설물 경비 • 기타 기관(학교)장이 지정하는 업무	주40시간 (상시근무)
청소실무원	• 화장실·복도 및 회의실 등 시설물 청소 • 기타 기관(학교)장이 지정하는 업무	주24시간 (격일제근무)

※ 근무일 및 출퇴근시간은 소정 근로시간 내에서 해당 기관(학교) 운영 여건에 따라 변경될 수 있음

2. 시험방법

구분		시험방법
1차 시험	교육복지사, 돌봄전담사, 특수교육실무원, 취업지원관, 체험해설실무원, 전문상담사, 수련지도원	인성·직무능력검사(100%) • 인성검사(50%) • 직무능력검사(50%)
	조리원, 당직실무원, 청소실무원	인성검사(100%)
2차 시험	전 직종	면접심사(100%)

① 1차 시험
- 인성·직무능력검사는 문항 출제 및 결과 분석 등 검사 전반에 관한 사항을 전문검사기관에 위탁하여 실시합니다.
- 직무능력검사는 해당 직무 수행에 필요한 기본 능력을 진단하는 것으로 언어논리력, 수리능력, 문제해결력 등 3개 영역으로 구분합니다.

② 2차 시험
- 1차 인성·직무능력검사 합격자에 한하여 2차 면접심사에 응시할 수 있으며, 면접심사는 해당 직무수행에 필요한 능력 및 적격성을 검증합니다.
- 1차 시험 합격자에 대하여 응시 자격을 확인하여 허위로 판명될 경우 1차 시험 합격을 취소하며 2차 면접심사에 응시할 수 없습니다.

3. 응시자격

① 응시 결격사유 : 면접시험일 기준으로 「대전광역시교육청 교육공무직원 채용 및 관리 조례 시행규칙」 제4조 제4항에 해당되는 사람은 응시할 수 없습니다.

② 응시연령
- 18세 이상, 정년(60세)에 도달하지 아니하여야 합니다.
- 단, 당직실무원과 청소실무원은 55세 이상, 정년(65세)에 도달하지 아니하여야 합니다.

③ 거주지 제한
- 채용시험 공고일 전일(前日)부터 면접시험일까지 계속하여 본인의 주민등록상 주소지가 대전광역시로 되어 있는 사람(동 기간 중 주민등록말소 및 거주 불명으로 등록된 사실이 없어야 함)이어야 합니다.
  ※ 재외국민(해외영주권자)도 위 요건과 동일하며, 주민등록 또는 국내거소신고 사실 증명으로 거주한 사실을 증명해야함

④ 필수 자격요건
- 직종별 필수 자격요건을 원서접수 마감일까지 갖춘 경우에만 시험에 응시할 수 있습니다.

직종명	필수 자격요건
교육복지사	• 아래의 자격 기준을 모두 충족하는 자 1. 관련학과(사회복지학, 교육학, 청소년학) 전공자 2. 사회복지사, 청소년지도사, 평생교육사 자격증 중 1개 이상 소지자
돌봄전담사	유 · 초 · 중등 교사자격증 또는 보육교사 2급 이상 자격증 소지자
특수교육실무원	고등학교 졸업자 또는 이와 같은 수준 이상의 학력이 있다고 인정된 자
취업지원관	직업상담사 2급이상 자격증
체험해설실무원	과학 및 공학계열 전문학사 이상 학위 소지자
전문상담사	• 아래의 자격증 중 1개 이상 소지자 1. 전문상담교사 2급 이상(교육부) 2. 청소년상담사 2급 이상(한국청소년상담복지개발원) 3. 전문상담사 2급 이상(사, 한국상담학회) 4. 상담심리사 2급 이상(사, 한국상담심리학회)
수련지도원	• 아래의 2가지 자격증 중 1개 이상 소지자 1. 인명구조요원(수상구조사) 자격증(해양경찰청 지정 인명구조요원 지정단체) 2. 동력수상레저기구조정면허 2급 이상(해양경찰청)
조리원	별도 자격 요건 없음
당직실무원	별도 자격 요건 없음
청소실무원	별도 자격 요건 없음

4. 응시원서 접수기간 및 시험일정

시험공고	원서접수	1차 시험	2차 시험	합격자 발표
4월 초	4월 중	5월 중	6월 중	7월 중

5. 응시원서 접수

① 접수방법 : 인테넷 접수(방문 및 우편접수 불가)

　※ 대전광역시교육청 교육공무직원 채용 누리집(http://edufamily.dje.go.kr) → "원서접수" 또는 "원서작성" → 접수하기 → 약관동의 → 본인 인증 → 원서작성

② 응시원서 사진파일 등록

• 사진파일(jpg) 규격은 3cm×4cm(상반신 컬러증명사진)으로 용량은 10MB미만이어야 합니다.

• 최근 6개월 이내에 촬영한 것으로 시험 당일 본인 확인이 가능한 사진이어야 합니다.

　※ 얼굴 정면이 나타나는 사진으로 식별이 용이하여야 하며, 모자나 선글라스 등을 착용한 사진과 스냅사진, 배경이 있는 사진, 휴대폰으로 찍은 사진, 파일이 너무 크거나 작아서 본인 식별이 곤란한 사진, 뒤집어진 사진 등을 제출하여 본인 확인이 불가능할 경우 원서접수가 무효 처리될 수 있습니다.

③ 유의사항

• 중복접수 불가 : 응시자는 복수직종으로 응시원서를 제출할 수 없으며 복수 응시할 경우 모든 직종에 대한 접수가 무효 처리되니, 반드시 하나의 직종에만 응시하시기 바랍니다.

• 원서접수가 완료되면 원서접수 시에 입력하신 휴대폰 번호로 접수완료 안내 문자메시지가 발송될 예정이니 원서접수 시 연락 가능한 전화번호(휴대폰 번호 등)를 반드시 기재하여야 합니다. 접수결과 및 응시번호 안내메시지 수신 여부를 확인하지 않거나 연락 불능으로 발생되는 불이익은 응시자 책임입니다.

　※ 접수완료 후 문자메시지를 받지 못한 경우 ☎ 042-616-8684로 반드시 연락하시기 바랍니다.

• 인터넷 원서접수 완료 후 응시직종, 기재사항 등 접수내역을 반드시 확인하시기 바라며, 시험당일에는 응시표와 신분증을 꼭 지참하여야 합니다.

> ※ 응시표 출력
> 　대전광역시교육청 교육공무직원 채용 누리집 (http://edufamily.dje.go.kr) → 응시표 출력 → 본인 인증 → 응시표 출력

• 원서접수 완료 후 응시직종을 변경하고자 하는 경우에는 반드시 먼저 접수한 내역을 취소한 후 다른 직종으로 접수하시기 바랍니다.

• 응시원서 접수 완료 후 내용 수정, 원서접수 취소는 원서접수 기간 내에만 가능합니다.

> ※ 응시원서 접수 수정 또는 취소
>   대전광역시교육청 교육공무직원 채용 누리집 (http://edufamily.dje.go.kr) → 나의원서관리 → 본인 인증 → 상세
>   보기 → 응시원서 수정 또는 접수 취소

• 응시자는 시험에 필요한 필수 자격요건 등 응시 자격과 가산점을 정확하게 입력하여야 하며, 제1차 인성·직무능
  력검사 합격자에 한하여 증빙서류를 제출받아 확인합니다.

  ※ 원서접수 시 기재한 사항이 허위사실이거나 증빙서류와 다를 경우 시험 합격은 취소되며 아무런 이의를 제기할 수 없습니다.

• 접수현황 안내 : 일일 원서접수 현황(18:00 기준)은 다음날 10:00 대전광역시교육청 누리집(https://www.dje.go.kr) "정보
  마당 – 소식알림방 – 공지사항" 및 대전광역시교육청 교육공무직원 채용 누리집(http://edufamily.dje.go.kr) "공지사항"란
  에 탑재합니다.

6. 취업지원대상자 가산점

• 원서접수 마감일 기준「국가유공자 등 예우 및 지원에 관한 법률」제29조,「독립유공자 예우에 관한 법률」제16조,
  「보훈보상대상자 지원에 관한 법률」제33조,「5.18민주유공자 예우에 관한 법률」제20조,「특수임무유공자 예우 및
  단체설립에 관한 법률」제19조,「고엽제후유의증 환자지원 및 단체설립에 관한 법률」제7조9에 따라 지정된 취업지
  원대상자는 각 과목별 만점의 40% 이상 득점한 사람에 한하여 각 과목별 득점에 각 과목별 만점의 10% 또는 5%에
  해당하는 점수를 가산합니다.

• 취업지원대상자 가산점을 받아 합격하는 사람은 직종별 선발예정인원의 30%를 초과할 수 없으며, 선발예정인원
  이 3명 이하인 경우 가산점 합격자는 없습니다. (단, 응시인원이 선발예정인원과 같거나 그보다 적은 경우에는
  그러하지 않음)

> ※ 취업지원대상자 여부와 가산점 비율은 본인이 직접 국가보훈처 및 지방보훈청 등(보훈상담센터 ☎ 1577-0606)에
>   확인하여야 합니다.
> ※ 응시원서 작성 시 허위로 가산점을 표기하거나 가산비율 및 보훈번호를 잘못 기재하여 발생하는 불이익은 응시자
>   본인 책임이므로 반드시 취업지원대상자증명서를 미리 발급받아 기재사항을 확인하시기 바랍니다.

7. 합격자 결정

① 제1차 인성 · 직무능력검사
- 각 검사별 만점의 40% 이상 득점하고 총점 40점 이상 득점자 중에서 점수가 높은 사람 순으로 선발예정인원을 결정하며, 동점자가 있을 경우 동점자 모두 합격 처리합니다.
- 선발예정인원은 100명 이상인 경우 선발예정인원의 110%, 100명 미만인 경우 선발예정인원의 120%(소수점 이하 인원 절상)를 합격자로 결정하고, 선발예정 인원이 6명 이하인 경우 선발예정인원에 2명을 합한 인원을 합격자로 결정합니다.
- 1차 합격자 공고 후 응시결격 사유에 해당되는 것으로 판명되거나 자격요건, 가산점 관련사항 등이 허위로 판명될 경우 합격을 취소 처리하고, 점수가 높은 사람 순으로 추가 합격자를 결정할 수 있습니다.

② 제2차 면접심사(최종합격자)
- 1차 인성 · 직무능력검사 합격자를 대상으로 면접심사를 실시하고, 면접심사 점수는 불합격 기준에 해당하지 아니하는 자 중에서 각 평정요소별 점수를 합산하여 평균으로 계산합니다.
- 면접심사 점수가 높은 자 순으로 최종합격자를 결정하되, 동점자에 대해서는 취업지원대상자, 면접심사결과 '우수'를 많이 받은 사람, 생년월일이 빠른 사람 순으로 합격자를 결정합니다.
- 최종 합격자 공고 후 응시 결격사유에 해당되는 것으로 판명되거나 자격요건 등이 허위로 판명될 경우 합격을 취소합니다.
- 최종 합격자의 채용포기, 합격취소, 응시결격사유 등 발생 시 최종합격자 발표일로부터 3개월 이내에 면접시험 성적순으로 추가 합격자를 결정할 수 있습니다.

8. 제출서류

① 1차 합격자 제출서류

구분	제출서류	세부내용
공통	신분증	• 본인 확인을 위해 지참
	주민등록초본	• 공고일 이후 발행분 • 최근 1년간 주소 변동내역이 포함된 것
가산점 신청자	취업지원대상자증명서	• 가산점 신청자에 한함
필수 자격요건 대상자	최종학력증명서	• 교육복지사, 특수교육실무원, 체험해설실무원에 한함
	자격증명서 사본	• 자격증이 필요한 직종에 한함(응시직종별 필수자격증 반드시 제출) • 원서접수 마감일까지 취득한 것에 한함 • 원본 지참하고 사본 제출

※ 증빙서류를 제출하지 않거나 진위여부 확인 결과 허위 작성 또는 자격요건에 충족되지 않을 경우 시험 합격은 취소됩니다.
※ 제출일자는 변경될 수 있으며 추후 공고를 통해 확인하시기 바랍니다.

② 최종 합격자 제출서류

구분	제출서류	세부내용
공통	신분증	• 본인 확인을 위해 지참
	주민등록초본	• 면접시행일 이후 발행분 • 최근 1년간 주소 변동내역이 포함된 것
	채용신체검사서	• 검사 기간 및 장소는 최종 합격자 발표 시 별도 안내 예정 ※ 일부 직종에 한해 '채용건강검진대체통보서로 대체될 수 있음
	성범죄 경력 및 아동학대 관련 범죄전력조회 동의서	• 결격여부 확인
	비위면직자 조회 동의서	• 결격여부 확인
조리원	건강진단결과서(보건증) 사본	• 사본 제출 • 면접시행일 기준 6개월이 경과하지 않는 것

※ 증빙서류를 제출하지 않거나 진위여부 확인 결과 허위 작성 또는 자격요건에 충족되지 않을 경우 시험 합격은 취소됩니다.
※ 제출일자는 변경될 수 있으며 추후 공고를 통해 확인하시기 바랍니다.

9. 최종합격자 신분 및 처우 등

① 신분 : 「근로기준법」 적용을 받는 무기계약직 근로자

② 정년 : 60세(당직실무원과 청소실무원은 65세)

③ 계약기간 : 근무처 발령일부터 정년퇴직일까지

④ 수습기간 : 3개월

⑤ 근무처 : 대전광역시교육청 산하 교육행정기관 및 공립학교(유치원 포함)

⑥ 근무처 발령 : 결원 발생 시 채용후보자명부(성적순)에 따라 근로계약 체결 및 발령
  • 채용후보자명부는 2년간 유효합니다.
  • 채용후보자명부에 따라 근로계약 체결 및 인사발령 등 행정절차에 따라 발령이 이루어지며, 연락 불능 및 근로계약 미체결 등 절차 이행에 따르지 않는 경우는 채용의사가 없는 것으로 간주하며 합격이 취소됩니다.
  • 발령일자 기준 정년을 초과한 경우 근로계약 체결이 불가합니다.

⑦ 보수 등 처우 : 매년 교육공무직원 임금 지급 및 복무 기준에 따름

10. 응시자 유의사항

① 본 공고내용은 사정에 따라 변경될 수 있으며, 변경되는 사항은 시험시행 7일전까지 대전광역시교육청 누리집 (http://www.dje.go.kr) "정보마당-소식알림방-고시/공고"란에 공고합니다.

② 응시 희망자는 응시 자격이 적합한지를 우선 판단하여 응시원서를 접수하시기 바랍니다.

③ 응시원서상 기재사항 착오 또는 누락, 거주지 제한 및 응시연령 미확인, 자격미비, 연락 불능 등으로 인한 불이익은 모두 응시자의 책임으로 합니다.

④ 장애인 구분 모집은 별도로 하지 않으며 장애인 응시자는 교육공무직원으로서 응시직종 업무수행에 지장이 없을 경우 동일하게 응시하실 수 있습니다. 응시원서 접수 시 본인의 장애유형에 맞는 편의조치를 신청할 수 있으며, 장애유형별 편의제공 기준 및 절차, 구비서류 등은 "장애인 응시자 편의 지원 계획"에서 확인하시기 바랍니다.

⑤ 응시자가 제출한 서류는 「채용절차의 공정화에 관한 법률」 제11조에 따라 최종합격자를 발표한 날로부터 14일 이후 30일 이내 반환을 청구할 수 있으며, 기한 내 반환 청구하지 않거나 전자적으로 접수한 서류는 「개인정보 보호법」에 따라 파기됩니다.

⑥ 응시인원이 채용예정인원과 같거나 미달하더라도 적격자가 없는 경우 선발하지 않을 수 있습니다.

⑦ 최종합격자는 신규 교육공무직원 직무연수에 반드시 참석하여야 합니다. 자세한 사항은 추후 최종합격자 발표 공고를 통해 확인하시기 바랍니다.

⑧ 코로나 19 예방을 위한 안내 사항 : 시험장 방역 및 자가격리(확진자 포함) 응시자에 대한 시험 관련 안내는 추후 시험장소 공고 시 안내할 예정이니 시험장소 공고문을 반드시 확인하시기 바랍니다.

⑨ 공고 및 원서접수 관련 사항은 대전광역시교육청 행정과 공무직원관리팀으로 문의 바랍니다.

STRUCTURE

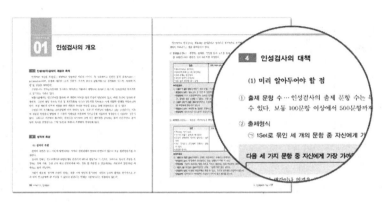

인성검사

근면성, 책임감 등 개인의 성격 및 적성을 파악하는 인성검사의 개념에 대해 소개하고 진위형 및 객관식을 포함한 다양한 유형의 인적성검사를 수록하였습니다.

직무능력검사

직무능력검사 영역별 대표유형을 정리하여 소개하고, 문제 풀이에 필요한 핵심이론 및 출제가 예상되는 문제를 엄선하여 수록하였습니다.

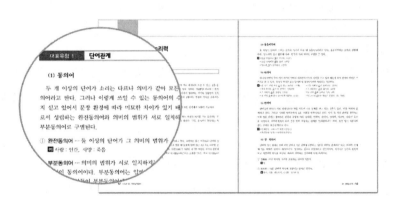

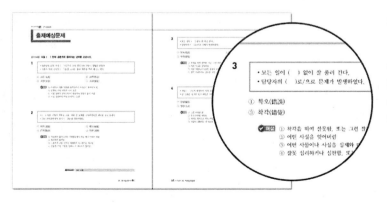

면접

면접에 대한 이해를 돕기 위해 면접 전 기본적으로 알아야 할 내용을 정리하여 수록하고 교육공무직원 면접기출을 복원하여 채용의 마무리를 책임집니다.

CONTENTS

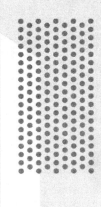

PART

01

인성검사

CHAPTER 01

인성검사의 개요

1 인성(성격)검사의 개념과 목적

인성이란 개인을 특징짓는 평범하고 일상적인 사회적 이미지, 즉 지속적이고 일관된 공적 성격(Public - personality)이며, 환경에 대응함으로써 선천적·후천적 요소의 상호작용으로 결정화된 심리적·사회적 특성 및 경향을 의미한다.

인성검사는 직무능력검사를 실시하는 대부분의 기관에서 병행하여 실시하고 있으며, 인성검사만 독자적으로 실시하는 기관도 있다.

채용기관에서는 인성검사를 통하여 각 개인이 어떠한 성격 특성이 발달되어 있고, 어떤 특성이 얼마나 부족한지, 그것이 해당 직무의 특성 및 조직문화와 얼마나 맞는지를 알아보고 이에 적합한 인재를 선발하고자 한다. 또한 개인의 성격에 적합한 직무 배분과 부족한 부분을 교육을 통해 보완하도록 할 수 있다.

인성검사의 측정요소는 검사방법에 따라 차이가 있다. 또한 각 기관들이 사용하고 있는 인성검사는 기존에 개발된 인성검사 방법에 각 기관의 인재상을 적용하여 자신들에게 적합하게 재개발하여 사용하는 경우가 많다. 그러므로 기관에서 요구하는 인재상을 파악하여 그에 따른 대비책을 준비하는 것이 바람직하다. 본서에서 제시된 인성검사는 크게 '특성'과 '유형'의 측면에서 측정하게 된다.

2 성격의 특성

(1) 정서적 측면

정서적 측면은 평소 마음의 당연시하는 자세나 정신상태가 얼마나 안정되어 있는지 또는 불안정한지를 측정한다.

정서의 상태는 직무수행이나 대인관계와 관련하여 태도나 행동으로 드러난다. 그러므로 정서적 측면을 측정하는 것에 의해, 장래 조직 내의 인간관계에 어느 정도 잘 적응할 수 있을까(또는 적응하지 못할까)를 예측하는 것이 가능하다.

그렇기 때문에, 정서적 측면의 결과는 채용 시에 상당히 중시된다. 아무리 능력이 좋아도 장기적으로 조직 내의 인간관계에 잘 적응할 수 없다고 판단되는 인재는 기본적으로는 채용되지 않는다.

일반적으로 인성검사는 채용과는 관계없다고 생각하나 정서적으로 조직에 적응하지 못하는 인재는 채용단계에서 가려내지는 것을 유의하여야 한다.

① **민감성(신경도)** … 꼼꼼함, 섬세함, 성실함 등의 요소를 통해 일반적으로 신경질적인지 또는 자신의 존재를 위협받는다는 불안을 갖기 쉬운지를 측정한다.

질문	전혀 그렇지 않다	그렇지 않다	그렇다	매우 그렇다
• 배려적이라고 생각한다. • 어지러진 방에 있으면 불안하다. • 실패 후에는 불안하다. • 세세한 것까지 신경쓴다. • 이유 없이 불안할 때가 있다.				

▶측정결과

㉠ '그렇다'가 많은 경우(상처받기 쉬운 유형) : 사소한 일에 신경 쓰고 다른 사람의 사소한 한마디 말에 상처를 받기 쉽다.
  • 면접관의 심리 : '동료들과 잘 지낼 수 있을까?', '실패할 때마다 위축되지 않을까?'
  • 면접대책 : 다소 신경질적이라도 능력을 발휘할 수 있다는 평가를 얻도록 한다. 주변과 충분한 의사소통이 가능하고, 결정한 것을 실행할 수 있다는 것을 보여주어야 한다.
㉡ '그렇지 않다'가 많은 경우(정신적으로 안정적인 유형) : 사소한 일에 신경 쓰지 않고 금방 해결하며, 주위 사람의 말에 과민하게 반응하지 않는다.
  • 면접관의 심리 : '계약할 때 필요한 유형이고, 사고 발생에도 유연하게 대처할 수 있다.'
  • 면접대책 : 일반적으로 '민감성'의 측정치가 낮으면 플러스 평가를 받으므로 더욱 자신감 있는 모습을 보여준다.

② **자책성(과민도)** … 자신을 비난하거나 책망하는 정도를 측정한다.

질문	전혀 그렇지 않다	그렇지 않다	그렇다	매우 그렇다
• 후회하는 일이 많다. • 자신이 하찮은 존재라 생각된다. • 문제가 발생하면 자기의 탓이라고 생각한다. • 무슨 일이든지 끙끙대며 진행하는 경향이 있다. • 온순한 편이다.				

▶측정결과

㉠ '그렇다'가 많은 경우(자책하는 유형) : 비관적이고 후회하는 유형이다.

  • 면접관의 심리 : '끙끙대며 괴로워하고, 일을 진행하지 못할 것 같다.'
  • 면접대책 : 기분이 저조해도 항상 의욕을 가지고 생활하는 것과 책임감이 강하다는 것을 보여준다.

㉡ '그렇지 않다'가 많은 경우(낙천적인 유형) : 기분이 항상 밝은 편이다.

  • 면접관의 심리 : '안정된 대인관계를 맺을 수 있고, 외부의 압력에도 흔들리지 않는다.'
  • 면접대책 : 일반적으로 '자책성'의 측정치가 낮아야 좋은 평가를 받는다.

③ **기분성(불안도)** … 기분의 굴곡이나 감정적인 면의 미숙함이 어느 정도인지를 측정하는 것이다.

질문	전혀 그렇지 않다	그렇지 않다	그렇다	매우 그렇다
• 다른 사람의 의견에 자신의 결정이 흔들리는 경우가 많다. • 기분이 쉽게 변한다. • 종종 후회한다. • 다른 사람보다 의지가 약한 편이라고 생각한다. • 금방 싫증을 내는 성격이라는 말을 자주 듣는다.				

▶측정결과

㉠ '그렇다'가 많은 경우(감정의 기복이 많은 유형) : 의지력보다 기분에 따라 행동하기 쉽다.

  • 면접관의 심리 : '감정적인 것에 약하며, 상황에 따라 생산성이 떨어지지 않을까?'
  • 면접대책 : 주변 사람들과 항상 협조한다는 것을 강조하고 한결같은 상태로 일할 수 있다는 평가를 받도록 한다.

㉡ '그렇지 않다'가 많은 경우(감정의 기복이 적은 유형) : 감정의 기복이 없고, 안정적이다.

  • 면접관의 심리 : '안정적으로 업무에 임할 수 있다.'
  • 면접대책 : 기분성의 측정치가 낮으면 플러스 평가를 받으므로 자신감을 가지고 면접에 임한다.

④ **독자성(개인도)** … 주변에 대한 견해나 관심, 자신의 견해나 생각에 어느 정도의 속박감을 가지고 있는 지를 측정한다.

질문	전혀 그렇지 않다	그렇지 않다	그렇다	매우 그렇다
• 창의적 사고방식을 가지고 있다. • 융통성이 없는 편이다. • 혼자 있는 편이 많은 사람과 있는 것보다 편하다. • 개성적이라는 말을 듣는다. • 교제는 번거로운 것이라고 생각하는 경우가 많다.				

▶측정결과

㉠ '그렇다'가 많은 경우 : 자기의 관점을 중요하게 생각하는 유형으로, 주위의 상황보다 자신의 느낌과 생각을 중시한다.
 • 면접관의 심리 : '제멋대로 행동하지 않을까?'
 • 면접대책 : 주위 사람과 협조하여 일을 진행할 수 있다는 것과 상식에 얽매이지 않는다는 인상을 심어준다.

㉡ '그렇지 않다'가 많은 경우 : 상식적으로 행동하고 주변 사람의 시선에 신경을 쓴다.
 • 면접관의 심리 : '다른 직원들과 협조하여 업무를 진행할 수 있겠다.'
 • 면접대책 : 협조성이 요구되는 기업체에서는 플러스 평가를 받을 수 있다.

⑤ **자신감**(자존심도) ⋯ 자기 자신에 대해 얼마나 긍정적으로 평가하는지를 측정한다.

질문	전혀 그렇지 않다	그렇지 않다	그렇다	매우 그렇다
• 다른 사람보다 능력이 뛰어나다고 생각한다. • 다소 반대의견이 있어도 나만의 생각으로 행동할 수 있다. • 나는 다른 사람보다 기가 센 편이다. • 동료가 나를 모욕해도 무시할 수 있다. • 대개의 일을 목적한 대로 헤쳐나갈 수 있다고 생각한다.				

▶측정결과

㉠ '그렇다'가 많은 경우 : 자기 능력이나 외모 등에 자신감이 있고, 비판당하는 것을 좋아하지 않는다.

• 면접관의 심리 : '자만하여 지시에 잘 따를 수 있을까?'
• 면접대책 : 다른 사람의 조언을 잘 받아들이고, 겸허하게 반성하는 면이 있다는 것을 보여주고, 동료들과 잘 지내며 리더의 자질이 있다는 것을 강조한다.

㉡ '그렇지 않다'가 많은 경우 : 자신감이 없고 다른 사람의 비판에 약하다.

• 면접관의 심리 : '패기가 부족하지 않을까?', '쉽게 좌절하지 않을까?'
• 면접대책 : 극도의 자신감 부족으로 평가되지는 않는다. 그러나 마음이 약한 면은 있지만 의욕적으로 일을 하겠다는 마음가짐을 보여준다.

⑥ **고양성**(분위기에 들뜨는 정도) ⋯ 자유분방함, 명랑함과 같이 감정(기분)의 높고 낮음의 정도를 측정한다.

질문	전혀 그렇지 않다	그렇지 않다	그렇다	매우 그렇다
• 침착하지 못한 편이다. • 다른 사람보다 쉽게 우쭐해진다. • 모든 사람이 아는 유명인사가 되고 싶다. • 모임이나 집단에서 분위기를 이끄는 편이다. • 취미 등이 오랫동안 지속되지 않는 편이다.				

▶측정결과

㉠ '그렇다'가 많은 경우 : 자극이나 변화가 있는 일상을 원하고 기분을 들뜨게 하는 사람과 친밀하게 지내는 경향이 강하다.
• 면접관의 심리 : '일을 진행하는 데 변덕스럽지 않을까?'
• 면접대책 : 밝은 태도는 플러스 평가를 받을 수 있지만, 착실한 업무능력이 요구되는 직종에서는 마이너스 평가가 될 수 있다. 따라서 자기조절이 가능하다는 것을 보여준다.
㉡ '그렇지 않다'가 많은 경우 : 감정이 항상 일정하고, 속을 드러내 보이지 않는다.
• 면접관의 심리 : '안정적인 업무 태도를 기대할 수 있겠다.'
• 면접대책 : '고양성'의 낮음은 대체로 플러스 평가를 받을 수 있다. 그러나 '무엇을 생각하고 있는지 모르겠다' 등의 평을 듣지 않도록 주의한다.

⑦ 허위성(진위성) … 필요 이상으로 자기를 좋게 보이려 하거나 기업체가 원하는 '이상형'에 맞춘 대답을 하고 있는지, 없는지를 측정한다.

질문	전혀 그렇지 않다	그렇지 않다	그렇다	매우 그렇다
• 약속을 깨뜨린 적이 한 번도 없다. • 다른 사람을 부럽다고 생각해 본 적이 없다. • 꾸지람을 들은 적이 없다. • 사람을 미워한 적이 없다. • 화를 낸 적이 한 번도 없다.				

▶측정결과

㉠ '그렇다'가 많은 경우 : 실제의 자기와는 다른, 말하자면 원칙으로 해답할 가능성이 있다.
• 면접관의 심리 : '거짓을 말하고 있다.'
• 면접대책 : 조금이라도 좋게 보이려고 하는 '거짓말쟁이'로 평가될 수 있다. '거짓을 말하고 있다.'는 마음 따위가 전혀 없다 해도 결과적으로는 정직하게 답하지 않는다는 것이 되어 버린다. '허위성'의 측정 질문은 구분되지 않고 다른 질문 중에 섞여 있다. 그러므로 모든 질문에 솔직하게 답하여야 한다. 또한 자기 자신과 너무 동떨어진 이미지로 답하면 좋은 결과를 얻지 못한다. 그리고 면접에서 '허위성'을 기본으로 한 질문을 받게 되므로 당황하거나 또다른 모순된 답변을 하게 된다. 겉치레를 하거나 무리한 욕심을 부리지 말고 '이런 사회인이 되고 싶다.'는 현재의 자신보다, 조금 성장한 자신을 표현하는 정도가 적당하다.
㉡ '그렇지 않다'가 많은 경우 : 냉정하고 정직하며, 외부의 압력과 스트레스에 강한 유형이다. '대쪽 같음'의 이미지가 굳어지지 않도록 주의한다.

(2) 행동적인 측면

행동적 측면은 인격 중에 특히 행동으로 드러나기 쉬운 측면을 측정한다. 사람의 행동 특징 자체에는 선도 악도 없으나, 일반적으로는 일의 내용에 의해 원하는 행동이 있다. 때문에 행동적 측면은 주로 직종과 깊은 관계가 있는데 자신의 행동 특성을 살려 적합한 직종을 선택한다면 플러스가 될 수 있다.

행동 특성에서 보여 지는 특징은 면접장면에서도 드러나기 쉬운데 본서의 모의 TEST의 결과를 참고하여 자신의 태도, 행동이 면접관의 시선에 어떻게 비치는지를 점검하도록 한다.

① **사회적 내향성** … 대인관계에서 나타나는 행동경향으로 '낯가림'을 측정한다.

질문	선택
A : 파티에서는 사람을 소개받은 편이다. B : 파티에서는 사람을 소개하는 편이다.	
A : 처음 보는 사람과는 어색하게 시간을 보내는 편이다. B : 처음 보는 사람과는 즐거운 시간을 보내는 편이다.	
A : 친구가 적은 편이다. B : 친구가 많은 편이다.	
A : 자신의 의견을 말하는 경우가 적다. B : 자신의 의견을 말하는 경우가 많다.	
A : 사교적인 모임에 참석하는 것을 좋아하지 않는다. B : 사교적인 모임에 항상 참석한다.	

▶측정결과

㉠ 'A'가 많은 경우 : 내성적이고 사람들과 접하는 것에 소극적이다. 자신의 의견을 말하지 않고 조심스러운 편이다.

• 면접관의 심리 : '소극적인데 동료와 잘 지낼 수 있을까?'

• 면접대책 : 대인관계를 맺는 것을 싫어하지 않고 의욕적으로 일을 할 수 있다는 것을 보여준다.

㉡ 'B'가 많은 경우 : 사교적이고 자기의 생각을 명확하게 전달할 수 있다.

• 면접관의 심리 : '사교적이고 활동적인 것은 좋지만, 자기주장이 너무 강하지 않을까?'

• 면접대책 : 협조성을 보여주고, 자기주장이 너무 강하다는 인상을 주지 않도록 주의한다.

② 내성성(침착도) … 자신의 행동과 일에 대해 침착하게 생각하는 정도를 측정한다.

질문	선택
A : 시간이 걸려도 침착하게 생각하는 경우가 많다. B : 짧은 시간에 결정을 하는 경우가 많다.	
A : 실패의 원인을 찾고 반성하는 편이다. B : 실패를 해도 그다지(별로) 개의치 않는다.	
A : 결론이 도출되어도 몇 번 정도 생각을 바꾼다. B : 결론이 도출되면 신속하게 행동으로 옮긴다.	
A : 여러 가지 생각하는 것이 능숙하다. B : 여러 가지 일을 재빨리 능숙하게 처리하는 데 익숙하다.	
A : 여러 가지 측면에서 사물을 검토한다. B : 행동한 후 생각을 한다.	

▶측정결과

㉠ 'A'가 많은 경우 : 행동하기 보다는 생각하는 것을 좋아하고 신중하게 계획을 세워 실행한다.

• 면접관의 심리 : '행동으로 실천하지 못하고, 대응이 늦은 경향이 있지 않을까?'

• 면접대책 : 발로 뛰는 것을 좋아하고, 일을 더디게 한다는 인상을 주지 않도록 한다.

㉡ 'B'가 많은 경우 : 차분하게 생각하는 것보다 우선 행동하는 유형이다.

• 면접관의 심리 : '생각하는 것을 싫어하고 경솔한 행동을 하지 않을까?'

• 면접대책 : 계획을 세우고 행동할 수 있는 것을 보여주고 '사려깊다'라는 인상을 남기도록 한다.

③ **신체활동성** … 몸을 움직이는 것을 좋아하는가를 측정한다.

질문	선택
A : 민첩하게 활동하는 편이다. B : 준비행동이 없는 편이다.	
A : 일을 척척 해치우는 편이다. B : 일을 더디게 처리하는 편이다.	
A : 활발하다는 말을 듣는다. B : 얌전하다는 말을 듣는다.	
A : 몸을 움직이는 것을 좋아한다. B : 가만히 있는 것을 좋아한다.	
A : 스포츠를 하는 것을 즐긴다. B : 스포츠를 보는 것을 좋아한다.	

▶측정결과

㉠ 'A'가 많은 경우 : 활동적이고, 몸을 움직이게 하는 것이 컨디션이 좋다.
- 면접관의 심리 : '활동적으로 활동력이 좋아 보인다.'
- 면접대책 : 활동하고 얻은 성과 등과 주어진 상황의 대응능력을 보여준다.

㉡ 'B'가 많은 경우 : 침착한 인상으로, 차분하게 있는 타입이다.
- 면접관의 심리 : '좀처럼 행동하려 하지 않아 보이고, 일을 빠르게 처리할 수 있을까?'

④ **지속성(노력성)** … 무슨 일이든 포기하지 않고 끈기 있게 하려는 정도를 측정한다.

질문	선택
A : 일단 시작한 일은 시간이 걸려도 끝까지 마무리한다. B : 일을 하다 어려움에 부딪히면 단념한다.	
A : 끈질긴 편이다. B : 바로 단념하는 편이다.	
A : 인내가 강하다는 말을 듣는다. B : 금방 싫증을 낸다는 말을 듣는다.	
A : 집념이 깊은 편이다. B : 담백한 편이다.	
A : 한 가지 일에 구애되는 것이 좋다고 생각한다. B : 간단하게 체념하는 것이 좋다고 생각한다.	

▶측정결과
㉠ 'A'가 많은 경우 : 시작한 것은 어려움이 있어도 포기하지 않고 인내심이 높다.
  • 면접관의 심리 : '한 가지의 일에 너무 구애되고, 업무의 진행이 원활할까?'
  • 면접대책 : 인내력이 있는 것은 플러스 평가를 받을 수 있지만 집착이 강해 보이기도 한다.
㉡ 'B'가 많은 경우 : 뒤끝이 없고 조그만 실패로 일을 포기하기 쉽다.
  • 면접관의 심리 : '질리는 경향이 있고, 일을 정확히 끝낼 수 있을까?'
  • 면접대책 : 지속적인 노력으로 성공했던 사례를 준비하도록 한다.

⑤ 신중성(주의성) … 자신이 처한 주변상황을 즉시 파악하고 자신의 행동이 어떤 영향을 미치는지를 측정한다.

질문	선택
A : 여러 가지로 생각하면서 완벽하게 준비하는 편이다. B : 행동할 때부터 임기응변적인 대응을 하는 편이다.	
A : 신중해서 타이밍을 놓치는 편이다. B : 준비 부족으로 실패하는 편이다.	
A : 자신은 어떤 일에도 신중히 대응하는 편이다. B : 순간적인 충동으로 활동하는 편이다.	
A : 시험을 볼 때 끝날 때까지 재검토하는 편이다. B : 시험을 볼 때 한 번에 모든 것을 마치는 편이다.	
A : 일에 대해 계획표를 만들어 실행한다. B : 일에 대한 계획표 없이 진행한다.	

▶측정결과
㉠ 'A'가 많은 경우 : 주변 상황에 민감하고, 예측하여 계획 있게 일을 진행한다.
  • 면접관의 심리 : '너무 신중해서 적절한 판단을 할 수 있을까?', '앞으로의 상황에 불안을 느끼지 않을까?'
  • 면접대책 : 예측을 하고 실행을 하는 것은 플러스 평가가 되지만, 너무 신중하면 일의 진행이 정체될 가능성을 보이므로 추진력이 있다는 강한 의욕을 보여준다.
㉡ 'B'가 많은 경우 : 주변 상황을 살펴보지 않고 착실한 계획 없이 일을 진행시킨다.
  • 면접관의 심리 : '사려 깊지 않고, 실패하는 일이 많지 않을까?', '판단이 빠르고 유연한 사고를 할 수 있을까?'
  • 면접대책 : 사전준비를 중요하게 생각하고 있다는 것 등을 보여주고, 경솔한 인상을 주지 않도록 한다. 또한 판단력이 빠르거나 유연한 사고 덕분에 일 처리를 잘 할 수 있다는 것을 강조한다.

(3) 의욕적인 측면

의욕적인 측면은 의욕의 정도, 활동력의 유무 등을 측정한다. 여기서의 의욕이란 우리들이 보통 말하고 사용하는 '하려는 의지'와는 조금 뉘앙스가 다르다. '하려는 의지'란 그 때의 환경이나 기분에 따라 변화하는 것이지만, 여기에서는 조금 더 변화하기 어려운 특징, 말하자면 정신적 에너지의 양으로 측정하는 것이다.

의욕적 측면은 행동적 측면과는 다르고, 전반적으로 어느 정도 점수가 높은 쪽을 선호한다. 모의검사의 의욕적 측면의 결과가 낮다면, 평소 일에 몰두할 때 조금 의욕 있는 자세를 가지고 서서히 개선하도록 노력해야 한다.

① 달성의욕 … 목적의식을 가지고 높은 이상을 가지고 있는지를 측정한다.

질문	선택
A : 경쟁심이 강한 편이다. B : 경쟁심이 약한 편이다.	
A : 어떤 한 분야에서 제1인자가 되고 싶다고 생각한다. B : 어느 분야에서든 성실하게 임무를 진행하고 싶다고 생각한다.	
A : 규모가 큰 일을 해보고 싶다. B : 맡은 일에 충실히 임하고 싶다.	
A : 아무리 노력해도 실패한 것은 아무런 도움이 되지 않는다. B : 가령 실패했을 지라도 나름대로의 노력이 있었으므로 괜찮다.	
A : 높은 목표를 설정하여 수행하는 것이 의욕적이다. B : 실현 가능한 정도의 목표를 설정하는 것이 의욕적이다.	

▶측정결과

㉠ 'A'가 많은 경우 : 큰 목표와 높은 이상을 가지고 승부욕이 강한 편이다.
- 면접관의 심리 : '열심히 일을 해줄 것 같은 유형이다.'
- 면접대책 : 달성의욕이 높다는 것은 어떤 직종이라도 플러스 평가가 된다.

㉡ 'B'가 많은 경우 : 현재의 생활을 소중하게 여기고 비약적인 발전을 위하여 기를 쓰지 않는다.
- 면접관의 심리 : '외부의 압력에 약하고, 기획입안 등을 하기 어려울 것이다.'
- 면접대책 : 일을 통하여 하고 싶은 것들을 구체적으로 어필한다.

② 활동의욕 … 자신에게 잠재된 에너지의 크기로, 정신적인 측면의 활동력이라 할 수 있다.

질문	선택
A : 하고 싶은 일을 실행으로 옮기는 편이다. B : 하고 싶은 일을 좀처럼 실행할 수 없는 편이다.	
A : 어려운 문제를 해결해 가는 것이 좋다. B : 어려운 문제를 해결하는 것을 잘하지 못한다.	
A : 일반적으로 결단이 빠른 편이다. B : 일반적으로 결단이 느린 편이다.	
A : 곤란한 상황에도 도전하는 편이다. B : 사물의 본질을 깊게 관찰하는 편이다.	
A : 시원시원하다는 말을 잘 듣는다. B : 꼼꼼하다는 말을 잘 듣는다.	

▶측정결과

㉠ 'A'가 많은 경우 : 꾸물거리는 것을 싫어하고 재빠르게 결단해서 행동하는 타입이다.
 • 면접관의 심리 : '일을 처리하는 솜씨가 좋고, 일을 척척 진행할 수 있을 것 같다.'
 • 면접대책 : 활동의욕이 높은 것은 플러스 평가가 된다. 사교성이나 활동성이 강하다는 인상을 준다.
㉡ 'B'가 많은 경우 : 안전하고 확실한 방법을 모색하고 차분하게 시간을 아껴서 일에 임하는 타입이다.
 • 면접관의 심리 : '재빨리 행동을 못하고, 일의 처리속도가 느린 것이 아닐까?'
 • 면접대책 : 활동성이 있는 것을 좋아하고 움직임이 더디다는 인상을 주지 않도록 한다.

3 성격의 유형

(1) 인성검사 유형의 4가지 척도

　정서적인 측면, 행동적인 측면, 의욕적인 측면의 요소들은 성격 특성이라는 관점에서 제시된 것들로 각 개인의 장·단점을 파악하는 데 유용하다. 그러나 전체적인 개인의 인성을 이해하는 데는 한계가 있다.

　성격의 유형은 개인의 '성격적인 특색'을 가리키는 것으로, 사회인으로서 적합한지, 아닌지를 말하는 관점과는 관계가 없다. 따라서 채용의 합격 여부에는 사용되지 않는 경우가 많으며, 입사 후의 적정 부서 배치의 자료가 되는 편이라 생각하면 된다. 그러나 채용과 관계가 없다고 해서 아무런 준비도 필요없는 것은 아니다. 자신을 아는 것은 면접 대책의 밑거름이 되므로 모의검사 결과를 충분히 활용하도록 하여야 한다.

본서에서는 4개의 척도를 사용하여 기본적으로 16개의 패턴으로 성격의 유형을 분류하고 있다. 각 개인의 성격이 어떤 유형인지 재빨리 파악하기 위해 사용되며, '적성'에 맞는지, 맞지 않는지의 관점에 활용된다.

- 흥미·관심의 방향 : 내향형 ←————→ 외향형
- 사물에 대한 견해 : 직관형 ←————→ 감각형
- 판단하는 방법 : 감정형 ←————→ 사고형
- 환경에 대한 접근방법 : 지각형 ←————→ 판단형

(2) 성격유형

① 흥미·관심의 방향(내향⇆외향) … 흥미·관심의 방향이 자신의 내면에 있는지, 주위환경 등 외면에 향하는 지를 가리키는 척도이다.

질문	선택
A : 내성적인 성격인 편이다. B : 개방적인 성격인 편이다.	
A : 항상 신중하게 생각을 하는 편이다. B : 바로 행동에 착수하는 편이다.	
A : 수수하고 조심스러운 편이다. B : 자기 표현력이 강한 편이다.	
A : 다른 사람과 함께 있으면 침착하지 않다. B : 혼자서 있으면 침착하지 않다.	

▶측정결과

㉠ 'A'가 많은 경우(내향) : 관심의 방향이 자기 내면에 있으며, 조용하고 낯을 가리는 유형이다. 행동력은 부족하나 집중력이 뛰어나고 신중하고 꼼꼼하다.

㉡ 'B'가 많은 경우(외향) : 관심의 방향이 외부환경에 있으며, 사교적이고 활동적인 유형이다. 꼼꼼함이 부족하여 대충하는 경향이 있으나 행동력이 있다.

② 일(사물)을 보는 방법(직감⇆감각) … 일(사물)을 보는 법이 직감적으로 형식에 얽매이는지, 감각적으로 상식적인지를 가리키는 척도이다.

질문	선택
A : 현실주의적인 편이다. B : 상상력이 풍부한 편이다.	
A : 정형적인 방법으로 일을 처리하는 것을 좋아한다. B : 만들어진 방법에 변화가 있는 것을 좋아한다.	
A : 경험에서 가장 적합한 방법으로 선택한다. B : 지금까지 없었던 새로운 방법을 개척하는 것을 좋아한다.	
A : 성실하다는 말을 듣는다. B : 호기심이 강하다는 말을 듣는다.	

▶측정결과
㉠ 'A'가 많은 경우(감각) : 현실적이고 경험주의적이며 보수적인 유형이다.
㉡ 'B'가 많은 경우(직관) : 새로운 주제를 좋아하며, 독자적인 시각을 가진 유형이다.

③ 판단하는 방법(감정⇆사고) … 일을 감정적으로 판단하는지, 논리적으로 판단하는지를 가리키는 척도이다.

질문	선택
A : 인간관계를 중시하는 편이다. B : 일의 내용을 중시하는 편이다.	
A : 결론을 자기의 신념과 감정에서 이끌어내는 편이다. B : 결론을 논리적 사고에 의거하여 내리는 편이다.	
A : 다른 사람보다 동정적이고 눈물이 많은 편이다. B : 다른 사람보다 이성적이고 냉정하게 대응하는 편이다.	
A : 남의 이야기를 듣고 감정몰입이 빠른 편이다. B : 고민 상담을 받으면 해결책을 제시해주는 편이다.	

▶측정결과
㉠ 'A'가 많은 경우(감정) : 일을 판단할 때 마음·감정을 중요하게 여기는 유형이다. 감정이 풍부하고 친절하나 엄격함이 부족하고 우유부단하며, 합리성이 부족하다.
㉡ 'B'가 많은 경우(사고) : 일을 판단할 때 논리성을 중요하게 여기는 유형이다. 이성적이고 합리적이나 타인에 대한 배려가 부족하다.

④ **환경에 대한 접근방법** … 주변상황에 어떻게 접근하는지, 그 판단기준을 어디에 두는지를 측정한다.

질문	선택
A : 사전에 계획을 세우지 않고 행동한다. B : 반드시 계획을 세우고 그것에 의거해서 행동한다.	
A : 자유롭게 행동하는 것을 좋아한다. B : 조직적으로 행동하는 것을 좋아한다.	
A : 조직성이나 관습에 속박당하지 않는다. B : 조직성이나 관습을 중요하게 여긴다.	
A : 계획 없이 낭비가 심한 편이다. B : 예산을 세워 물건을 구입하는 편이다.	

▶측정결과

㉠ 'A'가 많은 경우(지각) : 일의 변화에 융통성을 가지고 유연하게 대응하는 유형이다. 낙관적이며 질서보다는 자유를 좋아하나 임기응변식의 대응으로 무계획적인 인상을 줄 수 있다.

㉡ 'B'가 많은 경우(판단) : 일의 진행시 계획을 세워서 실행하는 유형이다. 순차적으로 진행하는 일을 좋아하고 끈기가 있으나 변화에 대해 적절하게 대응하지 못하는 경향이 있다.

4 **인성검사의 대책**

(1) 미리 알아두어야 할 점

① 출제 문항 수…인성검사의 출제 문항 수는 특별히 정해진 것이 아니며 각 기업체의 기준에 따라 달라질 수 있다. 보통 100문항 이상에서 500문항까지 출제된다고 예상하면 된다.

② 출제형식

    ㉠ 1Set로 묶인 세 개의 문항 중 자신에게 가장 가까운 것(Most)과 가장 먼 것(Least)을 하나씩 고르는 유형

다음 세 가지 문항 중 자신에게 가장 가까운 것은 Most, 가장 먼 것은 Least에 체크하시오.

질문	Most	Least
① 자신의 생각이나 의견은 좀처럼 변하지 않는다.	✔	
② 구입한 후 끝까지 읽지 않은 책이 많다.		✔
③ 여행가기 전에 계획을 세운다.		

    ㉡ '예' 아니면 '아니오'의 유형

다음 문항을 읽고 자신에게 해당되는지 안 되는지를 판단하여 해당될 경우 '예'를, 해당되지 않을 경우 '아니오'를 고르시오.

질문	예	아니오
① 걱정거리가 있어서 잠을 못 잘 때가 있다.	✔	
② 시간에 쫓기는 것이 싫다.		✔

    ㉢ 그 외의 유형

다음 문항에 대해서 평소에 자신이 생각하고 있는 것이나 행동하고 있는 것에 체크하시오.

질문	전혀 그렇지 않다	그렇지 않다	그렇다	매우 그렇다
① 머리를 쓰는 것보다 땀을 흘리는 일이 좋다.			✔	
② 자신은 사교적이 아니라고 생각한다.	✔			

(2) 임하는 자세

① **솔직하게 있는 그대로 표현한다** … 인성검사는 평범한 일상생활 내용들을 다룬 짧은 문장과 어떤 대상이나 일에 대한 선로를 선택하는 문장으로 구성되었으므로 평소에 자신이 생각한 바를 너무 골똘히 생각하지 말고 문제를 보는 순간 떠오른 것을 표현한다.

② **모든 문제를 신속하게 대답한다** … 인성검사는 시간 제한이 없는 것이 원칙이지만 기업체들은 일정한 시간 제한을 두고 있다. 인성검사는 개인의 성격과 자질을 알아보기 위한 검사이기 때문에 정답이 없다. 다만, 기업체에서 바람직하게 생각하거나 기대되는 결과가 있을 뿐이다. 따라서 시간에 쫓겨서 대충 대답을 하는 것은 바람직하지 못하다.

③ **일관성 있게 대답한다** … 간혹 반복되는 문제들이 출제되기 때문에 일관성 있게 답하지 않으면 감점될 수 있으므로 유의한다. 실제로 공기업 인사부 직원의 인터뷰에 따르면 일관성이 없게 대답한 응시자들이 감점을 받아 탈락했다고 한다. 거짓된 응답을 하다보면 일관성 없는 결과가 나타날 수 있으므로, 위에서 언급한 대로 신속하고 솔직하게 답해 일관성 있는 응답을 하는 것이 중요하다.

④ **마지막까지 집중해서 검사에 임한다** … 장시간 진행되는 검사에 지치지 않고 마지막까지 집중해서 정확히 답할 수 있도록 해야 한다.

CHAPTER

02

인성검사의 유형

>> 유형 Ⅰ

▮1~25▮ 다음 질문에 대해서 평소 자신이 생각하고 있는 것이나 행동하고 있는 것에 대해 주어진 응답요령에 따라 박스에 답하시오.

응답요령
•응답 Ⅰ : 제시된 문항들을 읽은 다음 각각의 문항에 대해 자신이 동의하는 정도를 ①(전혀 그렇지 않다)~⑤(매우 그렇다)로 표시하면 된다.
•응답 Ⅱ : 제시된 문항들을 비교하여 상대적으로 자신의 성격과 가장 가까운 문항 하나와 가장 거리가 먼 문항 하나를 선택하여야 한다(응답 Ⅱ의 응답은 가깝다 1개, 멀다 1개, 무응답 2개이어야 한다).

1

문항	응답 Ⅰ					응답 Ⅱ	
	①	②	③	④	⑤	멀다	가깝다
A. 몸을 움직이는 것을 좋아하지 않는다.							
B. 쉽게 질리는 편이다.							
C. 경솔한 편이라고 생각한다.							
D. 인생의 목표는 손이 닿을 정도면 된다.							

2

문항	응답 Ⅰ					응답 Ⅱ	
	①	②	③	④	⑤	멀다	가깝다
A. 무슨 일도 좀처럼 시작하지 못한다.							
B. 초면인 사람과도 바로 친해질 수 있다.							
C. 행동하고 나서 생각하는 편이다.							
D. 쉬는 날은 집에 있는 경우가 많다.							

3

문항	응답 I					응답 II	
	①	②	③	④	⑤	멀다	가깝다
A. 조금이라도 나쁜 소식은 절망의 시작이라고 생각해 버린다.							
B. 언제나 실패가 걱정이 되어 어쩔 줄 모른다.							
C. 다수결의 의견에 따르는 편이다.							
D. 혼자서 술집에 들어가는 것은 전혀 두려운 일이 아니다.							

4

문항	응답 I					응답 II	
	①	②	③	④	⑤	멀다	가깝다
A. 승부근성이 강하다.							
B. 자주 흥분해서 침착하지 못하다.							
C. 지금까지 살면서 타인에게 폐를 끼친 적이 없다.							
D. 소곤소곤 이야기하는 것을 보면 자기에 대해 험담하고 있는 것으로 생각된다.							

5

문항	응답 I					응답 II	
	①	②	③	④	⑤	멀다	가깝다
A. 무엇이든지 자기가 나쁘다고 생각하는 편이다.							
B. 자신을 변덕스러운 사람이라고 생각한다.							
C. 고독을 즐기는 편이다.							
D. 자존심이 강하다고 생각한다.							

6

문항	응답 I					응답 II	
	①	②	③	④	⑤	멀다	가깝다
A. 금방 흥분하는 성격이다.							
B. 거짓말을 한 적이 없다.							
C. 신경질적인 편이다.							
D. 끙끙대며 고민하는 타입이다.							

7

문항	응답 I					응답 II	
	①	②	③	④	⑤	멀다	가깝다
A. 감정적인 사람이라고 생각한다.							
B. 자신만의 신념을 가지고 있다.							
C. 다른 사람을 바보 같다고 생각한 적이 있다.							
D. 금방 말해버리는 편이다.							

8

문항	응답 I					응답 II	
	①	②	③	④	⑤	멀다	가깝다
A. 싫어하는 사람이 없다.							
B. 대재앙이 오지 않을까 항상 걱정을 한다.							
C. 쓸데없는 고생을 하는 일이 많다.							
D. 자주 생각이 바뀌는 편이다.							

9

문항	응답 I					응답 II	
	①	②	③	④	⑤	멀다	가깝다
A. 문제점을 해결하기 위해 여러 사람과 상의한다.							
B. 내 방식대로 일을 한다.							
C. 영화를 보고 운 적이 많다.							
D. 어떤 것에 대해서도 화낸 적이 없다.							

10

문항	응답 I					응답 II	
	①	②	③	④	⑤	멀다	가깝다
A. 사소한 충고에도 걱정을 한다.							
B. 자신은 도움이 안 되는 사람이라고 생각한다.							
C. 금방 싫증을 내는 편이다.							
D. 개성적인 사람이라고 생각한다.							

11

문항	응답 I					응답 II	
	①	②	③	④	⑤	멀다	가깝다
A. 자기주장이 강한 편이다.							
B. 뒤숭숭하다는 말을 들은 적이 있다.							
C. 학교를 쉬고 싶다고 생각한 적이 한 번도 없다.							
D. 사람들과 관계 맺는 것을 보면 잘하지 못한다.							

12

문항	응답 I					응답 II	
	①	②	③	④	⑤	멀다	가깝다
A. 사려 깊은 편이다.							
B. 몸을 움직이는 것을 좋아한다.							
C. 끈기가 있는 편이다.							
D. 신중한 편이라고 생각한다.							

13

문항	응답 I					응답 II	
	①	②	③	④	⑤	멀다	가깝다
A. 인생의 목표는 큰 것이 좋다.							
B. 어떤 일이라도 바로 시작하는 타입이다.							
C. 낯가림을 하는 편이다.							
D. 생각하고 나서 행동하는 편이다.							

14

문항	응답 I					응답 II	
	①	②	③	④	⑤	멀다	가깝다
A. 쉬는 날은 밖으로 나가는 경우가 많다.							
B. 시작한 일은 반드시 완성시킨다.							
C. 면밀한 계획을 세운 여행을 좋아한다.							
D. 야망이 있는 편이라고 생각한다.							

15

문항	응답 Ⅰ					응답 Ⅱ	
	①	②	③	④	⑤	멀다	가깝다
A. 활동력이 있는 편이다.							
B. 많은 사람들과 왁자지껄하게 식사하는 것을 좋아하지 않는다.							
C. 돈을 허비한 적이 없다.							
D. 운동회를 아주 좋아하고 기대했다.							

16

문항	응답 Ⅰ					응답 Ⅱ	
	①	②	③	④	⑤	멀다	가깝다
A. 하나의 취미에 열중하는 타입이다.							
B. 모임에서 회장에 어울린다고 생각한다.							
C. 입신출세의 성공이야기를 좋아한다.							
D. 어떠한 일도 의욕을 가지고 임하는 편이다.							

17

문항	응답 Ⅰ					응답 Ⅱ	
	①	②	③	④	⑤	멀다	가깝다
A. 학급에서는 존재가 희미했다.							
B. 항상 무언가를 생각하고 있다.							
C. 스포츠는 보는 것보다 하는 게 좋다.							
D. 잘한다라는 말을 자주 듣는다.							

18

문항	응답 Ⅰ					응답 Ⅱ	
	①	②	③	④	⑤	멀다	가깝다
A. 흐린 날은 반드시 우산을 가지고 간다.							
B. 주연상을 받을 수 있는 배우를 좋아한다.							
C. 공격하는 타입이라고 생각한다.							
D. 리드를 받는 편이다.							

19

문항	응답 I					응답 II	
	①	②	③	④	⑤	멀다	가깝다
A. 너무 신중해서 기회를 놓친 적이 있다.							
B. 시원시원하게 움직이는 타입이다.							
C. 야근을 해서라도 업무를 끝낸다.							
D. 누군가를 방문할 때는 반드시 사전에 확인한다.							

20

문항	응답 I					응답 II	
	①	②	③	④	⑤	멀다	가깝다
A. 노력해도 결과가 따르지 않으면 의미가 없다.							
B. 무조건 행동해야 한다.							
C. 유행에 둔감하다고 생각한다.							
D. 정해진 대로 움직이는 것은 시시하다.							

21

문항	응답 I					응답 II	
	①	②	③	④	⑤	멀다	가깝다
A. 꿈을 계속 가지고 있고 싶다.							
B. 질서보다 자유를 중요시하는 편이다.							
C. 혼자서 취미에 몰두하는 것을 좋아한다.							
D. 직관적으로 판단하는 편이다.							

22

문항	응답 I					응답 II	
	①	②	③	④	⑤	멀다	가깝다
A. 영화나 드라마를 보면 등장인물의 감정에 이입된다.							
B. 시대의 흐름에 역행해서라도 자신을 관철하고 싶다.							
C. 다른 사람의 소문에 관심이 없다.							
D. 창조적인 편이다.							

23

문항	응답 I					응답 II	
	①	②	③	④	⑤	멀다	가깝다
A. 비교적 눈물이 많은 편이다.							
B. 융통성이 있다고 생각한다.							
C. 친구의 휴대전화 번호를 잘 모른다.							
D. 스스로 고안하는 것을 좋아한다.							

24

문항	응답 I					응답 II	
	①	②	③	④	⑤	멀다	가깝다
A. 정이 두터운 사람으로 남고 싶다.							
B. 조직의 일원으로 별로 안 어울린다.							
C. 세상의 일에 별로 관심이 없다.							
D. 변화를 추구하는 편이다.							

25

문항	응답 I					응답 II	
	①	②	③	④	⑤	멀다	가깝다
A. 업무는 인간관계로 선택한다.							
B. 환경이 변하는 것에 구애되지 않는다.							
C. 불안감이 강한 편이다.							
D. 인생은 살 가치가 없다고 생각한다.							

〉〉 유형 II

▌1~30▐ 다음 각 문제에서 제시된 4개의 질문 중 자신의 생각과 일치하거나 자신을 가장 잘 나타내는 질문과 가장 거리가 먼 질문을 각각 하나씩 고르시오.

	질문	가깝다	멀다
1	나는 계획적으로 일을 하는 것을 좋아한다.		
	나는 꼼꼼하게 일을 마무리 하는 편이다.		
	나는 새로운 방법으로 문제를 해결하는 것을 좋아한다.		
	나는 빠르고 신속하게 일을 처리해야 마음이 편하다.		
2	나는 문제를 해결하기 위해 여러 사람과 상의한다.		
	나는 어떠한 결정을 내릴 때 신중한 편이다.		
	나는 시작한 일은 반드시 완성시킨다.		
	나는 문제를 현실적이고 객관적으로 해결한다.		
3	나는 글보다 말로 표현하는 것이 편하다.		
	나는 논리적인 원칙에 따라 행동하는 것이 좋다.		
	나는 집중력이 강하고 매사에 철저하다.		
	나는 자기능력을 뽐내지 않고 겸손하다.		
4	나는 융통성 있게 업무를 처리한다.		
	나는 질문을 받으면 충분히 생각하고 나서 대답한다.		
	나는 긍정적이고 낙천적인 사고방식을 갖고 있다.		
	나는 매사에 적극적인 편이다.		
5	나는 기발한 아이디어를 많이 낸다.		
	나는 새로운 일을 하는 것이 좋다.		
	나는 타인의 견해를 잘 고려한다.		
	나는 사람들을 잘 설득시킨다.		
6	나는 종종 화가 날 때가 있다.		
	나는 화를 잘 참지 못한다.		
	나는 단호하고 통솔력이 있다.		
	나는 집단을 이끌어가는 능력이 있다.		
7	나는 조용하고 성실하다.		
	나는 책임감이 강하다.		
	나는 독창적이며 창의적이다.		
	나는 복잡한 문제도 간단하게 해결한다.		

	질문	가깝다	멀다
8	나는 관심 있는 분야에 몰두하는 것이 즐겁다.		
	나는 목표를 달성하는 것을 중요하게 생각한다.		
	나는 상황에 따라 일정을 조율하는 융통성이 있다.		
	나는 의사결정에 신속함이 있다.		
9	나는 정리 정돈과 계획에 능하다.		
	나는 사람들의 관심을 받는 것이 기분 좋다.		
	나는 때로는 고집스러울 때도 있다.		
	나는 원리원칙을 중시하는 편이다.		
10	나는 맡은 일에 헌신적이다.		
	나는 타인의 감정에 민감하다.		
	나는 목적과 방향은 변화할 수 있다고 생각한다.		
	나는 다른 사람과 의견의 충돌은 피하고 싶다.		
11	나는 구체적인 사실을 잘 기억하는 편이다.		
	나는 새로운 일을 시도하는 것이 즐겁다.		
	나는 겸손하다.		
	나는 다른 사람과 별다른 마찰이 없다.		
12	나는 나이에 비해 성숙한 편이다.		
	나는 유머감각이 있다.		
	나는 다른 사람의 생각이나 의견을 중요시 생각한다.		
	나는 솔직하고 단호한 편이다.		
13	나는 낙천적이고 긍정적이다.		
	나는 집단을 이끌어가는 능력이 있다.		
	나는 사람들에게 인기가 많다.		
	나는 활동을 조직하고 주도해나가는데 능하다.		
14	나는 사람들에게 칭찬을 잘 한다.		
	나는 사교성이 풍부한 편이다.		
	나는 동정심이 많다.		
	나는 정보에 밝고 지식에 대한 욕구가 높다.		
15	나는 호기심이 많다.		
	나는 다수결의 의견에 쉽게 따른다.		
	나는 승부근성이 강하다.		
	나는 자존심이 강한 편이다.		
16	나는 한번 생각한 것은 자주 바꾸지 않는다.		
	나는 개성 있다는 말을 자주 듣는다.		
	나는 나만의 방식으로 업무를 풀어나가는데 능하다.		
	나는 신중한 편이라고 생각한다.		

	질문	가깝다	멀다
17	나는 문제를 해결하기 위해 많은 사람의 의견을 참고한다.		
	나는 몸을 움직이는 것을 좋아한다.		
	나는 시작한 일은 반드시 완성시킨다.		
	나는 문제 상황을 객관적으로 대처하는데 자신이 있다.		
18	나는 목표를 향해 계속 도전하는 편이다.		
	나는 실패하는 것이 두렵지 않다.		
	나는 친구들이 많은 편이다.		
	나는 다른 사람의 시선을 고려하여 행동한다.		
19	나는 추상적인 이론을 잘 기억하는 편이다.		
	나는 적극적으로 행동하는 편이다.		
	나는 말하는 것을 좋아한다.		
	나는 꾸준히 노력하는 타입이다.		
20	나는 실행력이 있는 편이다.		
	나는 조직 내 분위기 메이커이다.		
	나는 세심하지 못한 편이다.		
	나는 모임에서 지원자 역할을 맡는 것이 좋다.		
21	나는 현실적이고 실용적인 것을 추구한다.		
	나는 계획을 세우고 실행하는 것이 재미있다.		
	나는 꾸준한 취미를 갖고 있다.		
	나는 성급하게 결정하지 않는다.		
22	나는 싫어하는 사람과도 아무렇지 않게 이야기 할 수 있다.		
	내 책상은 항상 깔끔히 정돈되어 있다.		
	나는 실패보다 성공을 먼저 생각한다.		
	나는 동료와의 경쟁도 즐긴다.		
23	나는 능력을 칭찬받는 경우가 많다.		
	나는 논리정연하게 말을 하는 편이다.		
	나는 사물의 근원과 배경에 대해 관심이 많다.		
	나는 문제에 부딪히면 스스로 해결하는 편이다.		
24	나는 부지런한 편이다.		
	나는 일을 하는 속도가 빠르다.		
	나는 독특하고 창의적인 생각을 잘한다.		
	나는 약속한 일은 어기지 않는다.		
25	나는 환경의 변화에도 쉽게 적응할 수 있다.		
	나는 망설이는 것보다 도전하는 편이다.		
	나는 완벽주의자이다.		
	나는 팀을 짜서 일을 하는 것이 재미있다.		

	질문	가깝다	멀다
26	나는 조직을 위해서 내 이익을 포기할 수 있다.		
	나는 상상력이 풍부하다.		
	나는 여러 가지 각도로 사물을 분석하는 것이 좋다.		
	나는 인간관계를 중시하는 편이다.		
27	나는 경험한 방법 중 가장 적합한 방법으로 일을 해결한다.		
	나는 독자적인 시각을 갖고 있다.		
	나는 시간이 걸려도 침착하게 생각하는 경우가 많다.		
	나는 높은 목표를 설정하고 이루기 위해 노력하는 편이다.		
28	나는 성격이 시원시원하다는 말을 자주 듣는다.		
	나는 자기 표현력이 강한 편이다.		
	나는 일의 내용을 중요시 여긴다.		
	나는 다른 사람보다 동정심이 많은 편이다.		
29	나는 하기 싫은 일을 맡아도 표시내지 않고 마무리 한다.		
	나는 누가 시키지 않아도 일을 계획적으로 진행한다.		
	나는 한 가지 일에 집중을 잘 하는 편이다.		
	나는 남을 설득하고 이해시키는데 자신이 있다.		
30	나는 비합리적이거나 불의를 보면 쉽게 지나치지 못한다.		
	나는 무엇이던 시작하면 이루어야 직성이 풀린다.		
	나는 사람을 가리지 않고 쉽게 사귄다.		
	나는 어렵고 힘든 일에 도전하는 것에 쾌감을 느낀다.		

>> 유형 III

|1~200| 다음 ( ) 안에 당신에게 해당사항이 있으면 'YES', 그렇지 않다면 'NO'를 선택하시오.

YES NO

1. 사람들이 붐비는 도시보다 한적한 시골이 좋다. ·······( )( )
2. 전자기기를 잘 다루지 못하는 편이다. ·······( )( )
3. 인생에 대해 깊이 생각해 본 적이 없다. ·······( )( )
4. 혼자서 식당에 들어가는 것은 전혀 두려운 일이 아니다. ·······( )( )
5. 남녀 사이의 연애에서 중요한 것은 돈이다. ·······( )( )
6. 걸음걸이가 빠른 편이다. ·······( )( )
7. 육류보다 채소류를 더 좋아한다. ·······( )( )
8. 소곤소곤 이야기하는 것을 보면 자기에 대해 험담하고 있는 것으로 생각된다. ·······( )( )
9. 여럿이 어울리는 자리에서 이야기를 주도하는 편이다. ·······( )( )
10. 집에 머무는 시간보다 밖에서 활동하는 시간이 더 많은 편이다. ·······( )( )
11. 무엇인가 창조해내는 작업을 좋아한다. ·······( )( )
12. 자존심이 강하다고 생각한다. ·······( )( )
13. 금방 흥분하는 성격이다. ·······( )( )
14. 거짓말을 한 적이 많다. ·······( )( )
15. 신경질적인 편이다. ·······( )( )
16. 끙끙대며 고민하는 타입이다. ·······( )( )
17. 자신이 맡은 일에 반드시 책임을 지는 편이다. ·······( )( )
18. 누군가와 마주하는 것보다 통화로 이야기하는 것이 더 편하다. ·······( )( )
19. 운동신경이 뛰어난 편이다. ·······( )( )
20. 생각나는 대로 말해버리는 편이다. ·······( )( )
21. 싫어하는 사람이 없다. ·······( )( )
22. 학창시절 국·영·수보다는 예체능 과목을 더 좋아했다. ·······( )( )
23. 쓸데없는 고생을 하는 일이 많다. ·······( )( )
24. 자주 생각이 바뀌는 편이다. ·······( )( )
25. 갈등은 대화로 해결한다. ·······( )( )

26. 내 방식대로 일을 한다. ···( )( )

27. 영화를 보고 운 적이 많다. ···( )( )

28. 어떤 것에 대해서도 화낸 적이 없다. ···························( )( )

29. 좀처럼 아픈 적이 없다. ···( )( )

30. 자신은 도움이 안 되는 사람이라고 생각한다. ·············( )( )

31. 어떤 일이든 쉽게 싫증을 내는 편이다. ·······················( )( )

32. 개성적인 사람이라고 생각한다. ····································( )( )

33. 자기주장이 강한 편이다. ···( )( )

34. 뒤숭숭하다는 말을 들은 적이 있다. ····························( )( )

35. 인터넷 사용이 아주 능숙하다. ·····································( )( )

36. 사람들과 관계 맺는 것을 보면 잘하지 못한다. ···········( )( )

37. 사고방식이 독특하다. ··( )( )

38. 대중교통보다는 걷는 것을 더 선호한다. ····················( )( )

39. 끈기가 있는 편이다. ···( )( )

40. 신중한 편이라고 생각한다. ··( )( )

41. 인생의 목표는 큰 것이 좋다. ·······································( )( )

42. 어떤 일이라도 바로 시작하는 타입이다. ·····················( )( )

43. 낯가림을 하는 편이다. ··( )( )

44. 생각하고 나서 행동하는 편이다. ··································( )( )

45. 쉬는 날은 밖으로 나가는 경우가 많다. ······················( )( )

46. 시작한 일은 반드시 완성시킨다. ··································( )( )

47. 면밀한 계획을 세운 여행을 좋아한다. ·························( )( )

48. 야망이 있는 편이라고 생각한다. ··································( )( )

49. 활동력이 있는 편이다. ··( )( )

50. 많은 사람들과 와자지껄하게 식사하는 것을 좋아하지 않는다. ····( )( )

51. 장기적인 계획을 세우는 것을 꺼려한다. ·····················( )( )

52. 자기 일이 아닌 이상 무심한 편이다. ··························( )( )

53. 하나의 취미에 열중하는 타입이다. ································( )( )

54. 스스로 모임에서 회장에 어울린다고 생각한다. ·············( )( )

55. 입신출세의 성공이야기를 좋아한다. ·························( )( )

56. 어떠한 일도 의욕을 가지고 임하는 편이다. ···············( )( )

57. 학급에서는 존재가 희미했다. ·······························( )( )

58. 항상 무언가를 생각하고 있다. ·····························( )( )

59. 스포츠는 보는 것보다 하는 게 좋다. ·····················( )( )

60. 문제 상황을 바르게 인식하고 현실적이고 객관적으로 대처한다. ···( )( )

61. 흐린 날은 반드시 우산을 가지고 간다. ··················( )( )

62. 여러 명보다 1：1로 대화하는 것을 선호한다. ···········( )( )

63. 공격하는 타입이라고 생각한다. ···························( )( )

64. 리드를 받는 편이다. ···( )( )

65. 너무 신중해서 기회를 놓친 적이 있다. ··················( )( )

66. 시원시원하게 움직이는 타입이다. ·························( )( )

67. 야근을 해서라도 업무를 끝낸다. ·························( )( )

68. 누군가를 방문할 때는 반드시 사전에 확인한다. ··········( )( )

69. 아무리 노력해도 결과가 따르지 않는다면 의미가 없다. ···( )( )

70. 솔직하고 타인에 대해 개방적이다. ·······················( )( )

71. 유행에 둔감하다고 생각한다. ·····························( )( )

72. 정해진 대로 움직이는 것은 시시하다. ··················( )( )

73. 꿈을 계속 가지고 있고 싶다. ·····························( )( )

74. 질서보다 자유를 중요시하는 편이다. ·····················( )( )

75. 혼자서 취미에 몰두하는 것을 좋아한다. ·················( )( )

76. 직관적으로 판단하는 편이다. ·····························( )( )

77. 영화나 드라마를 보며 등장인물의 감정에 이입된다. ······( )( )

78. 시대의 흐름에 역행해서라도 자신을 관철하고 싶다. ·······( )( )

79. 다른 사람의 소문에 관심이 없다. ·······················( )( )

80. 창조적인 편이다. ···( )( )

81. 비교적 눈물이 많은 편이다. ·····································( )( )

82. 융통성이 있다고 생각한다. ······································( )( )

83. 친구의 휴대전화 번호를 잘 모른다. ·························( )( )

84. 스스로 고안하는 것을 좋아한다. ·····························( )( )

85. 정이 두터운 사람으로 남고 싶다. ···························( )( )

86. 새로 나온 전자제품의 사용방법을 익히는 데 오래 걸린다. ·····( )( )

87. 세상의 일에 별로 관심이 없다. ·······························( )( )

88. 변화를 추구하는 편이다. ···( )( )

89. 업무는 인간관계로 선택한다. ···································( )( )

90. 환경이 변하는 것에 구애되지 않는다. ·····················( )( )

91. 다른 사람들에게 첫인상이 좋다는 이야기를 자주 듣는다. ·····( )( )

92. 인생은 살 가치가 없다고 생각한다. ························( )( )

93. 의지가 약한 편이다. ···( )( )

94. 다른 사람이 하는 일에 별로 관심이 없다. ···············( )( )

95. 자주 넘어지거나 다치는 편이다. ·····························( )( )

96. 심심한 것을 못 참는다. ··( )( )

97. 다른 사람을 욕한 적이 한 번도 없다. ·····················( )( )

98. 몸이 아프더라도 병원에 잘 가지 않는 편이다. ·········( )( )

99. 금방 낙심하는 편이다. ··( )( )

100. 평소 말이 빠른 편이다. ···( )( )

101. 어려운 일은 되도록 피하는 게 좋다. ·····················( )( )

102. 다른 사람이 내 의견에 간섭하는 것이 싫다. ···········( )( )

103. 낙천적인 편이다. ··( )( )

104. 남을 돕다가 오해를 산 적이 있다. ························( )( )

105. 모든 일에 준비성이 철저한 편이다. ······················( )( )

106. 상냥하다는 말을 들은 적이 있다. ··························( )( )

107. 맑은 날보다 흐린 날을 더 좋아한다. ···( )( )

108. 많은 친구들을 만나는 것보다 단 둘이 만나는 것이 더 좋다. ·······················( )( )

109. 평소에 불평불만이 많은 편이다. ··( )( )

110. 가끔 나도 모르게 엉뚱한 행동을 하는 때가 있다. ··( )( )

111. 생리현상을 잘 참지 못하는 편이다. ···( )( )

112. 다른 사람을 기다리는 경우가 많다. ···( )( )

113. 술자리나 모임에 억지로 참여하는 경우가 많다. ··( )( )

114. 결혼과 연애는 별개라고 생각한다. ···( )( )

115. 노후에 대해 걱정이 될 때가 많다. ···( )( )

116. 잃어버린 물건은 쉽게 찾는 편이다. ···( )( )

117. 비교적 쉽게 감격하는 편이다. ···( )( )

118. 어떤 것에 대해서는 불만을 가진 적이 없다. ··( )( )

119. 걱정으로 밤에 못 잘 때가 많다. ··( )( )

120. 자주 후회하는 편이다. ··( )( )

121. 쉽게 학습하지만 쉽게 잊어버린다. ···( )( )

122. 낮보다 밤에 일하는 것이 좋다. ··( )( )

123. 많은 사람 앞에서도 긴장하지 않는다. ···( )( )

124. 상대방에게 감정 표현을 하기가 어렵게 느껴진다. ··( )( )

125. 인생을 포기하는 마음을 가진 적이 한 번도 없다. ··( )( )

126. 규칙에 대해 드러나게 반발하기보다 속으로 반발한다. ···································( )( )

127. 자신의 언행에 대해 자주 반성한다. ···( )( )

128. 활동범위가 좁아 늘 가던 곳만 고집한다. ···( )( )

129. 나는 끈기가 다소 부족하다. ··( )( )

130. 좋다고 생각하더라도 좀 더 검토하고 나서 실행한다. ···································( )( )

131. 위대한 인물이 되고 싶다. ···( )( )

132. 한 번에 많은 일을 떠맡아도 힘들지 않다. ···( )( )

133. 사람과 약속은 부담스럽다. ··( )( )

134. 질문을 받으면 충분히 생각하고 나서 대답하는 편이다. ·································( )( )

135. 머리를 쓰는 것보다 땀을 흘리는 일이 좋다. ·······································( )( )

136. 결정한 것에는 철저히 구속받는다. ···( )( )

137. 아무리 바쁘더라도 자기관리를 위한 운동을 꼭 한다. ····························( )( )

138. 이왕 할 거라면 일등이 되고 싶다. ···( )( )

139. 과감하게 도전하는 타입이다. ···( )( )

140. 자신은 사교적이 아니라고 생각한다. ···( )( )

141. 무심코 도리에 대해서 말하고 싶어진다. ··( )( )

142. 목소리가 큰 편이다. ···( )( )

143. 단념하기보다 실패하는 것이 낫다고 생각한다. ·································( )( )

144. 예상하지 못한 일은 하고 싶지 않다. ···( )( )

145. 파란만장하더라도 성공하는 인생을 살고 싶다. ·································( )( )

146. 활기찬 편이라고 생각한다. ··( )( )

147. 자신의 성격으로 고민한 적이 있다. ···( )( )

148. 무심코 사람들을 평가 한다. ···( )( )

149. 때때로 성급하다고 생각한다. ···( )( )

150. 자신은 꾸준히 노력하는 타입이라고 생각한다. ·································( )( )

151. 터무니없는 생각이라도 메모한다. ···( )( )

152. 리더십이 있는 사람이 되고 싶다. ···( )( )

153. 열정적인 사람이라고 생각한다. ··( )( )

154. 다른 사람 앞에서 이야기를 하는 것이 조심스럽다. ···························( )( )

155. 세심하기보다 통찰력이 있는 편이다. ···( )( )

156. 엉덩이가 가벼운 편이다. ···( )( )

157. 여러 가지로 구애받는 것을 견디지 못한다. ····································( )( )

158. 돌다리도 두들겨 보고 건너는 쪽이 좋다. ·······································( )( )

159. 자신에게는 권력욕이 있다. ··( )( )

160. 자신의 능력보다 과중한 업무를 할당받으면 기쁘다. ·························( )( )

161. 사색적인 사람이라고 생각한다. ···(   )(   )

162. 비교적 개혁적이다. ···(   )(   )

163. 좋고 싫음으로 정할 때가 많다. ···(   )(   )

164. 전통에 얽매인 습관은 버리는 것이 적절하다. ·····························(   )(   )

165. 교제 범위가 좁은 편이다. ···(   )(   )

166. 발상의 전환을 할 수 있는 타입이라고 생각한다. ···················(   )(   )

167. 주관적인 판단으로 실수한 적이 있다. ·····································(   )(   )

168. 현실적이고 실용적인 면을 추구한다. ·····································(   )(   )

169. 타고난 능력에 의존하는 편이다. ···(   )(   )

170. 다른 사람을 의식하여 외모에 신경을 쓴다. ··························(   )(   )

171. 마음이 담겨 있으면 선물은 아무 것이나 좋다. ····················(   )(   )

172. 여행은 내 마음대로 하는 것이 좋다. ·····································(   )(   )

173. 추상적인 일에 관심이 있는 편이다. ·······································(   )(   )

174. 큰일을 먼저 결정하고 세세한 일을 나중에 결정하는 편이다. ·····(   )(   )

175. 괴로워하는 사람을 보면 답답하다. ···(   )(   )

176. 자신의 가치기준을 알아주는 사람은 아무도 없다. ···············(   )(   )

177. 인간성이 없는 사람과는 함께 일할 수 없다. ························(   )(   )

178. 상상력이 풍부한 편이라고 생각한다. ·····································(   )(   )

179. 의리, 인정이 두터운 상사를 만나고 싶다. ····························(   )(   )

180. 인생은 앞날을 알 수 없어 재미있다. ·····································(   )(   )

181. 조직에서 분위기 메이커다. ···(   )(   )

182. 반성하는 시간에 차라리 실수를 만회할 방법을 구상한다. ·······(   )(   )

183. 늘 하던 방식대로 일을 처리해야 마음이 편하다. ·················(   )(   )

184. 쉽게 이룰 수 있는 일에는 흥미를 느끼지 못한다. ···············(   )(   )

185. 좋다고 생각하면 바로 행동한다. ···(   )(   )

186. 후배들은 무섭게 가르쳐야 따라온다. ·····································(   )(   )

187. 한 번에 많은 일을 떠맡는 것이 부담스럽다. ························(   )(   )

188. 능력 없는 상사라도 진급을 위해 아부할 수 있다. ·····································( )( )

189. 질문을 받으면 그때의 느낌으로 대답하는 편이다. ·································( )( )

190. 땀을 흘리는 것보다 머리를 쓰는 일이 좋다. ····································( )( )

191. 단체 규칙에 그다지 구속받지 않는다. ··( )( )

192. 물건을 자주 잃어버리는 편이다. ··( )( )

193. 불만이 생기면 즉시 말해야 한다. ···( )( )

194. 안전한 방법을 고르는 타입이다. ··( )( )

195. 사교성이 많은 사람을 보면 부럽다. ··( )( )

196. 성격이 급한 편이다. ···( )( )

197. 갑자기 중요한 프로젝트가 생기면 혼자서라도 야근할 수 있다. ·····················( )( )

198. 내 인생에 절대로 포기하는 경우는 없다. ··( )( )

199. 예상하지 못한 일도 해보고 싶다. ···( )( )

200. 평범하고 평온하게 행복한 인생을 살고 싶다. ····································( )( )

UK 검사

(1) 의의

UK검사란 Uchida Kraepelin 정신작업 검사로 일정한 조건 아래 단순한 작업을 시키고 나서 그 작업량의 패턴에서 인격을 파악하려고 하는 것이다. UK검사는 1~9까지의 숫자를 나열하고 앞과 뒤의 더한 수의 일의 자리 수를 기록하는 방법으로 진행된다. 예를 들어 1 2 3 4 5 6…이란 숫자의 나열이 있을 때 1 + 2 = 3이면 3을 1과 2 사이에 기록하고 5 + 6 = 11은 일의 자리 수, 즉 1을 5와 6 사이에 기록한다.

예
```
2 5 7 8 5 1 9 5 8 7 2 6 4 7 1
 7 2 5 3 6 0 4 3 5 9 8 0 1 8
```

각 행마다 1분이 주어지며 1분이 지나면 다음 행으로 넘어가는 방식으로 진행된다. 시험 시작 전에 2분간 연습이 주어지고 전반부 15분, 휴식 5분, 후반부 15분으로 진행된다. 시간은 시행하는 곳마다 다를 수 있고 결과의 판단은 각 행의 마지막 계산이 있던 곳에 작업량 곡선을 표기하고 오답을 검사한다.

(2) Kraepelin 작업 5요인설

Kraepelin은 연속 덧셈의 결과 곡선을 다음과 같은 5가지 요소에 의거해 진단하였다.

① **추동**(drive) : 처음 시작할 때 과도하게 진행하는 것을 의미한다. 도입부이므로 의욕도 높고 피로도도 적어서 작업량이 많다.

② **흥분**(excitement) : 흥분 정도에 따라서 곡선의 기복이 나타난다.

③ **경험**(experience) : 학습 효과로 인해 어떻게 하는 건지 익혔음이 곡선에 보인다.

④ **피로**(fatigue) : 시간이 갈수록 지치고 반복에 의해 집중력이 떨어지므로 작업량이 줄어든다.

⑤ **연습**(practice) : 횟수를 거듭할수록 익숙해져서 작업량이 증가한다. 후반부에는 연습과 피로 효과가 동시에 일어난다.

(3) UK검사로 측정되는 것

① 능력 : 일정 시간 동안 주어진 일을 수행할 수 있는 능력의 측정

② 흥미 : 일정 시간 동안 주어진 일에 대해 보이는 흥미의 정도(변덕스러움)를 측정

③ 성격 : 대상자가 나타내는 일관적인 기질을 확인

(4) 일반적인 작업 곡선

① 전반, 후반 모두 처음 1분의 작업량이 많다.

② 대체적으로 2분 이후 작업이 저하되었다가 다시 많아진다.

③ 대체적으로 전기보다 후기의 작업량이 많다(휴식효과).

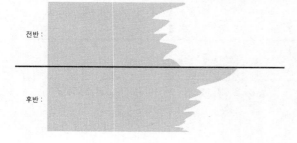

(5) 비정상인의 작업곡선

① **초두노력 부족** : 전반, 후반 모두 처음 1분간의 작업량이 눈에 띄게 높지 않다.

② **휴식효과 부족** : 중간에 5분 쉬었는데도 후반의 전체적인 작업량이 증가하지 않는다.

③ **작업량이 일정하지 않음** : 각 행 사이의 작업량이 많고 적음의 차가 극단적이다.

④ **긴장하지 않음** : 작업량이 월등히 적고 아래 행으로 갈수록 작업량이 계속 줄어든다.

⑤ **비정상자** : 오답이 너무 많다.

(6) 예시문제 1

① 전반부

```
5 7 8 4 2 3 6 1 8 9 7 2 1 7 8 9 5 7 8 5 1 8 4 5 6 9 2 3 8
2 8 6 2 4 3 2 4 8 1 9 4 6 5 3 2 1 4 8 4 3 7 1 8 2 5 2 5 8
4 2 5 8 9 1 7 5 3 6 4 8 9 5 2 3 4 1 2 4 9 1 8 2 4 6 1 2 3
2 8 9 5 7 2 6 5 2 7 5 1 6 8 5 4 6 1 2 7 4 5 2 8 6 8 7 5 7
1 3 3 6 1 8 9 7 2 1 3 7 8 5 7 8 4 2 7 5 8 2 3 4 7 1 2 1 5
3 2 4 1 5 9 4 2 2 7 5 4 6 9 1 8 2 4 7 6 7 8 1 2 8 9 5 9 5
5 9 5 4 7 5 3 2 7 1 4 6 4 7 8 4 9 1 5 3 2 4 5 8 5 2 1 3 2
4 4 3 9 5 3 1 1 2 7 8 2 5 8 3 9 4 6 7 5 1 2 8 9 7 3 5 8 4
2 8 5 6 7 1 5 5 3 7 4 7 8 5 9 1 2 6 2 9 6 2 5 6 6 7 4 1 5
1 5 8 3 7 2 4 3 7 4 5 6 9 8 7 1 2 3 5 4 6 8 8 5 3 1 3 1 2
2 3 8 4 6 7 9 5 2 9 5 1 3 7 4 5 1 7 8 5 9 8 2 3 4 1 5 5 7
2 5 5 7 4 9 5 9 5 2 3 5 6 4 6 7 4 6 9 8 5 2 5 3 1 5 6 7 9
```

② 후반부

```
5 7 8 5 1 8 4 5 6 9 2 3 8 2 8 6 2 4 3 2 4 8 1 9 4 6 5 3 5
6 7 9 5 2 9 5 1 3 7 4 5 1 7 8 5 9 4 2 5 8 9 1 7 5 3 6 2 4
2 1 4 8 4 3 7 1 8 2 5 2 4 8 4 3 7 4 5 6 9 8 7 1 2 3 5 4 1
9 5 2 3 4 1 2 4 9 1 8 2 4 6 1 2 3 2 1 6 4 6 7 4 6 3 6 1 9
8 9 7 2 1 7 8 9 5 7 8 8 5 4 6 1 2 7 4 5 2 8 6 8 7 5 7 5 8
1 5 5 3 7 4 7 8 5 9 1 1 5 8 6 1 3 3 7 1 2 1 5 2 4 1 5 5 3
9 4 2 2 7 5 4 6 9 1 8 2 4 7 6 7 8 1 2 8 9 5 9 5 6 8 4 3 1
3 5 6 1 8 9 7 5 8 2 3 4 5 9 5 4 7 5 3 2 7 1 4 6 4 7 8 4 6
1 9 1 5 3 2 4 5 8 5 2 1 3 2 4 4 3 9 5 3 1 1 4 2 5 5 7 4 8
2 9 5 9 5 2 2 7 8 2 5 8 3 9 4 6 7 5 1 2 8 9 7 3 5 8 4 6 5
2 8 5 6 7 2 9 6 2 5 6 6 7 4 1 5 2 9 8 5 2 5 3 1 5 8 3 7 2
3 6 8 8 5 3 1 3 1 2 2 1 3 7 8 5 7 8 4 2 7 2 3 8 4 8 2 3 1
```

(7) 예시문제 2

① 전반부

```
8 5 6 7 5 9 4 2 8 6 3 4 8 7 5 6 1 2 7 1 5 7 8 9 1 5 2 3 4
1 2 3 4 1 5 9 7 3 1 3 0 1 7 3 8 9 1 7 3 7 5 2 4 6 1 3 5 1
2 5 8 7 6 3 4 9 7 8 5 1 1 7 9 2 2 3 8 9 4 5 7 2 3 9 1 4 8
1 2 2 3 2 4 3 4 8 8 6 5 5 6 1 2 7 3 9 4 8 5 6 7 4 2 3 8 6
1 2 3 6 7 2 8 4 1 6 8 9 0 7 6 0 7 9 1 3 4 6 6 5 1 0 9 7 2
6 3 3 7 1 2 1 5 8 2 5 2 4 8 5 1 8 3 4 0 8 7 9 1 2 4 5 5 7
3 2 5 8 9 1 3 7 5 2 0 7 4 7 8 1 0 3 7 6 4 8 7 9 1 7 2 0 4
6 5 3 1 3 1 2 2 1 3 7 8 6 1 5 0 7 6 1 3 0 7 1 5 1 3 0 7 6
6 9 7 8 7 0 1 2 3 6 4 5 7 0 7 8 9 1 2 5 3 4 7 6 2 8 8 3 1
4 0 9 7 0 2 7 3 1 9 7 8 6 1 8 7 3 5 1 6 2 5 0 4 5 6 0 5 6
3 7 8 9 5 7 2 0 9 7 1 1 5 6 5 8 2 1 5 2 4 1 5 5 3 5 5 0 7
8 6 0 7 3 7 5 1 3 6 9 7 0 9 8 1 3 5 7 2 8 6 4 1 8 3 5 7 0
```

② 후반부

```
2 9 5 9 5 2 2 7 1 2 8 9 7 3 5 8 4 6 5 5 9 5 9 5 2 3 4 6 1
2 3 2 1 6 4 6 7 4 6 3 6 1 9 2 4 3 2 4 8 1 9 4 6 5 3 5 5 2
5 3 1 5 8 3 7 2 9 6 1 2 7 4 5 2 8 6 8 7 5 7 5 8 4 1 2 4 9
1 8 2 1 5 5 3 7 4 7 8 5 9 1 1 3 3 6 8 8 5 3 1 3 1 2 2 1 0
3 7 8 5 7 8 4 2 7 2 3 8 4 8 2 3 1 4 5 8 3 1 1 4 2 5 5 7 8
4 8 5 7 8 5 1 8 4 5 6 9 2 3 8 2 8 6 2 9 5 1 3 7 4 5 1 7 7
1 8 2 5 2 4 8 4 3 7 4 5 6 9 8 7 1 2 3 5 4 7 2 1 1 9 1 5 3
5 8 6 1 3 3 7 1 2 1 5 2 4 1 5 5 3 9 4 2 2 7 5 4 6 9 1 8 5
2 4 7 6 8 4 8 1 8 5 9 4 2 5 8 9 1 2 8 5 6 7 2 9 6 2 5 6 6
7 4 1 5 2 9 8 4 5 2 1 3 2 4 4 3 9 5 6 7 8 8 2 5 8 3 9 4 8
6 7 5 1 2 8 9 3 5 6 1 8 9 7 5 8 2 3 4 5 9 5 4 7 5 3 2 7 1
1 4 6 4 7 8 4 6 7 8 9 5 7 8 8 5 6 7 9 5 7 5 3 6 2 2 4 5 7
```

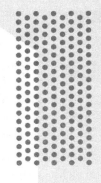

PART

02

직무능력검사

CHAPTER

01 언어논리력

단어관계

(1) 동의어

두 개 이상의 단어가 소리는 다르나 의미가 같아 모든 문맥에서 서로 대치되어 쓰일 수 있는 것을 동의어라고 한다. 그러나 이렇게 쓰일 수 있는 동의어의 수는 극히 적다. 말이란 개념뿐만 아니라 느낌까지 싣고 있어서 문장 환경에 따라 미묘한 차이가 있기 때문이다. 따라서 동의어는 의미와 결합성의 일치로써 완전동의어와 의미의 범위가 서로 일치하지는 않으나 공통되는 부분의 의미를 공유하는 부분동의어로 구별된다.

① **완전동의어** … 둘 이상의 단어가 그 의미의 범위가 서로 일치하여 모든 문맥에서 치환이 가능하다.
   예 사람 : 인간, 사망 : 죽음

② **부분동의어** … 의미의 범위가 서로 일치하지는 않으나 공통되는 어느 부분만 의미를 서로 공유하는 부분적인 동의어이다. 부분동의어는 일반적으로 유의어(類義語)라 불린다. 사실, 동의어로 분류되는 거의 모든 낱말들이 부분동의어에 속한다.
   예 이유 : 원인

(2) 유의어

둘 이상의 단어가 소리는 다르면서 뜻이 비슷할 때 유의어라고 한다. 유의어는 뜻은 비슷하나 단어의 성격 등이 다른 경우에 해당하는 것이다. A와 B가 유의어라고 했을 때 문장에 들어 있는 A를 B로 바꾸면 문맥이 이상해지는 경우가 있다. 예를 들어 어머니, 엄마, 모친(母親)은 자손을 출산한 여성을 자식의 관점에서 부르는 호칭으로 유의어이다. 그러나 "어머니, 학교 다녀왔습니다."라는 문장을 "모친, 학교 다녀왔습니다."라고 바꾸면 문맥상 자연스럽지 못하게 된다.

(3) 동음이의어

둘 이상의 단어가 소리는 같으나 의미가 다를 때 동음이의어라고 한다. 동음이의어는 문맥과 상황에 따라, 말소리의 길고 짧음에 따라, 한자에 따라 의미를 구별할 수 있다.

예 • 밥을 먹었더니 배가 부르다. (복부)
   • 과일 가게에서 배를 샀다. (과일)
   • 항구에 배가 들어왔다. (선박)

(4) 다의어

하나의 단어에 뜻이 여러 가지인 단어로 대부분의 단어가 다의를 갖고 있기 때문에 의미 분석이 어려운 것이라고 볼 수 있다. 하나의 의미만 갖는 단의어 및 동음이의어와 대립되는 개념이다.

예 • 밥 먹기 전에 가서 손을 씻고 오너라. (신체)   • 너무 바빠서 손이 모자란다. (일손)
   • 우리 언니는 손이 큰 편이야. (씀씀이)   • 그 사람과는 손을 끊어라. (교제)
   • 그 사람의 손을 빌렸어. (도움)   • 넌 나의 손에 놀아난 거야. (꾀)
   • 저 사람 손에 집이 넘어가게 생겼다. (소유)   • 반드시 내 손으로 해내고 말겠다. (힘, 역량)

(5) 반의어

단어들의 의미가 서로 반대되거나 짝을 이루어 서로 관계를 맺고 있는 경우가 있다. 이를 '반의어 관계'라고 한다. 그리고 이러한 반의관계에 있는 어휘를 반의어라고 한다. 반의 및 대립 관계를 형성하는 어휘 쌍을 일컫는 용어들은 관점과 유형에 따라 '반대말, 반의어, 반대어, 상대어, 대조어, 대립어' 등으로 다양하다. 반의관계에서 특히 중간 항이 허용되는 관계를 '반대관계'라고 하며, 중간 항이 허용되지 않는 관계를 '모순관계'라고 한다.

예 • 반대관계 : 크다 ↔ 작다
   • 모순관계 : 남자 ↔ 여자

(6) 상 · 하의어

단어의 의미 관계로 보아 어떤 단어가 다른 단어에 포함되는 경우를 '하의어 관계'라고 하고, 이러한 관계에 있는 어휘가 상의어 · 하의어이다. 상의어로 갈수록 포괄적이고 일반적이며, 하의어로 갈수록 한정적이고 개별적인 의미를 지닌다. 따라서 하의어는 상의어에 비해 자세하다.

① **상의어**…다른 단어의 의미를 포함하는 단어를 말한다.
   예 꽃

② **하의어** … 다른 단어의 의미에 포함되는 단어를 말한다.
   예 장미, 국화, 맨드라미, 수선화, 개나리 등

(1) 관용표현

관용표현이란 둘 이상의 낱말이 합쳐져 원래의 뜻과는 전혀 다른 새로운 뜻으로 굳어져서 쓰이는 표현을 말한다.

예 발을 끊다. → 오가지 않거나 관계를 끊다.

　　손이 크다. → 씀씀이가 후하고 크다.

(2) 단위를 나타내는 말

① 길이

뼘	엄지손가락과 다른 손가락을 완전히 펴서 벌렸을 때에 두 끝 사이의 거리
발	한 발은 두 팔을 양옆으로 펴서 벌렸을 때 한쪽 손끝에서 다른 쪽 손끝까지의 길이
길	한 길은 여덟 자 또는 열 자로 약 3m에 해당함. 사람의 키 정도의 길이
치	길이의 단위. 한 치는 한 자의 10분의 1 또는 약 3.33cm
자	길이의 단위. 한 자는 한 치의 열 배로 약 30.3cm
리	거리의 단위. 1리는 약 0.393km
마장	거리의 단위. 오 리나 십 리가 못 되는 거리

② 부피

술	한 술은 숟가락 하나 만큼의 양
홉	곡식의 부피를 재기 위한 기구들이 만들어지고, 그 기구들의 이름이 그대로 부피를 재는 단위가 된다. '홉'은 그 중 가장 작은 단위(180ml에 해당)이며, 곡식 외에 가루, 액체 따위의 부피를 잴 때도 쓰임(10홉 = 1되, 10되 = 1말, 10말 = 1섬).
되	곡식이나 액체 따위의 분량을 헤아리는 단위. '말'의 10분의 1, '홉'의 10배이며, 약 1.8l
섬	곡식 · 가루 · 액체 따위의 부피를 잴 때 씀. 한 섬은 한 말의 열 배로 약 180l

③ 무게

돈	귀금속이나 한약재 따위의 무게를 잴 때 쓰는 단위. 한 돈은 한 냥의 10분의 1, 한 푼의 열 배로 3.75g
냥	한 냥은 귀금속 무게를 잴 때는 한 돈의 열 배이고, 한약재의 무게를 잴 때는 한 근의 16분의 1로 37.5g
근	고기나 한약재의 무게를 잴 때는 600g에 해당하고, 과일이나 채소 따위의 무게를 잴 때는 한 관의 10분의 1로 375g
관	한 관은 한 근의 열 배로 3.75kg

④ 낱개

개비	가늘고 짤막하게 쪼개진 도막을 세는 단위
그루	식물, 특히 나무를 세는 단위
닢	가마니, 돗자리, 멍석 등을 세는 단위
땀	바느질할 때 바늘을 한 번 뜬, 그 눈
마리	짐승이나 물고기, 벌레 따위를 세는 단위
모	두부나 묵 따위를 세는 단위
올(오리)	실이나 줄 따위의 가닥을 세는 단위
자루	필기 도구나 연장, 무기 따위를 세는 단위
채	집이나 큰 가구, 기물, 가마, 상여, 이불 등을 세는 단위
코	그물이나 뜨개질한 물건에서 지어진 하나하나의 매듭
타래	사리어 뭉쳐 놓은 실이나 노끈 따위의 뭉치를 세는 단위
톨	밤이나 곡식의 낱알을 세는 단위
통	배추나 박 따위를 세는 단위
포기	뿌리를 단위로 하는 초목을 세는 단위

⑤ 넓이

평	땅 넓이의 단위. 한 평은 여섯 자 제곱으로 약 3.3058m^2
홉지기	땅 넓이의 단위. 한 홉은 1평의 10분의 1
마지기	논과 밭의 넓이를 나타내는 단위. 한 마지기는 볍씨 한 말의 모 또는 씨앗을 심을 만한 넓이로, 지방마다 다르나 논은 약 150~300평. 밭은 약 100평 정도
되지기	넓이의 단위. 한 되지기는 볍씨 한 되의 모 또는 씨앗을 심을 만한 넓이로 한 마지기의 10분의 1
섬지기	논과 밭의 넓이를 나타내는 단위. 한 섬지기는 볍씨 한 섬의 모 또는 씨앗을 심을 만한 넓이로, 한 마지기의 10배이며, 논은 약 2,000평, 밭은 약 1,000평 정도
간	가옥의 넓이를 나타내는 말. '간'은 네 개의 도리로 둘러싸인 면적의 넓이로, 약 6자×6자 정도의 넓이

⑥ 수량

갓	굴비, 고사리 따위를 묶어 세는 단위. 고사리 따위 10모숨을 한 줄로 엮은 것
꾸러미	달걀 10개
동	붓 10자루
두름	조기 따위의 물고기를 짚으로 한 줄에 10마리씩 두 줄로 엮은 것을 세는 단위. 고사리 따위의 산나물을 10모숨 정도로 엮은 것을 세는 단위
벌	옷이나 그릇 따위가 짝을 이루거나 여러 가지가 모여 갖추어진 한 덩이를 세는 단위
손	한 손에 잡을 만한 분량을 세는 단위. 조기·고등어·배추 따위의 한 손은 큰 것과 작은 것을 합한 것을 이르고, 미나리나 파 따위 한 손은 한 줌 분량을 말함
쌈	바늘 24개를 한 묶음으로 하여 세는 단위
접	채소나 과일 따위를 묶어 세는 단위. 한 접은 채소나 과일 100개
제(劑)	탕약 20첩 또는 그만한 분량으로 지은 환약
죽	옷이나 그릇 따위의 10벌을 묶어 세는 단위
축	오징어를 묶어 세는 단위. 오징어 한 축은 20마리
켤레	신, 양말, 버선, 방망이 따위의 짝이 되는 2개를 한 벌로 세는 단위
쾌	북어 20마리
톳	김을 묶어 세는 단위. 김 한 톳은 100장

(3) 나이에 관한 어휘

나이	어휘	나이	어휘
10대	충년(沖年)	15세	지학(志學)
20세	약관(弱冠)	30세	이립(而立)
40세	불혹(不惑)	50세	지천명(知天命)
60세	이순(耳順)	61세	환갑(還甲), 화갑(華甲), 회갑(回甲)
62세	진갑(進甲)	70세	고희(古稀)
77세	희수(喜壽)	80세	산수(傘壽)
88세	미수(米壽)	90세	졸수(卒壽)
99세	백수(白壽)	100세	기원지수(期願之壽)

(4) 가족에 관한 호칭

구분	본인의 가족		타인의 가족	
	생전	사후	생전	사후
父(아버지)	家親(가친) 嚴親(엄친) 父主(부주)	先親(선친) 先考(선고) 先父君(선부군)	春府丈(춘부장) 椿丈(춘장) 椿堂(춘당)	先大人(선대인) 先考丈(선고장) 先人(선인)
母(어머니)	慈親(자친) 母生(모생) 家慈(가자)	先妣(선비) 先慈(선자)	慈堂(자당) 大夫人(대부인) 萱堂(훤당) 母堂(모당) 北堂(북당)	先大夫人(선대부인) 先大夫(선대부)
子(아들)	家兒(가아) 豚兒(돈아) 家豚(가돈) 迷豚(미돈)		令郞(영랑) 令息(영식) 令胤(영윤)	
女(딸)	女兒(여아) 女息(여식) 息鄙(식비)		令愛(영애) 令嬌(영교) 令孃(영양)	

(5) 어림수를 나타내는 수사, 수관형사

한두	하나나 둘쯤	예 어려움이 한두 가지가 아니다.
두세	둘이나 셋	예 두세 마리
두셋	둘 또는 셋	예 사람 두셋
두서너	둘, 혹은 서너	예 과일 두서너 개
두서넛	둘 혹은 서넛	예 과일을 두서넛 먹었다.
두어서너	두서너	
서너	셋이나 넷쯤	예 쌀 서너 되
서넛	셋이나 넷	예 사람 서넛
서너너덧	서넛이나 너덧. 셋이나 넷 또는 넷이나 다섯	예 서너너덧 명
너덧	넷 가량	예 너덧 개
네댓	넷이나 다섯 가량	
네다섯	넷이나 다섯	
대엿	대여섯. 다섯이나 여섯 가량	
예닐곱	여섯이나 일곱	예 예닐곱 사람이 왔다.
일여덟	일고여덟	예 과일 일여덟 개

(1) 한글 맞춤법

① **표기원칙** … 한글 맞춤법은 표준어를 소리대로 적되, 어법에 맞도록 함을 원칙으로 한다.

② **맞춤법에 유의해야 할 말**

　㉠ 한 단어 안에서 뚜렷한 까닭 없이 나는 된소리는 다음 음절의 첫소리를 된소리로 적는다.

　　예 소쩍새, 아끼다, 어떠하다, 해쓱하다, 거꾸로, 가끔, 어찌, 이따금, 산뜻하다, 몽땅

　　※ 다만, 'ㄱ, ㅂ' 받침 뒤에서는 된소리로 적지 아니한다.

　　　예 국수, 깍두기, 색시, 싹둑, 법석, 갑자기, 몹시, 딱지

　㉡ 'ㄷ' 소리로 나는 받침 중에서 'ㄷ'으로 적을 근거가 없는 것은 'ㅅ'으로 적는다.

　　예 덧저고리, 돗자리, 엇셈, 웃어른, 핫옷, 무릇, 사뭇, 얼핏, 자칫하면

　㉢ '계, 례, 몌, 폐, 혜'의 'ㅖ'는 'ㅔ'로 소리 나는 경우가 있더라도 'ㅖ'로 적는다.

　　예 계수(桂樹), 혜택(惠澤), 사례(謝禮), 연몌(連袂), 계집, 핑계

　　※ 다만, 다음 말은 본음대로 적는다.

　　　예 게송(偈頌), 게시판(揭示板), 휴게실(休憩室)

　㉣ '의'나, 자음을 첫소리로 가지고 있는 음절의 'ㅢ'는 'ㅣ'로 소리 나는 경우가 있더라도 'ㅢ'로 적는다.

　　예 무늬(紋), 보늬, 늴리리, 닁큼, 오늬, 하늬바람

　㉤ 어간에 '-이'나 '-음/-ㅁ'이 붙어서 명사로 된 것과 '-이'나 '-히'가 붙어서 부사로 된 것은 그 어간의 원형을 밝히어 적는다.

　　예 얼음, 굳이, 더욱이, 일찍이, 익히, 앎, 만듦, 짓궂이, 밝히

　　• 어간에 '-이'나 '-음'이 붙어서 명사로 바뀐 것이라도 그 어간의 뜻과 멀어진 것은 원형을 밝히어 적지 아니한다.

　　　예 굽도리, 다리(髢), 목거리(목병), 무녀리, 거름(비료), 고름(膿), 노름(도박)

　　• 어간에 '-이'나 '-음' 이외의 모음으로 시작된 접미사가 붙어서 다른 품사로 바뀐 것은 그 어간의 원형을 밝히어 적지 아니한다.

　　　예 귀머거리, 까마귀, 너머, 마개, 비렁뱅이, 쓰레기, 올가미, 주검, 도로, 뜨덤뜨덤, 바투, 비로소

　㉥ 명사 뒤에 '-이'가 붙어서 된 말은 그 명사의 원형을 밝히어 적는다.

　　예 곳곳이, 낱낱이, 몫몫이, 샅샅이, 집집이, 곰배팔이, 바둑이, 삼발이, 애꾸눈이, 육손이, 절뚝발이 / 절름발이, 딸깍발이

　　※ '-이' 이외의 모음으로 시작된 접미사가 붙어서 된 말은 그 명사의 원형을 밝히어 적지 아니한다.

　　　예 꼬락서니, 끄트머리, 모가치, 바가지, 사타구니, 싸라기, 이파리, 지붕, 지푸라기, 짜개

　㉦ '-하다'가 붙는 어근에 '-히'나 '-이'가 붙어 부사가 되거나, 부사에 '-이'가 붙어서 뜻을 더하는 경우에는, 그 어근이나 부사의 원형을 밝히어 적는다.

예 급히, 꾸준히, 도저히, 딱히, 어렴풋이, 깨끗이, 곰곰이, 더욱이, 생긋이, 오뚝이, 일찍이, 해죽이

※ '-하다'가 붙지 않는 경우에는 소리대로 적는다.
　　예 갑자기, 반드시(꼭), 슬며시

◎ 사이시옷은 다음과 같은 경우에 받치어 적는다.
 • 순 우리말로 된 합성어로서 앞말이 모음으로 끝난 경우
 –뒷말의 첫소리가 된소리로 나는 것
　　예 귓밥, 나룻배, 나뭇가지, 냇가, 댓가지, 뒷갈망, 맷돌, 머릿기름, 모깃불, 부싯돌, 선짓국, 잇자국, 쳇바퀴, 킷값, 핏대, 혓바늘
 –뒷말의 첫소리 'ㄴ, ㅁ' 앞에서 'ㄴ' 소리가 덧나는 것
　　예 멧나물, 아랫니, 텃마당, 아랫마을, 뒷머리, 잇몸, 깻묵
 –뒷말의 첫소리 모음 앞에서 'ㄴㄴ' 소리가 덧나는 것
　　예 도리깻열, 뒷윷, 두렛일, 뒷일, 뒷입맛, 베갯잇, 욧잇, 깻잎, 나뭇잎, 댓잎
 • 순 우리말과 한자어로 된 합성어로서 앞말이 모음으로 끝난 경우
 –뒷말의 첫소리가 된소리로 나는 것
　　예 귓병, 머릿방, 샛강, 아랫방, 자릿세, 전셋집, 찻잔, 콧병, 탯줄, 텃세, 햇수, 횟배
 –뒷말의 첫소리 'ㄴ, ㅁ' 앞에서 'ㄴ' 소리가 덧나는 것
　　예 곗날, 제삿날, 훗날, 툇마루, 양칫물
 –뒷말의 첫소리 모음 앞에서 'ㄴㄴ' 소리가 덧나는 것
　　예 가욋일, 사삿일, 예삿일, 훗일
 • 두 음절로 된 다음 한자어
　　예 곳간(庫間), 셋방(貰房), 숫자(數字), 찻간(車間), 툇간(退間), 횟수(回數)

　※ 사이시옷을 붙이지 않는 경우
　　예 개수(個數), 전세방(傳貰房), 초점(焦點), 대구법(對句法)

ⓩ 두 말이 어울릴 적에 'ㅂ' 소리나 'ㅎ' 소리가 덧나는 것은 소리대로 적는다.
예 댑싸리, 멥쌀, 볍씨, 햅쌀, 머리카락, 살코기, 수컷, 수탉, 안팎, 암캐, 암탉

ⓧ 어간의 끝음절 '하'의 'ㅏ'가 줄고 'ㅎ'이 다음 음절의 첫소리와 어울려 거센소리로 될 적에는 거센소리로 적는다.

본말	준말	본말	준말
간편하게	간편케	다정하다	다정타
연구하도록	연구토록	정결하다	정결타
가하다	가타	흔하다	흔타

 • 어간의 끝음절 '하'가 아주 줄 적에는 준 대로 적는다.

본말	준말	본말	준말
거북하지	거북지	넉넉하지 않다	넉넉지 않다
생각하건대	생각건대	생각하다 못해	생각다 못해
섭섭하지 않다	섭섭지 않다	익숙하지 않다	익숙지 않다

- 다음과 같은 부사는 소리대로 적는다.
  예 결단코, 결코, 기필코, 무심코, 아무튼, 요컨대, 정녕코, 필연코, 하마터면, 하여튼, 한사코
- ㅋ 부사의 끝음절이 분명히 '이'로만 나는 것은 '-이'로 적고, '히'로만 나거나 '이'나 '히'로 나는 것은 '-히'로 적는다.
  - '이'로만 나는 것
    예 가붓이, 깨끗이, 나붓이, 느긋이, 둥긋이, 따뜻이, 반듯이, 버젓이, 산뜻이, 의젓이, 가까이, 고이, 날카로이, 대수로이, 번거로이, 많이, 적이, 겹겹이, 번번이, 일일이, 틈틈이
  - '히'로만 나는 것
    예 극히, 급히, 딱히, 속히, 작히, 족히, 특히, 엄격히, 정확히
  - '이, 히'로 나는 것
    예 솔직히, 가만히, 소홀히, 쓸쓸히, 정결히, 꼼꼼히, 열심히, 급급히, 답답히, 섭섭히, 공평히, 분명히, 조용히, 간소히, 고요히, 도저히

③ **띄어쓰기** … 문장의 각 단어는 띄어 씀을 원칙으로 한다(다만, 조사는 붙여 씀).
  - ㉠ 조사는 그 앞말에 붙여 쓴다.
    예 너조차, 꽃마저, 꽃입니다, 꽃처럼, 어디까지나, 거기도, 멀리는, 웃고만
  - ㉡ 의존 명사는 띄어 쓴다.
    예 아는 것이 힘이다. 나도 할 수 있다. 먹을 만큼 먹어라. 아는 이를 만났다.
  - ㉢ 단위를 나타내는 명사는 띄어 쓴다.
    예 한 개, 차 한 대, 금 서 돈, 조기 한 손, 버선 한 죽
    ※ 다만, 순서를 나타내는 경우나 숫자와 어울리어 쓰이는 경우에는 붙여 쓸 수 있다.
    예 두시 삼십분 오초, 제일과, 삼학년, 1446년 10월 9일, 2대대, 16동 502호, 제1어학 실습실
  - ㉣ 수를 적을 적에는 '만(萬)' 단위로 띄어 쓴다.
    예 십이억 삼천사백오십육만 칠천팔백구십팔, 12억 3456만 7898
  - ㉤ 두 말을 이어 주거나 열거할 적에 쓰이는 말들은 띄어 쓴다.
    예 국장 겸 과장, 열 내지 스물, 청군 대 백군, 이사장 및 이사들
  - ㉥ 단음절로 된 단어가 연이어 나타날 적에는 붙여 쓸 수 있다.
    예 그때 그곳, 좀더 큰것, 이말 저말, 한잎 두잎

ⓢ 보조 용언은 띄어 씀을 원칙으로 하되, 경우에 따라 붙여 씀도 허용한다.

원칙	허용
불이 꺼져 간다.	불이 꺼져간다.
내 힘으로 막아 낸다.	내 힘으로 막아낸다.
어머니를 도와 드린다.	어머니를 도와드린다.
비가 올 성싶다.	비가 올성싶다.
잘 아는 척한다.	잘 아는 척한다.

ⓞ 성과 이름, 성과 호 등은 붙여 쓰고, 이에 덧붙는 호칭어, 관직명 등은 띄어 쓴다.
　예 서화담(徐花潭), 채영신 씨, 최치원 선생, 박동식 박사, 충무공 이순신 장군
ⓩ 성명 이외의 고유 명사는 단어별로 띄어 씀을 원칙으로 하되, 단위별로 띄어 쓸 수 있다.
　예 한국 대학교 사범 대학(원칙), 한국대학교 사범대학(허용)

(2) 표준어 규정

① 제정 원칙 … 표준어는 교양 있는 사람들이 두루 쓰는 현대 서울말로 정함을 원칙으로 한다.

② 주요 표준어
　㉠ 다음 단어들은 거센소리를 가진 형태를 표준어로 삼는다.
　　예 끄나풀, 빈 칸, 부엌, 살쾡이, 녘
　㉡ 어원에서 멀어진 형태로 굳어져서 널리 쓰이는 것은, 그것을 표준어로 삼는다.
　㉢ 다음 단어들은 의미를 구별함이 없이, 한 가지 형태만을 표준어로 삼는다.
　　예 돌, 둘째, 셋째, 넷째, 열두째, 빌리다
　㉣ 수컷을 이르는 접두사는 '수-'로 통일한다.
　　예 수꿩, 수소, 수나사, 수놈, 수사돈, 수은행나무
　• 다음 단어에서는 접두사 다음에서 나는 거센소리를 인정한다. 접두사 '암-'이 결합되는 경우에도 이에 준한다.
　　예 수캉아지, 수캐, 수컷, 수키와, 수탉, 수탕나귀, 수톨쩌귀, 수퇘지, 수평아리
　• 다음 단어의 접두사는 '숫-'으로 한다.
　　예 숫양, 숫쥐, 숫염소
　㉤ 양성 모음이 음성 모음으로 바뀌어 굳어진 다음 단어는 음성 모음 형태를 표준어로 삼는다.
　　예 깡충깡충, -둥이, 발가숭이, 보퉁이, 뻗정다리, 아서, 아서라, 오뚝이, 주추

　　※ 다만, 어원 의식이 강하게 작용하는 다음 단어에서는 양성 모음 형태를 그대로 표준어로 삼는다.
　　　예 부조(扶助), 사돈(査頓), 삼촌(三寸)

ⓑ ‘ㅣ’ 역행 동화 현상에 의한 발음은 원칙적으로 표준 발음으로 인정하지 아니하되, 다만 다음 단어들은 그러한 동화가 적용된 형태를 표준어로 삼는다.
> 예 풋내기, 냄비, 동댕이치다

• 다음 단어는 ‘ㅣ’ 역행 동화가 일어나지 아니한 형태를 표준어로 삼는다.
> 예 아지랑이

• 기술자에게는 ‘-장이’, 그 외에는 ‘-쟁이’가 붙는 형태를 표준어로 삼는다.
> 예 미장이, 유기장이, 멋쟁이, 소금쟁이, 담쟁이덩굴

ⓢ 다음 단어는 모음이 단순화한 형태를 표준어로 삼는다.
> 예 괴팍하다, 미루나무, 미륵, 여느, 으레, 케케묵다, 허우대

ⓞ 다음 단어에서는 모음의 발음 변화를 인정하여, 발음이 바뀌어 굳어진 형태를 표준어로 삼는다.
> 예 깍쟁이, 나무라다, 바라다, 상추, 주책, 지루하다, 튀기, 허드레, 호루라기, 시러베아들

ⓩ ‘웃-’ 및 ‘윗-’은 명사 ‘위’에 맞추어 ‘윗-’으로 통일한다.
> 예 윗도리, 윗니, 윗목, 윗몸, 윗자리, 윗잇몸

• 된소리나 거센소리 앞에서는 ‘위-’로 한다.
> 예 위쪽, 위층, 위치마, 위턱

• ‘아래, 위’의 대립이 없는 단어는 ‘웃-’으로 발음되는 형태를 표준어로 삼는다.
> 예 웃국, 웃돈, 웃비, 웃어른, 웃옷

ⓒ 준말이 널리 쓰이고 본말이 잘 쓰이지 않는 경우에는, 준말만을 표준어로 삼는다.
> 예 귀찮다, 똬리, 무, 뱀, 빔, 샘, 생쥐, 솔개, 온갖, 장사치

ⓚ 준말이 쓰이고 있더라도, 본말이 널리 쓰이고 있으면 본말을 표준어로 삼는다.
> 예 경황없다, 궁상떨다, 귀이개, 낌새, 낙인찍다, 돗자리, 뒤웅박, 마구잡이, 부스럼, 살얼음판, 수두룩하다, 일구다, 퇴박맞다

ⓔ 어감의 차이를 나타내는 단어 또는 발음이 비슷한 단어들이 다 같이 널리 쓰이는 경우에는, 그 모두를 표준어로 삼는다.
> 예 거슴츠레하다 / 게슴츠레하다, 고린내 / 코린내, 꺼림하다 / 께름하다, 나부랭이 / 너부렁이

ⓟ 사어(死語)가 되어 쓰이지 않게 된 단어는 고어로 처리하고, 현재 널리 사용되는 단어를 표준어로 삼는다.
> 예 난봉, 낭떠러지, 설거지하다, 애달프다, 자두

ⓗ 한 가지 의미를 나타내는 형태 몇 가지가 널리 쓰이며 표준어 규정에 맞으면, 그 모두를 표준어로 삼는다(복수 표준어).
> 예 멍게 / 우렁쉥이, 가엾다 / 가엽다, 넝쿨 / 덩굴, 눈대중 / 눈어림 / 눈짐작, -뜨리다 / -트리다, 부침개질 / 부침질 / 지짐질, 생 / 새앙 / 생강, 여쭈다 / 여쭙다, 우레 / 천둥, 엿가락 / 엿가래, 자물쇠 / 자물통

③ **표준 발음법** … 표준 발음법은 표준어의 실제 발음을 따르되, 국어의 전통성과 합리성을 고려하여 정함을 원칙으로 한다.

　㉠ 겹받침 'ㄳ', 'ㄵ', 'ㄼ, ㄽ, ㄾ', 'ㅄ'은 어말 또는 자음 앞에서 각각 [ㄱ, ㄴ, ㄹ, ㅂ]으로 발음한다.

　　예 넋[넉], 넋과[넉꽈], 앉다[안따], 여덟[여덜], 넓다[널따], 외곬[외골], 핥다[할따], 값[갑], 없다[업ː따]

　㉡ '밟-'은 자음 앞에서 [밥]으로 발음하고, '넓-'은 다음과 같은 경우에 [넙]으로 발음한다.

　　예 밟다[밥ː따], 밟는[밤ː는], 넓죽하다[넙쭈카다], 넓둥글다[넙뚱글다]

　㉢ 겹받침 'ㄺ', 'ㄻ', 'ㄿ'은 어말 또는 자음 앞에서 각각 [ㄱ, ㅁ, ㅂ]으로 발음한다.

　　예 닭[닥], 흙과[흑꽈], 맑다[막따], 늙지[늑찌], 삶[삼ː], 젊다[점ː따], 읊고[읍꼬], 읊다[읍따]

　㉣ 용언의 어간 말음 'ㄺ'은 'ㄱ' 앞에서 [ㄹ]로 발음한다.

　　예 맑게[말께], 묽고[물꼬], 얽거나[얼꺼나]

　㉤ 'ㅎ(ㄶ, ㅀ)' 뒤에 'ㄱ, ㄷ, ㅈ'이 결합되는 경우에는, 뒤음절 첫소리와 합쳐서 [ㅋ, ㅌ, ㅊ]으로 발음한다.

　　예 놓고[노코], 좋던[조ː턴], 쌓지[싸치], 많고[만ː코], 닳지[달치]

　㉥ 'ㅎ(ㄶ, ㅀ)' 뒤에 모음으로 시작된 어미나 접미사가 결합되는 경우에는, 'ㅎ'을 발음하지 않는다.

　　예 낳은[나은], 놓아[노아], 쌓이다[싸이다], 싫어도[시러도]

　㉦ 받침 뒤에 모음 'ㅏ, ㅓ, ㅗ, ㅜ, ㅟ'들로 시작되는 실질 형태소가 연결되는 경우에는, 대표음으로 바꾸어서 뒤 음절 첫소리로 옮겨 발음한다.

　　예 밭 아래[바다래], 늪 앞[느밥], 젖어미[저더미], 맛없다[마덥따], 겉옷[거돋], 헛웃음[허두슴], 꽃 위[꼬뒤]

　　※ '맛있다, 멋있다'는 [마신따], [머신따]로도 발음할 수 있다.

　㉧ 받침 'ㄷ, ㅌ(ㄾ)'이 조사나 접미사의 모음 'ㅣ'와 결합되는 경우에는, [ㅈ, ㅊ]으로 바꾸어서 뒤 음절 첫소리로 옮겨 발음한다.

　　예 곧이듣다[고지듣따], 굳이[구지], 미닫이[미다지], 땀받이[땀바지]

　㉨ 받침 'ㄱ(ㄲ, ㅋ, ㄳ, ㄺ), ㄷ(ㅅ, ㅆ, ㅈ, ㅊ, ㅌ, ㅎ), ㅂ(ㅍ, ㄼ, ㄿ, ㅄ)'은 'ㄴ, ㅁ' 앞에서 [ㅇ, ㄴ, ㅁ]으로 발음한다.

　　예 먹는[멍는], 국물[궁물], 깎는[깡는], 키읔만[키웅만], 몫몫이[몽목씨], 긁는[긍는], 흙만[흥만], 짓는[진ː는], 옷맵시[온맵씨], 맞는[만는], 젖멍울[전멍울], 쫓는[쫀는], 꽃망울[꼰망울], 놓는[논는], 잡는[잠는], 앞마당[암마당], 밟는[밤ː는], 읊는[음는], 없는[엄ː는]

　㉩ 받침 'ㅁ, ㅇ' 뒤에 연결되는 'ㄹ'은 [ㄴ]으로 발음한다.

　　예 담력[담ː녁], 침략[침냑], 강릉[강능], 대통령[대ː통녕]

　㉪ 'ㄴ'은 'ㄹ'의 앞이나 뒤에서 [ㄹ]로 발음한다.

　　예 난로[날ː로], 신라[실라], 광한루[광ː할루], 대관령[대ː괄령], 칼날[칼랄]

　　※ 다만, 다음과 같은 단어들은 'ㄹ'을 [ㄴ]으로 발음한다.

　　예 의견란[의ː견난], 임진란[임ː진난], 생산량[생산냥], 결단력[결딴녁], 공권력[공꿘녁], 상견례[상견녜], 횡단로[횡단노], 이원론[이ː원논], 입원료[이붠뇨]

ⓔ 받침 'ㄱ(ㄲ, ㅋ, ㄳ, ㄺ), ㄷ(ㅅ, ㅆ, ㅈ, ㅊ, ㅌ), ㅂ(ㅍ, ㄼ, ㅍ, ㅄ)' 뒤에 연결되는 'ㄱ, ㄷ, ㅂ, ㅅ, ㅈ'은 된소리로 발음한다.

> **예** 국밥[국빱], 깎다[깍따], 삯돈[삭똔], 닭장[닥짱], 옷고름[옫꼬름], 낯설다[낟썰다], 덮개[덥깨], 넓죽하다[넙쭈카다], 읊조리다[읍쪼리다], 값지다[갑찌다]

ⓟ 어간 받침 'ㄴ(ㄵ), ㅁ(ㄻ)' 뒤에 결합되는 어미의 첫소리 'ㄱ, ㄷ, ㅅ, ㅈ'은 된소리로 발음한다.

> **예** 신고[신ː꼬], 껴안다[껴안따], 앉고[안꼬], 닮고[담ː꼬], 젊지[점ː찌]

※ 다만, 피동, 사동의 접미사 '-기-'는 된소리로 발음하지 않는다.

> **예** 안기다, 감기다, 굶기다, 옮기다

ⓗ 사이시옷이 붙은 단어는 다음과 같이 발음한다.

- 'ㄱ, ㄷ, ㅂ, ㅅ, ㅈ'으로 시작되는 단어 앞에 사이시옷이 올 때에는 이들 자음만을 된소리로 발음하는 것을 원칙으로 하되, 사이시옷을 [ㄷ]으로 발음하는 것도 허용한다.

> **예** 냇가[내ː까 / 낻ː까], 샛길[새ː낄 / 샏ː낄], 깃발[기빨 / 긷빨], 뱃전[배쩐 / 밷쩐]

- 사이시옷 뒤에 'ㄴ, ㅁ'이 결합되는 경우에는 [ㄴ]으로 발음한다.

> **예** 콧날[콛날 → 콘날], 아랫니[아랟니 → 아랜니], 툇마루[퇻ː마루 → 퇸ː마루], 뱃머리[밷머리 → 밴머리]

- 사이시옷 뒤에 '이' 음이 결합되는 경우에는 [ㄴㄴ]으로 발음한다.

> **예** 베갯잇[베갣닏 → 베갠닏], 깻잎[깯닙 → 깬닙], 나뭇잎[나묻닙 → 나문닙], 도리깻열[도리깯녈 → 도리깬녈], 뒷윷[뒫ː늋 → 뒨ː늋]

(3) 외래어 표기법

① 외래어는 국어의 현용 24자모만으로 적는다.

② 외래어의 1음운은 원칙적으로 1기호로 적는다.

③ 받침에는 'ㄱ, ㄴ, ㄹ, ㅁ, ㅂ, ㅅ, ㅇ'만을 쓴다.

④ 파열음 표기에는 된소리를 쓰지 않는 것을 원칙으로 한다.

⑤ 이미 굳어진 외래어는 관용을 존중하되, 그 범위와 용례는 따로 정한다.

PLUS tip

자주 출제되지만 틀리기 쉬운 외래어 표기

• 초콜렛 → 초콜릿	• 요쿠르트 → 요구르트
• 부르조아 → 부르주아	• 카운셀링 → 카운슬링
• 비스켓 → 비스킷	• 플랭카드 → 플래카드
• 앰브란스 → 앰뷸런스	• 심포지움 → 심포지엄
• 스티로폴 → 스티로폼	• 팜플렛 → 팸플릿
• 샹들리에 → 샹들리에	• 앵콜 → 앙코르
• 샌달 → 샌들	• 레미컨 → 레미콘
• 쇼파 → 소파	• 스폰지 → 스펀지
• 렌트카 → 렌터카	• 모라토리옴 → 모라토리엄

(4) 로마자 표기법

① 표기의 기본 원칙

㉠ 국어의 로마자 표기는 국어의 표준 발음법에 따라 적는 것을 원칙으로 한다.

㉡ 로마자 이외의 부호는 되도록 사용하지 않는다.

㉢ 표기 일람

• 모음

－단모음

ㅏ	ㅓ	ㅗ	ㅜ	ㅡ	ㅣ	ㅐ	ㅔ	ㅚ	ㅟ
a	eo	o	u	eu	i	ae	e	oe	wi

－이중모음

ㅑ	ㅕ	ㅛ	ㅠ	ㅒ	ㅖ	ㅘ	ㅙ	ㅝ	ㅞ	ㅢ
ya	yeo	yo	yu	yae	ye	wa	wae	wo	we	ui

• 자음

－파열음

ㄱ	ㄲ	ㅋ	ㄷ	ㄸ	ㅌ	ㅂ	ㅃ	ㅍ
g, k	kk	k	d, t	tt	t	b, p	pp	p

−파찰음

ㅈ	ㅉ	ㅊ
j	jj	ch

−마찰음

ㅅ	ㅆ	ㅎ
s	ss	h

−비음

ㄴ	ㅁ	ㅇ
n	m	ng

−유음

ㄹ
r, l

② 로마자 표기 용례

  ㉠ 자음 사이에서 동화 작용이 일어나는 경우

    예 백마[뱅마] Baengma, 신문로[신문노] Sinmunno, 종로[종노] Jongno, 신라[실라] Silla, 왕십리[왕심니] Wangsimni

  ㉡ 'ㄴ, ㄹ'이 덧나는 경우

    예 학여울[항녀울] Hangnyeoul

  ㉢ 구개음화가 되는 경우

    예 해돋이[해도지] haedoji   같이[가치] gachi

  ㉣ 체언에서 'ㄱ, ㄷ, ㅂ' 뒤에 'ㅎ'이 따를 때에는 'ㅎ'을 밝혀 적는다.

    예 묵호 Mukho   집현전 Jiphyeonjeon

  ㉤ 된소리되기는 표기에 반영하지 않는다.

    예 압구정 Apgujeong, 샛별 saetbyeol, 울산 Ulsan, 낙성대 Nakseongdae, 합정 Hapjeong,   낙동강 Nakdonggang

  ㉥ 인명은 성과 이름의 순서로 띄어 쓴다. 이름은 붙여 쓰는 것을 원칙으로 하되 음절 사이에 붙임표 (-)를 쓰는 것을 허용한다(〈 〉안의 표기를 허용함).

    예 민용하 Min Yongha 〈Min Yong-ha〉, 송나리 Song Nari 〈Song Na-ri〉

  ㉦ '도, 시, 군, 구, 읍, 면, 리, 동'의 행정 구역 단위와 '가'는 각각 'do, si, gun, gu, eup, myeon, ri, dong, ga'로 적고, 그 앞에는 붙임표(-)를 넣는다. 붙임표(-) 앞뒤에서 일어나는 음운 변화는 표기에 반영하지 않는다.

예 양주군 Yangju-gun, 충청북도 Chungcheongbuk-do, 종로 2가 Jongno 2(i)-ga, 도봉구 Dobong-gu, 신창읍 Sinchang-eup, 의정부시 Uijeongbu-si

◎ 자연 지물명, 문화재명, 인공 축조물명은 붙임표(-) 없이 붙여 쓴다.

예 독도 Dokdo, 경복궁 Gyeongbokgung, 독립문 Dongnimmun, 현충사 Hyeonchungsa, 남산 Namsan, 속리산 Songnisan, 금강 Geumgang, 남한산성 Namhansanseong

(5) 높임 표현

① **주체 높임법** ··· 용언 어간 + 선어말 어미 '-시-'의 형태로 이루어져 서술어가 나타내는 행위의 주체를 높여 표현하는 문법 기능을 말한다.

예 선생님께서 그 책을 읽으셨(시었)다.

② **객체 높임법** ··· 말하는 이가 서술의 객체를 높여 표현하는 문법 기능을 말한다(드리다, 여쭙다, 뵙다, 모시다 등).

예 나는 그 책을 선생님께 드렸다.

③ **상대 높임법** ··· 말하는 이가 말을 듣는 상대를 높여 표현하는 문법 기능을 말한다.

㉠ 격식체

등급	높임 정도	종결 어미	예
해라체	아주 낮춤	-아라	여기에 앉아라.
하게체	예사 낮춤	-게	여기에 앉게.
하오체	예사 높임	-시오	여기에 앉으시오.
합쇼체	아주 높임	-ㅂ시오	여기에 앉으십시오.

㉡ 비격식체

등급	높임 정도	종결 어미	예
해체	두루 낮춤	-아	여기에 앉아.
해요체	두루 높임	-아요	여기에 앉아요.

※ 공손한 뜻으로 높임을 나타낼 때는 선어말 어미 '-오-', '-사오-' 등을 쓴다.

예 변변치 못하오나 선물을 보내 드리오니 받아 주십시오.

- 가까운 제 눈썹 못 본다 : 멀리 보이는 것은 용케 잘 보면서도 자기 눈앞에 가깝게 보이는 것은 잘 못 본다는 뜻
- 가꿀 나무는 밑동을 높이 자른다 : 어떠한 일이나 장래의 안목을 생각해서 미리부터 준비를 철저하게 해두어야 한다는 뜻
- 가난한 집 제사 돌아오듯 한다 : 힘들고 괴로운 일이 자주 닥쳐옴을 일컫는 말
- 가난할수록 기와집 짓는다 : 가난할수록 업신여김을 당하기 싫어서 허세를 부린다는 뜻
- 가을에는 부지깽이도 덤빈다 : 바쁠 때는 모양이 비슷만 해도 사용된다는 뜻
- 가을 바람에 새털 날 듯 한다 : 가을 바람에 새털이 잘 날듯이 사람의 처신머리가 몹시 가볍다는 뜻
- 가지 따먹고 외수 한다 : 남의 눈을 피하여 나쁜 짓을 하고 시치미를 뗀다는 뜻
- 간다간다 하면서 아이 셋 낳고 간다 : 하던 일을 말로만 그만둔다고 하고서 실제로는 그만두지 못하고 질질 끈다는 말
- 갈치가 갈치 꼬리 문다 : 친근한 사이에 서로 모함한다는 말
- 감투가 크면 어깨를 누른다 : 실력이나 능력도 없이 과분한 지위에서 일을 하게 되면 감당할 수 없게 된다는 뜻
- 강아지 메주 먹듯 한다 : 강아지가 좋아하는 메주를 먹듯이 음식을 매우 맛있게 먹는다는 말
- 같은 값이면 다홍치마 : 같은 조건이라면 좀 더 좋고 편리한 것을 택함
- 개도 얻어맞은 골목에는 가지 않는다 : 한 번 실패한 경험이 있는 사람은 다시는 그 때의 전철을 밟지 않도록 경계한다는 뜻
- 개 못된 것은 들에 나가 짖는다 : 자기의 할 일은 하지 않고 쓸데없는 짓을 하는 사람을 가리키는 말
- 개미가 절구통을 물어 간다 : 개미들도 서로 힘을 합치면 절구통을 운반할 수 있듯이 사람들도 협동하여 일을 하면 불가능한 일이 없다는 뜻
- 개미 나는 곳에 범 난다 : 처음에는 개미만큼 작고 대수롭지 않던 것이 점점 커져서 나중에는 범같이 크고 무서운 것이 된다는 말
- 개살구가 먼저 익는다 : 개살구가 참살구보다 먼저 익듯이 악이 선보다 더 가속도로 발전하게 된다는 뜻 (개살구가 지레 터진다)
- 거미줄로 방귀동이 듯 한다 : 일을 함에 있어 건성으로 형용만 하는 체 하는 말
- 게으른 놈 짐 많이 진다 : 게으른 사람이 일을 조금이라도 덜 할까 하고 짐을 한꺼번에 많이 지면 힘에 겨워 움직이지 못하므로 도리어 더 더디다는 말

- 경치고 포도청 간다 : 죽을 고비를 넘겨가면서도 또 제 스스로 고문을 당하려고 포도청을 가듯이 혹독한 형벌을 거듭 당한다는 뜻
- 군자는 입을 아끼고 범은 발톱을 아낀다 : 학식과 덕망이 높은 사람일수록 항상 말을 조심해서 한다는 뜻
- 굴러 온 돌이 박힌 돌 뺀다 : 외부에서 들어온 지 얼마 안 된 사람이나 물건이 원래의 것을 내쫓고 대치함
- 굽은 나무가 선산을 지킨다 : 쓸모없는 것이 도리어 소용이 된다는 뜻
- 굿하고 싶지만 맏며느리 춤추는 것 보기 싫다 : 무엇을 하려고 할 때 자기 마음에 들지 않는 미운 사람이 참여하여 기뻐함이 보기 싫어서 꺼려한다는 말
- 그물이 열 자라도 벼리가 으뜸이다 : 아무리 수가 많더라도 주장되는 것이 없으면 소용이 없다는 뜻
- 급하면 임금 망건 값도 쓴다 : 경제적으로 곤란에 빠지면 아무 돈이라도 있기만 하면 쓰게 된다는 뜻
- 기름 엎지르고 깨 줍는다 : 많은 손해를 보고 조그만 이익을 추구한다는 말

- 나무는 큰 나무 덕을 못 보아도 사람은 큰 사람의 덕을 본다 : 뛰어난 인물에게서는 알게 모르게 가르침이나 영향을 받게 된다는 말
- 내 발등의 불을 꺼야 아비 발등의 불을 끈다 : 급할 때는 남의 일보다 자기 일을 먼저 하기 마련이라는 뜻
- 노름에 미치면 신주도 팔아먹는다 : 노름에 깊이 빠져든 사람은 노름 돈을 마련하기 위해 수단과 방법을 가리지 않고 나쁜 짓까지 해 가면서 노름하게 된다는 뜻
- 놀부 제사지내듯 한다 : 놀부가 제사를 지낼 때 제물 대신 돈을 놓고 제사를 지냈듯이 몹시 인색하고 고약한 짓을 한다는 뜻

- 다리가 위에 붙었다 : 몸체의 아래에 붙어야 할 다리가 위에 가 붙어서 쓸모 없듯이 일이 반대로 되어 아무짝에도 소용이 없다는 뜻
- 다리 아래서 원을 꾸짖는다 : 직접 말을 못하고 안 들리는 곳에서 불평이나 욕을 한다는 말
- 대가리 삶으면 귀까지 익는다 : 제일 중요한 것만 처리하면 다른 것은 자연히 해결된다는 뜻
- 도깨비도 수풀이 있어야 모인다 : 의지할 곳이 있어야 무슨 일이나 이루어진다는 뜻
- 도둑놈 개 꾸짖듯 한다 : 남에게 들리지 않게 입 속으로 중얼거림
- 도둑은 뒤로 잡으랬다 : 도둑을 섣불리 앞에서 잡으려 하다가는 직접적으로 해를 당할 수 있기 때문에 뒤로 잡아야 한다는 뜻
- 도둑의 때는 벗어도 자식의 때는 못 벗는다 : 도둑의 누명은 범인이 잡히면 벗을 수 있으나 자식의 잘못을 그 부모가 지지 않을 수 없다는 뜻

- 독을 보아 쥐를 못 잡는다 : 독 사이에 숨은 쥐를 독 깰까봐 못 잡듯이 감정나는 일이 있어도 곁에 있는 사람 체면을 생각해서 자신이 참는다는 뜻
- 들은 풍월 얻은 문자다 : 자기가 직접 공부해서 배운 것이 아니라 보고 들어서 알게 된 글이라는 뜻
- 등잔불에 콩 볶아 먹는 놈 : 어리석고 옹졸하며 하는 짓마다 보기에 답답한 일만 하는 사람을 두고 이름
- 디딜방아질 삼 년에 엉덩이춤만 배웠다 : 디딜방아질을 오랫동안 하다보면 엉덩이춤도 절로 추게 된다는 뜻
- 떠들기는 천안(天安) 삼거리 같다 : 늘 끊이지 않고 떠들썩한 것
- 똥 싼 주제에 애화타령 한다 : 잘못하고도 뉘우치지 못하고 비위 좋게 행동하는 사람을 비웃는 말

- 마디가 있어야 새순이 난다 : 어떤 일이든 특정한 계기가 있어야 참신한 일이 생긴다
- 망건 쓰자 파장된다 : 준비를 하다가 시와 때를 놓쳐 목적한 바를 달성하지 못함
- 망신살이 무지갯 살 뻗치듯 한다 : 많은 사람으로부터 심한 원망과 욕을 먹게 되었을 때 쓰는 말
- 망치로 얻어맞고 홍두깨로 친다 : 복수란 언제나 제가 받은 피해보다 더 무섭게 한다는 뜻
- 명태 한 마리 놓고 딴전 본다 : 곁에 벌여 놓고 있는 일보다는 딴 벌이하는 일이 있다는 뜻
- 문전 낙래 흔연 대접 : 어떤 신분의 사람이라도 자기를 찾아온 사람은 친절히 대하라는 말
- 물방아 물도 서면 언다 : 물방아가 정지하고 있으면 그 물도 얼듯이 사람도 운동을 하지 않고 있으면 건강이 나빠진다는 뜻

- 백일 장마에도 하루만 더 왔으면 한다 : 자기 이익 때문에 자기 본위로 이야기하는 것을 말함
- 뱁새는 작아도 알만 잘 낳는다 : 작아도 제 구실 못하는 법이 없다는 뜻
- 버들가지가 바람에 꺾일까 : 부드러워서 곧 바람에 꺾일 것 같은 버들가지가 끝까지 꺾이지 않듯이 부드러운 것이 단단한 것보다 더 강하다는 뜻
- 벌거벗고 환도 찬다 : 그것이 그 격에 어울리지 않음을 두고 이르는 말
- 벙어리 재판 : 아주 곤란한 일을 두고 하는 말
- 벼룩의 간에 육간 대청을 짓겠다 : 도량이 좁고 하는 일이 이치에 어긋남
- 변죽을 치면 복판이 울린다 : 슬며시 귀띔만 해 주어도 눈치가 빠른 사람은 곧 알아듣는다는 뜻
- 보리 주면 오이 안 주랴 : 제 것은 아끼면서 남만 인색하다고 여기는 사람에게 하는 말
- 분다 분다 하니 하루 아침에 왕겨 석 섬 분다 : 잘한다고 추어주니까 무작정 자꾸 한다는 뜻
- 빛 좋은 개살구 : 겉만 그럴듯하고 실속이 없음
- 뺨을 맞아도 은가락지 낀 손에 맞는 것이 좋다 : 이왕 욕을 당하거나 복종할 바에야 지위가 높고 덕망이 있는 사람에게 당하는 것이 낫다는 말

- 사람과 쪽박은 있는 대로 쓴다 : 살림살이를 하는 데 있어 쪽박이 있는 대로 다 쓰이고 사람도 다 제각기 쓸모가 있다는 말
- 사람 살 곳은 골골이 있다 : 이 세상은 어디에 가나 서로 도와주는 풍습이 있어 살아갈 수 있다는 말
- 사자 어금니 같다 : 사자의 어금니는 가장 요긴한 것이니 반드시 있어야만 하는 것을 말함
- 사주 팔자에 없는 관을 쓰면 이마가 벗어진다 : 제 분수에 넘치는 일을 하게 되면 도리어 괴롭다는 뜻
- 산 개가 죽은 정승보다 낫다 : 아무리 구차하고 천한 신세라도 죽는 것보다는 사는 것이 낫다는 말
- 산 밑 집에 방앗공이가 논다 : 그 고장 산물이 오히려 그 곳에서 희귀하다는 말
- 산에 들어가 호랑이를 피하랴 : 이미 앞에 닥친 위험은 도저히 못 피한다는 말
- 산이 높아야 골이 깊다 : 원인이나 조건이 갖추어져야 일이 이루어진다는 뜻
- 산 호랑이 눈썹 : 도저히 얻을 수 없는 것을 얻으려 하는 것
- 삼수갑산을 가도 님 따라 가랬다 : 부부 간에는 아무리 큰 고생이 닥치더라도 같이 해야 한다는 뜻
- 삼촌 못난 것이 조카 짐만 지고 다닌다 : 체구는 크면서 못난 짓만 하는 사람을 비웃는 말
- 새도 날려면 움츠린다 : 어떤 일이든지 사전에 만반의 준비가 있어야 한다는 뜻
- 새 옷도 두드리면 먼지 난다 : 아무리 청백한 사람이라도 속속들이 파헤쳐 보면 부정이 드러난다는 뜻
- 생나무에 좀이 날까 : 생나무에는 좀이 나지 않듯이 건실하고 튼튼하면 내부가 부패되지 않는다는 뜻
- 생 감도 떨어지고 익은 감도 떨어진다 : 늙은 사람만 죽는 것이 아니라 젊은 사람도 죽는다는 뜻
- 섣달 그믐날 개밥 퍼주듯 한다 : 시집을 가지 못하고 해를 넘기게 된 처녀가 홧김에 개밥을 퍽퍽 퍼주듯, 무엇을 푹푹 퍼 주는 모양을 나타내는 말
- 섶을 지고 불로 들어가려 한다 : 짐짓 그릇된 짓을 하여 화를 더 당하려 한다는 뜻
- 소매 긴 김에 춤춘다 : 별로 생각이 없던 일이라도 그 일을 할 조건이 갖추어졌기 때문에 하게 될 때 쓰는 말
- 쇠가 쇠를 먹고 살이 살을 먹는다 : 동족끼리 서로 싸우는 것
- 쇠가죽을 무릅쓰다 : 체면을 생각하지 아니한다는 말
- 숙수가 많으면 국수가 수제비 된다 : 일을 하는 데 참견하는 사람이 많으면 오히려 일을 그르치게 된다는 뜻
- 시루에 물 퍼붓기 : 아무리 비용을 들이고 애를 써도 효과가 나타나지 않음
- 신 신고 발바닥 긁기다 : 일하기는 해도 시원치 않다는 말
- 씻어놓은 흰 죽사발 같다 : 생김새가 허여멀건한 사람을 가리키는 말

- 안방에 가면 시어머니 말이 옳고 부엌에 가면 며느리 말이 옳다 : 각각 일리가 있어 그 시비를 가리기 어렵다는 말
- 언 발에 오줌 누기 : 눈앞에 급한 일을 피하기 위해서 하는 임시변통이 결과적으로 더 나쁘게 되었을 때 하는 말
- 얻은 떡이 두레 반이다 : 여기 저기서 조금씩 얻은 것이 남이 애써 만든 것보다 많다는 말
- 염불 못하는 중이 아궁이에 불 땐다 : 무능한 사람은 같은 계열이라도 가장 천한 일을 하게 된다는 뜻
- 오소리 감투가 둘이다 : 한 가지 일에 책임질 사람이 두 명이 있어서 서로 다툰다는 뜻
- 오동나무 보고 춤춘다 : 성미가 급하여 빨리 서둔다는 뜻
- 우박 맞은 호박잎이다 : 우박 맞아 잎이 다 찢어져 보기가 흉한 호박잎처럼 모양이 매우 흉측하다는 뜻
- 윷짝 가르듯 한다 : 윷짝의 앞뒤가 분명하듯이 무슨 일에 대한 판단을 분명히 한다는 말
- 이사가는 놈이 계집 버리고 간다 : 자신이 하는 일 중에서 가장 중요한 것을 잊어버렸거나 잃었다는 말
- 우선 먹기는 곶감이 달다 : 당장은 실속있고 이득이 되는 것 같지만 뒤에는 손해를 본다는 말

- 자는 범 침 주기 : 그대로 가만 두었으면 아무 일도 없었을 것을 공연히 건드려서 일을 저질러 위태롭게 된다는 말
- 자라 알 지켜보듯 한다 : 어떻게 일을 처리하려고 노력하지는 않고 그저 묵묵히 들여다 보고만 있다는 뜻
- 자루 속 송곳은 빠져나오기 마련이다 : 남들이 알지 못하도록 아무리 은폐하려 해도 탄로날 것은 저절로 탄로가 난다는 뜻
- 잔고기가 가시는 세다 : 몸집이 자그마한 사람이 속은 꽉 차고 야무지며 단단할 때 이르는 말
- 장구치는 놈 따로 있고 고개 까딱이는 놈 따로 있나? : 저 혼자서 할 수 있는 일을 남에게 나누어 하자고 할 때 핀잔주는 말
- 적게 먹으면 명주요 많이 먹으면 망주라 : 모든 일은 정도에 맞게 하여야 한다는 말
- 접시 밥도 담을 탓이다 : 좋지 아니한 조건에서도 솜씨나 마음가짐에 따라서 좋은 성과를 이룰 수 있다는 말
- 정성이 있으면 한식에도 세배 간다 : 마음에만 있으면 언제라도 제 성의는 표시할 수 있다는 말
- 주린 개 뒷간 넘겨다보듯 한다 : 누구나 배가 몹시 고플 때는 무엇이고 먹을 것을 찾기 위해 여기저기를 기웃거린다는 말
- 주인 많은 나그네 밥 굶는다 : 해 준다는 사람이 너무 많으면 서로 미루다가 결국 안 된다는 뜻
- 주인 모르는 공사 없다 : 무슨 일이든지 주장하는 사람이 모르거나 참여하지 않으면 안 된다는 뜻

- 죽 푸다 흘려도 솥 안에 떨어진다 : 일이 제대로 안 되어 막상 손해를 본 것 같지만 따지고 보면 결코 손해는 없다는 뜻
- 쥐 잡으려다가 장독 깬다 : 조그만 일을 하려다가 큰일을 그르친다는 말
- 지붕 호박도 못 따는 주제에 하늘의 천도 따겠단다 : 아주 쉬운 일도 못하면서 당치도 않은 어려운 일을 하겠다고 덤빈다는 뜻

- 참새가 허수아비 무서워 나락 못 먹을까 : 반드시 큰 일을 하려면 다소의 위험 정도는 감수해야 한다는 뜻
- 참외 장수는 사촌이 지나가도 못 본 척 한다 : 장사하는 사람은 인색하다는 뜻
- 책망은 몰래하고 칭찬은 알게 하랬다 : 남을 책망할 때에는 다른 사람이 없는 데에서 하고 칭찬할 때에는 다른 사람 보는 앞에서 하여 자신감을 심어주라는 뜻
- 처갓집에 송곳 차고 간다 : 처갓집 밥은 눌러 담았기 때문에 송곳으로 파야 먹을 수 있다는 말로, 처갓집에서는 사위 대접을 극진히 한다는 뜻
- 천둥에 개 놀라듯 한다 : 몹시도 놀라서 허둥대며 정신을 못 차리고 날뛴다는 뜻
- 천만 재산이 서투른 기술만 못하다 : 자기가 지닌 돈은 있다가도 없어질 수 있지만 한 번 배운 기술은 죽을 때까지 지니고 있기 때문에 생활의 안정을 기할 수 있다는 뜻
- 초사흘 달은 부지런한 며느리만 본다 : 부지런한 사람이 아니고서는 사소한 일까지 모두 헤아려서 살필 수 없다는 뜻
- 초상 술에 권주가 부른다 : 때와 장소를 분별하지 못하고 행동한다는 말
- 촌놈은 밥그릇 큰 것만 찾는다 : 무식한 사람은 어떠한 물건의 질은 무시하고 그저 양이 많은 것만 요구한다는 뜻
- 칠 년 가뭄에 하루 쓸 날 없다 : 오랫동안 날씨가 개고 좋다가도 모처럼 무슨 일을 하려고 하면 비가 온다는 말

- 콩 볶아 먹다가 가마솥 터뜨린다 : 작은 이익을 탐내다가 도리어 큰 해를 입는다는 말
- 콩 심은 데 콩 나고 팥 심은 데 팥 난다 : 원인에 따라서 결과가 생긴다는 말
- 콩으로 메주를 쑨다 하여도 곧이 듣지 않는다 : 거짓말을 잘하여 신용할 수 없다는 말

- 태산 명동에 서일필(泰山 鳴動에 鼠一匹) : 무엇을 크게 떠벌였는데 실제의 결과는 작다는 뜻
- 태산을 넘으면 평지를 본다 : 고생을 하게 되면 그 다음에는 즐거움이 온다는 말
- 털을 뽑아 신을 삼는다 : 자신의 온 정성을 다하여 은혜를 꼭 갚겠다는 말
- 토끼를 다 잡으면 사냥개를 삶는다 : 필요할 때에는 소중히 여기다가도 필요없게 되면 천대하고 없애 버림을 비유하는 말

- 평생 신수가 편하려면 두 집을 거느리지 말랬다 : 두 집 살림을 차리게 되면 대부분 집안이 항상 편하지 못하다는 뜻
- 포도청 문고리도 빼겠다 : 겁이 없고 대담한 사람을 두고 하는 말
- 풍년 거지 더 섧다 : 다른 사람들은 모두 잘 살아가는데, 자신만 고달프고 서러운 신세를 이르는 말
- 핑계 없는 무덤 없다 : 무슨 일이라도 반드시 핑계거리는 있다는 말

- 함박 시키면 바가지 시키고, 바가지 시키면 쪽박 시킨다 : 어떤 일을 윗사람이 아랫사람에게 시키면 그는 또 제 아랫사람에게 다시 시킨다는 말
- 항우도 댕댕이 덩굴에 넘어진다 : 항우와 같은 장사라도 보잘 것 없는 덩굴에 걸려 낙상할 때가 있다는 말로 아무리 작은 일도 무시하면 실패하기 쉽다는 뜻
- 허허해도 빚이 열닷냥이다 : 겉으로는 호기 있게 보이나 속으로는 근심이 가득하다는 뜻
- 호랑이에게 개 꾸어 주기 : 빌려주면 다시 받을 가망이 없다는 말
- 황금 천냥이 자식 교육만 못 하다 : 막대한 유산을 남겨 주는 것보다는 자녀 교육이 더 중요한 것이라는 뜻

(2) 한자성어

- 家給人足(가급인족) : 집집마다 살림이 넉넉하고, 사람마다 의식에 부족함이 없음
- 街談巷說(가담항설) : 길거리나 항간에 떠도는 소문
- 苛斂誅求(가렴주구) : 조세 따위를 가혹하게 거두어들여, 백성을 못살게 들볶음

- 家無擔石(가무담석) : 담(擔)은 두 항아리, 석(石)은 한 항아리라는 뜻으로 집에 저축이 조금도 없음을 이르는 말
- 可東可西(가동가서) : 동쪽이라도 좋고 서쪽이라도 좋다. 이러나 저러나 상관없다.
- 佳人薄命(가인박명) : 여자의 용모가 아름다우면 운명이 기박하다는 말
- 刻骨難忘(각골난망) : 입은 은혜에 대한 고마움을 뼛속 깊이 새기어 잊지 않음
- 刻舟求劒(각주구검) : 판단력이 둔하여 세상일에 어둡고 어리석다는 말
- 竿頭之勢(간두지세) : 댓가지 꼭대기에 서게 된 현상으로 어려움이 극도에 달하여 아주 위태로운 형세를 이르는 말
- 敢不生心(감불생심) : 힘이 부치어 감히 마음을 먹지 못함
- 感之德之(감지덕지) : 몹시 고맙게 여김
- 甘呑苦吐(감탄고토) : 달면 삼키고 쓰면 뱉는다는 뜻으로 신의(信義)를 돌보지 않고 사리(私利)를 꾀한다는 말
- 甲男乙女(갑남을녀) : 보통의 평범한 사람들
- 康衢煙月(강구연월) : 태평한 시대의 평화스러운 길거리의 모습
- 强近之親(강근지친) : 도와줄 만한 가까운 친척
- 江湖煙波(강호연파) : 강이나 호수 위에 안개처럼 보얗게 이는 잔물결. 대자연의 풍경을 뜻함
- 改過遷善(개과천선) : 지나간 허물을 고치고 착하게 됨
- 去頭截尾(거두절미) : 앞뒤의 잔 사설을 빼놓고 요점만을 말함
- 車載斗量(거재두량) : 차에 싣고 말에 실을 만큼 많다는 뜻으로 물건이나 인재 따위가 아주 흔하여 귀하지 않음을 이르는 말
- 乾坤一擲(건곤일척) : 흥망, 승패를 걸고 단판 승부를 겨룸
- 隔靴搔癢(격화소양) : 신을 신은 채 가려운 발바닥을 긁음과 같이 일의 효과를 나타내지 못함을 이르는 말
- 牽强附會(견강부회) : 이치에 맞지 않는 말을 억지로 끌어 붙여 자기의 주장하는 조건에 맞도록 함
- 犬馬之勞(견마지로) : 임금이나 나라를 위하여 바치는 자기의 노력을 낮추어 이르는 말
- 見物生心(견물생심) : 물건을 보면 욕심이 생긴다는 말
- 見危致命(견위치명) : 나라의 위태로움을 보고는 목숨을 아끼지 않고 나라를 위하여 싸움
- 堅忍不拔(견인불발) : 굳게 참고 견디어 마음이 흔들리지 않음
- 結草報恩(결초보은) : 죽어 혼령이 되어도 은혜를 잊지 않고 갚음
- 經國濟世(경국제세) : 나라 일을 경륜하고 세상을 구함
- 傾國之色(경국지색) : 임금이 혹하여 국정을 게을리함으로써 나라를 위태롭게 할 정도의 미인(美人)을 일컫는 말

- 輕佻浮薄(경조부박) : 마음이 침착하지 못하고 행동이 신중하지 못함
- 驚天動地(경천동지) : 하늘이 놀라고 땅이 흔들린다는 뜻으로 세상을 몹시 놀라게 함
- 鏡花水月(경화수월) : 거울에 비친 꽃과 물에 비친 달처럼 볼 수만 있고 가질 수 없는 것
- 鷄卵有骨(계란유골) : 달걀 속에도 뼈가 있다는 뜻으로 뜻밖에 장애물이 생김을 이르는 말
- 鷄鳴狗盜(계명구도) : '닭의 울음소리를 잘 내는 사람과 개의 흉내를 잘 내는 좀도둑'이라는 뜻으로, 천한 재주를 가진 사람도 때로는 요긴하게 쓸모가 있음을 비유하여 이르는 말(학문이 깊지 않으면서 잔재주만 지닌 사람을 가리킬 때는 부정적 의미로 쓰임)
- 股肱之臣(고굉지신) : 자신의 팔, 다리와 같이 믿고 중하게 여기는 신하
- 孤掌難鳴(고장난명) : 손바닥 하나로는 소리가 나지 않는다는 뜻으로 상대가 없이 혼자 힘으로 일하기 어렵다는 말
- 苦盡甘來(고진감래) : 고생 끝에 낙이 온다는 말
- 曲學阿世(곡학아세) : 그릇된 학문을 하여 세속에 아부함
- 骨肉相殘(골육상잔) : 같은 혈족끼리 서로 다투고 해하는 것[骨肉相爭(골육상쟁)]
- 空手來空手去(공수래공수거) : 세상에 빈 손으로 왔다가 빈 손으로 간다는 뜻으로 재물에 대한 욕심을 부릴 필요가 없음을 이르는 말
- 誇大妄想(과대망상) : 자기의 능력, 용모, 지위 등을 과대하게 평가하여 사실인 것처럼 믿는 일 또는 그런 생각
- 過猶不及(과유불급) : 지나친 것은 미치지 못한 것과 같다는 말
- 管鮑之交(관포지교) : 제(齊)나라 관중(管仲)과 포숙(鮑叔)의 사귐이 매우 친밀했다는 고사에서 유래한 말로, 친구끼리의 매우 두터운 사귐을 이르는 말
- 刮目相對(괄목상대) : 눈을 비비고 다시 본다는 말로, 다른 사람의 학문이나 덕행이 크게 진보한 것을 말함
- 矯角殺牛(교각살우) : 뿔을 고치려 소를 죽인다는 뜻으로, 작은 일에 힘쓰다가 큰 일을 망친다는 말
- 巧言令色(교언영색) : 교묘한 말과 보기 좋게 꾸민 얼굴 빛
- 膠柱鼓瑟(교주고슬) : 고지식하여 융통성이 없는 사람을 이르는 말
- 敎學相長(교학상장) : 가르쳐 주거나 배우거나 다 나의 학업을 증진시킨다는 뜻
- 九十春光(구십춘광) : 노인의 마음이 청년같이 젊음을 이르는 말. 봄의 석달 구십일 동안 화창한 날씨
- 九折羊腸(구절양장) : 아홉 번 꼬부라진 양의 창자라는 뜻으로 산길 따위가 몹시 험하게 꼬불꼬불한 것을 이르는 말
- 群鷄一鶴(군계일학) : 닭의 무리 속에 끼어 있는 한 마리의 학이란 뜻으로 평범한 사람 가운데서 뛰어난 사람을 일컫는 말
- 權謀術數(권모술수) : 목적 달성을 위해서는 인정이나 도덕을 가리지 않고 권세와 모략, 중상 등 갖은 방법과 수단을 쓰는 술책

- 勸善懲惡(권선징악) : 착한 행실을 권장하고 악한 행실을 징계함
- 捲土重來(권토중래) : 한번 실패에 굴하지 않고 몇 번이고 다시 일어남. 한 번 패하였다가 세력을 회복하여 다시 쳐들어옴
- 近墨者黑(근묵자흑) : 먹을 가까이 하면 검어진다는 뜻으로 나쁜 사람과 사귀면 그 버릇에 물들기 쉽다는 말
- 金科玉條(금과옥조) : 금이나 옥같이 귀중한 법칙이나 규정
- 錦上添花(금상첨화) : 좋고 아름다운 것 위에 더 좋은 것을 더함
- 金石盟約(금석맹약) : 쇠와 돌같이 굳게 맹세하여 맺은 약속
- 錦衣還鄉(금의환향) : 비단 옷을 입고 고향으로 돌아온다는 뜻으로 타향에서 크게 성공하여 자기 집으로 돌아감을 이르는 말
- 金枝玉葉(금지옥엽) : 임금의 자손이나 집안을 높여 이르거나 귀여운 자손을 일컫는 말
- 氣高萬丈(기고만장) : 씩씩한 기운이 크게 떨침. 일이 뜻대로 잘 되어 기세가 대단함

- 落井下石(낙정하석) : 우물 아래에 돌을 떨어뜨린다는 뜻으로, 다른 사람이 재앙을 당하면 도와주기는커녕 오히려 더 큰 재앙이 닥치도록 한다는 말
- 爛商公論(난상공론) : 여러 사람들이 잘 의논함
- 難兄難弟(난형난제) : 누구를 형이라 하고 누구를 동생이라 해야 할지 분간하기 어렵다는 뜻으로 사물의 우열이 없다는 말
- 南柯一夢(남가일몽) : 꿈과 같이 헛된 한때의 부귀영화
- 男負女戴(남부여대) : 남자는 짐을 등에 지고 여자는 짐을 머리에 인다는 뜻으로 가난에 시달린 사람들이 살 곳을 찾아 떠돌아 다님
- 南船北馬(남선북마) : 바쁘게 여기저기를 돌아다님
- 囊中之錐(낭중지추) : 주머니 속에 든 송곳이라는 뜻으로 재주가 뛰어난 사람은 숨어 있어도 저절로 사람들이 알게 됨을 이르는 말
- 囊中取物(낭중취물) : 주머니 속의 물건을 꺼내는 것과 같이 매우 용이한 일
- 勞心焦思(노심초사) : 몹시 마음을 졸이는 것
- 綠衣紅裳(녹의홍상) : 연두 저고리에 다홍 치마라는 뜻으로 곱게 차려 입은 젊은 아가씨의 복색을 이르는 말
- 論功行賞(논공행상) : 공로를 논하여 그에 맞는 상을 줌
- 弄璋之慶(농장지경) : 아들을 낳은 기쁨
- 累卵之危(누란지위) : 달걀을 쌓아 놓은 것과 같이 매우 위태함

- 多岐亡羊(다기망양) : 길이 여러 갈래여서 양을 잃다는 뜻으로 학문의 길이 다방면이어서 진리를 깨치기 어려움을 이르는 말
- 多多益善(다다익선) : 많으면 많을수록 좋음
- 斷機之戒(단기지계) : 학문을 중도에 그만둔다는 것은 짜던 베를 끊음과 같다는 맹자 어머니의 교훈
- 簞食瓢飮(단사표음) : 한 소쿠리 밥과 표주박 물, 즉 변변치 못한 살림을 가리키는 말로 청빈한 생활을 이름
- 丹脣皓齒(단순호치) : 붉은 입술과 흰 이, 즉 미인의 얼굴
- 螳螂拒轍(당랑거철) : 제 분수도 모르고 강적에게 대항함
- 大器晩成(대기만성) : 큰 그릇은 이루어짐이 더디다는 뜻으로 크게 될 사람은 성공이 늦다는 말
- 道聽塗說(도청도설) : 거리에서 들은 것을 곧 남에게 아는 체하며 말함. 깊이 생각하지 않고 예사로 듣고 예사로 말함. 떠돌아다니는 뜬소문
- 塗炭之苦(도탄지고) : 진흙탕이나 숯불에 빠졌다는 뜻으로 몹시 고생스러움을 일컬음
- 東家食西家宿(동가식서가숙) : 먹을 곳, 잘 곳이 없이 떠도는 사람 또는 그런 짓
- 棟樑之材(동량지재) : 기둥이나 들보가 될 만한 훌륭한 인재, 즉 한 집이나 한 나라의 요한 일을 맡을 만한 사람
- 同病相憐(동병상련) : 처지가 서로 비슷한 사람끼리 서로 동정하고 도움
- 東奔西走(동분서주) : 사방으로 이리저리 부산하게 돌아다님
- 同床異夢(동상이몽) : 같은 처지와 입장에서 저마다 딴 생각을 함
- 杜門不出(두문불출) : 세상과 인연을 끊고 출입을 하지 않음
- 得隴望蜀(득롱망촉) : 인간의 욕심은 한이 없음
- 登高自卑(등고자비) : 높은 곳에 오르려면 낮은 곳에서부터 오른다는 뜻으로, 일을 순서대로 하여야 함을 이르는 말
- 燈下不明(등하불명) : 등잔 밑이 어둡다는 뜻으로 가까이 있는 것이 오히려 알아내기 어려움을 이르는 말

- 磨斧爲針(마부위침) : 아무리 이루기 힘든 일이라도 끊임없는 노력과 끈기 있는 인내가 있으면 성공하고야 만다는 뜻
- 馬耳東風(마이동풍) : 남의 말을 귀담아 듣지 않고 흘려 버림
- 萬頃蒼波(만경창파) : 한없이 넓고 푸른 바다
- 面從腹背(면종복배) : 겉으로는 순종하는 척하고 속으로 딴 마음을 먹음

- 明若觀火(명약관화) : 불을 보는 듯이 환하게 분명히 알 수 있음
- 命在頃刻(명재경각) : 곧 숨이 끊어질 지경에 이름
- 矛盾撞着(모순당착) : 같은 사람의 문장이나 언행이 앞뒤가 서로 어그러져서 모순됨
- 目不忍見(목불인견) : 차마 눈 뜨고 볼 수 없는 참상이나 꼴불견
- 無不通知(무불통지) : 무슨 일이든 모르는 것이 없음
- 門前成市(문전성시) : 권세를 드날리거나 부자가 되어 집문 앞이 찾아오는 손님들로 가득 차서 시장을 이룬 것 같음
- 門前沃畓(문전옥답) : 집 앞 가까이에 있는 좋은 논, 즉 많은 재산을 일컫는 말

- 拍掌大笑(박장대소) : 손바닥을 치면서 크게 웃음
- 拔本塞源(발본색원) : 폐단의 근원을 아주 뽑아서 없애 버림
- 傍若無人(방약무인) : 언행이 방자하고 제멋대로 행동하는 사람
- 背恩忘德(배은망덕) : 은혜를 잊고 도리어 배반함
- 白骨難忘(백골난망) : 죽어서도 잊지 못할 큰 은혜를 입음
- 百年河淸(백년하청) : 아무리 세월이 가도 일을 해결할 희망이 없음
- 伯樂一顧(백락일고) : 남이 자기 재능을 알고 잘 대우함
- 白面書生(백면서생) : 한갓 글만 읽고 세상 일에 어두운 사람
- 百折不屈(백절불굴) : 아무리 꺾으려 해도 굽히지 않음
- 辟邪進慶(벽사진경) : 간사한 귀신을 물리치고 경사스러운 일로 나아감
- 夫唱婦隨(부창부수) : 남편이 창을 하면 아내가 따른다는 뜻으로 부부 간의 정이 깊고 화목함을 일컫는 말
- 附和雷同(부화뇌동) : 제 주견이 없이 남이 하는 대로 그저 무턱대고 따라함
- 粉骨碎身(분골쇄신) : 뼈가 가루가 되고 몸이 부서지도록 힘을 다하고 고생하며 일함
- 不共戴天之讐(불공대천지수) : 세상을 같이 살 수 없는 원수, 즉 어버이의 원수
- 不問可知(불문가지) : 묻지 않아도 가히 알 수 있음
- 不問曲直(불문곡직) : 옳고 그름을 가리지 않고 함부로 일을 처리함
- 非夢似夢(비몽사몽) : 꿈인지 생시인지 알 수 없는 어렴풋함
- 氷炭之間(빙탄지간) : 얼음과 숯불처럼 서로 화합될 수 없음

- 四顧無親(사고무친) : 친척이 없어 의지할 곳 없이 외로움[四顧無人(사고무인)]
- 四面楚歌(사면초가) : 한 사람도 도우려는 자가 없이 고립되어 곤경에 처해 있음
- 四面春風(사면춘풍) : 항상 좋은 얼굴로 남을 대하여 누구에게나 호감을 삼
- 事必歸正(사필귀정) : 무슨 일이든지 결국은 옳은 대로 돌아간다는 뜻
- 死後藥方文(사후약방문) : 이미 때가 늦음
- 山海珍味(산해진미) : 산과 바다의 산물(産物)을 다 갖추어 썩 잘 차린 귀한 음식
- 殺身成人(살신성인) : 자기의 몸을 희생하여 옳은 도리를 행함
- 三顧草廬(삼고초려) : 유비가 제갈량을 세 번이나 찾아가 군사로 초빙한 데에서 유래한 말로 인재를 얻기 위해 끈기 있게 노력한다는 말
- 三遷之敎(삼천지교) : 맹자의 어머니가 아들의 교육을 위하여 세 번 거처를 옮겼다는 고사에서 유래하는 말로 생활 환경이 교육에 있어 큰 구실을 한다는 말
- 桑田碧海(상전벽해) : 뽕나무밭이 변하여 바다가 된다는 뜻으로 세상일의 변천이 심하여 사물이 바뀜을 비유하는 말
- 塞翁之馬(새옹지마) : 세상일은 복이 될지 화가 될지 예측할 수 없다는 말
- 黍離之歎(서리지탄) : 세상의 영고성쇠가 무상함
- 仙姿玉質(선자옥질) : 용모가 아름답고 재질도 뛰어남
- 雪膚花容(설부화용) : 눈처럼 흰 살결과 꽃같이 예쁜 얼굴이라는 뜻으로 아름다운 여인의 모습을 이르는 말
- 雪上加霜(설상가상) : 눈 위에 또 서리가 덮인다는 뜻으로 불행이 엎친 데 덮친 격으로 거듭 생김을 이르는 말
- 說往說來(설왕설래) : 서로 변론(辯論)을 주고 받으며 옥신각신함
- 小隙沈舟(소극침주) : 작은 일을 게을리하면 큰 재앙이 닥치게 됨을 비유하는 말
- 首丘初心(수구초심) : 고향을 그리워하는 마음을 일컫는 말
- 壽福康寧(수복강녕) : 오래 살고 복되며 건강하고 편안함
- 袖手傍觀(수수방관) : 팔짱을 끼고 보고만 있다는 뜻으로 마땅히 해야 할 일에 그저 옆에서 보고만 있는 것을 이르는 말
- 水深可知 人心難知(수심가지 인심난지) : 물의 깊이는 알 수 있으나 사람의 속마음은 헤아리기가 어렵다는 뜻
- 水魚之交(수어지교) : 교분이 매우 깊은 것을 말함[君臣水魚(군신수어)]
- 誰怨誰咎(수원수구) : 남을 원망하거나 책망할 것이 없음

- 脣亡齒寒(순망치한) : 입술이 없으면 이가 시린 것처럼 서로 돕던 이가 망하면 다른 한쪽 사람도 함께 위험하다는 말
- 是是非非(시시비비) : 옳고 그름을 가림
- 識字憂患(식자우환) : 아는 것이 탈이라는 말로 학식이 있는 것이 도리어 근심을 사게 됨을 이름
- 身言書判(신언서판) : 사람됨을 판단하는 네 가지 기준, 즉 신수(身手)와 말씨와 문필과 판단력을 일컬음
- 心心相人(심심상인) : 마음에서 마음을 전한다는 뜻으로, 묵묵한 가운데 서로 마음이 통함.
- 十匙一飯(십시일반) : 열 사람이 한 술씩 보태면 한 사람 먹을 분량이 된다는 뜻으로 여러 사람이 힘을 합하면 한 사람을 쉽게 도울 수 있다는 말

- 阿鼻叫喚(아비규환) : 지옥 같은 고통에 못 견디어 구원을 부르짖는 소리라는 뜻으로 참혹한 고통 가운데에서 살려 달라고 울부짖는 상태를 이르는 말
- 我田引水(아전인수) : 제 논에 물대기. 자기에게 유리하도록 행동하는 것
- 安貧樂道(안빈낙도) : 빈궁한 가운데 편안하게 생활하여 도(道)를 즐김
- 眼下無人(안하무인) : 태도가 몹시 거만하여 모든 사람을 업신여김
- 暗中摸索(암중모색) : 물건을 어둠 속에서 더듬어 찾는다는 뜻으로, 확실한 방법을 모르는 채 이리저리 시도해 본다는 말
- 羊頭狗肉(양두구육) : 양의 머리를 내걸고 개고기를 판다는 뜻으로 겉모양은 훌륭하나 속은 변변치 않음을 이르는 말
- 梁上君子(양상군자) : 들보 위에 있는 군자라는 뜻으로 도둑을 미화(美化)한 말
- 漁父之利(어부지리) : 도요새가 조개를 쪼아 먹으려다가 둘 다 물리어 서로 다투고 있을 때 어부가 와서 둘을 잡아갔다는 고사에서 나온 말로 둘이 다투는 사이에 제3자가 이득을 보는 것
- 言中有骨(언중유골) : 예사로운 말 속에 깊은 뜻이 있음
- 如履薄氷(여리박빙) : 살얼음을 밟는 듯 아슬아슬하고 불안한 지경을 비유하여 이르는 말
- 如反掌(여반장) : 손바닥을 뒤집는 것과 같이 매우 쉬움
- 緣木求魚(연목구어) : 나무에 올라가 물고기를 구하듯 불가능한 일을 하고자 할 때를 비유하는 말
- 寤寐不忘(오매불망) : 자나깨나 잊지 못함
- 烏飛梨落(오비이락) : 까마귀 날자 배 떨어진다는 뜻으로 공교롭게도 어떤 일이 같은 때에 일어나 남의 의심을 받게 됨을 이르는 말
- 傲霜孤節(오상고절) : 서릿발 속에서도 굴하지 않고 외로이 지키는 절개라는 뜻으로 충신 또는 국화를 두고 하는 말
- 五十步百步(오십보백보) : 양자 간에 차이는 있으나 본질적으로는 같다는 뜻

- 吳越同舟(오월동주) : 사이가 좋지 못한 사람끼리도 자기의 이익을 위해서는 행동을 같이 한다는 말
- 溫故知新(온고지신) : 옛 것을 익히고 나아가 새 것을 앎
- 臥薪嘗膽(와신상담) : 섶에 누워 자고 쓴 쓸개를 씹는다는 뜻으로 원수를 갚고자 고생을 참고 견딤을 이르는 말
- 樂山樂水(요산요수) : '智者樂水 仁者樂山(지자요수 인자요산)'의 준말로 지혜 있는 자는 사리에 통달하여 물과 같이 막힘이 없으므로 물을 좋아하고, 어진 자는 의리에 밝고 산과 같이 중후하여 변하지 않으므로 산을 좋아한다는 말
- 窈窕淑女(요조숙녀) : 마음씨가 얌전하고 자태가 아름다운 여자
- 欲速不達(욕속부달) : 일을 속히 하려고 하면 도리어 이루지 못한다는 말
- 龍頭蛇尾(용두사미) : 처음엔 그럴 듯하다가 끝이 흐지부지되는 것
- 雲泥之差(운니지차) : 구름과 진흙의 차이란 뜻으로 주로 사정이 크게 다를 경우나 서로의 차이가 클 때 사용한다.
- 有備無患(유비무환) : 어떤 일에 미리 준비가 있으면 걱정이 없다는 말
- 唯我獨尊(유아독존) : 이 세상에는 나보다 더 잘난 사람이 없다고 뽐냄
- 流言蜚語(유언비어) : 근거 없는 좋지 못한 말
- 泣斬馬謖(읍참마속) : 큰 목적을 위해 아끼는 사람을 버림
- 以心傳心(이심전심) : 마음과 마음이 서로 통함
- 二律背反(이율배반) : 서로 모순되는 명제(命題), 즉 정립(定立)과 반립(反立)이 동등한 권리를 가지고 주장되는 일
- 李下不整冠(이하부정관) : 자두나무 아래에서는 갓을 고쳐 쓰지 말라는 뜻으로 남에게 의심받을 일을 하지 않도록 주의하라는 말
- 耳懸令 鼻懸令(이현령 비현령) : 귀에 걸면 귀걸이, 코에 걸면 코걸이라는 뜻으로 이렇게도 저렇게도 될 수 있음을 비유하는 말
- 益者三友(익자삼우) : 사귀어 이롭고 보탬이 되는 세 벗으로 정직한 사람, 신의 있는 사람, 학식 있는 사람을 가리킴
- 因果應報(인과응보) : 좋은 일에는 좋은 결과가, 나쁜 일에는 나쁜 결과가 따름
- 一擧兩得(일거양득) : 하나의 행동으로 두 가지의 성과를 거두는 것
- 一網打盡(일망타진) : 한꺼번에 모조리 다 잡음
- 一魚濁水(일어탁수) : 물고기 한 마리가 큰 물을 흐리게 하듯 한 사람의 악행으로 인하여 여러 사람이 그 해를 입게 되는 것을 뜻함
- 一場春夢(일장춘몽) : 인생의 영화(榮華)는 한바탕의 봄꿈과 같이 헛됨
- 日就月將(일취월장) : 나날이 다달이 진보함
- 一筆揮之(일필휘지) : 단숨에 글씨나 그림을 줄기차게 쓰거나 그림

- 自家撞着(자가당착) : 자기의 언행이 전후 모순되어 들어맞지 않음
- 自繩自縛(자승자박) : 자기의 줄로 자기를 묶는다는 뜻으로 자신이 한 말이나 행동 때문에 자기가 얽매이게 된다는 말
- 張三李四(장삼이사) : 장씨(張氏)의 삼남(三男)과 이씨(李氏)의 사남(四男)이라는 뜻으로 평범한 사람을 가리키는 말
- 賊反荷杖(적반하장) : 도둑이 도리어 매를 든다는 뜻으로 잘못한 사람이 도리어 잘한 사람을 나무라는 경우에 쓰는 말
- 戰戰兢兢(전전긍긍) : 몹시 두려워 벌벌 떨면서 조심한다는 말
- 轉禍爲福(전화위복) : 화를 바꾸어 복이 되게 한다는 뜻으로 궂은 일을 당하였을 때 그것을 잘 처리하여 좋은 일이 되게 하는 것
- 切磋琢磨(절차탁마) : 학문과 덕행을 갈고 닦음을 가리키는 말
- 漸入佳境(점입가경) : 점점 더 재미있는 경지로 들어감
- 頂門一鍼(정문일침) : 정수리에 침을 놓는다는 뜻으로 따끔한 비판이나 충고를 뜻함
- 井底之蛙(정저지와) : 우물 안 개구리. 견문이 좁고 세상 형편을 모름
- 糟糠之妻(조강지처) : 가난을 참고 고생을 같이 하며 남편을 섬긴 아내
- 朝令暮改(조령모개) : 법령을 자꾸 바꾸어서 종잡을 수 없음을 비유하는 말
- 朝三暮四(조삼모사) : 간사한 꾀로 사람을 속여 희롱함. 눈앞에 당장 나타나는 차별만 알고 그 결과가 같음을 모름
- 鳥足之血(조족지혈) : 새 발의 피. 양이 아주 적음
- 左顧右眄(좌고우면) : 좌우를 자주 둘러본다는 뜻으로 무슨 일에 얼른 결정을 짓지 못함을 이르는 말[左右顧眄(좌우고면)]
- 坐不安席(좌불안석) : 마음에 불안이나 근심 등이 있어 한 자리에 오래 앉아 있지 못함
- 晝耕夜讀(주경야독) : 낮에 일하고 밤에 공부함. 바쁜 틈을 타서 어렵게 공부를 함
- 主客顚倒(주객전도) : 주인과 손님이 뒤바뀌다라는 뜻으로 주되는 것과 종속되는 것의 위치가 뒤바뀜을 말함
- 走馬加鞭(주마가편) : 달리는 말에 채찍을 더한다는 뜻으로 잘하는 사람에게 더 잘하도록 하는 것을 일컬음
- 走馬看山(주마간산) : 말을 달리면서 산을 본다는 말로 바빠서 자세히 보지 못하고 지나침을 뜻함
- 竹馬故友(죽마고우) : 죽마를 타고 놀던 벗, 즉 어릴 때 같이 놀던 친한 친구
- 竹杖芒鞋(죽장망혜) : 대지팡이와 짚신. 먼 길을 떠날 때의 간편한 차림
- 衆寡不敵(중과부적) : 적은 수효로는 많은 수효를 대적하지 못한다는 뜻
- 衆口難防(중구난방) : 여러 사람의 입을 막기 어렵다는 뜻으로, 막기 어려울 정도(程度)로 여럿이 마구 지껄임을 이르는 말

- 重言復言(중언부언) : 한 말을 자꾸 되풀이 함
- 指鹿爲馬(지록위마) : 중국 진나라의 조고(趙高)가 이세 황제(二世皇帝)의 권력을 농락하려고 일부러 사슴을 말이라고 속여 바쳤다는 고사에서 유래한 것으로 윗사람을 농락하여 권세를 마음대로 함을 가리킴
- 支離滅裂(지리멸렬) : 갈갈이 흩어지고 찢기어 갈피를 잡을 수 없음
- 知足不辱(지족불욕) : 모든 일에 분수를 알고 만족하게 생각하면 모욕을 받지 않는다는 말
- 盡人事待天命(진인사대천명) : 노력을 다한 후에 천명을 기다림
- 進退維谷(진퇴유곡) : 앞으로 나아갈 수도 뒤로 물러설 수도 없이 꼼짝할 수 없는 궁지에 빠짐[進退兩難(진퇴양난)]
- 嫉逐排斥(질축배척) : 시기하고 미워하여 물리침

- 創業易守成難(창업이수성난) : 어떤 일을 시작하기는 쉬우나, 이룬 것을 지키기는 어렵다는 말
- 滄海桑田(창해상전) : 푸른 바다가 변하여 뽕밭으로 된다는 뜻으로 세상일이 덧없이 바뀜을 이르는 말 [桑田碧海(상전벽해)]
- 滄海一粟(창해일속) : 넓은 바다에 떠 있는 한 알의 좁쌀이라는 뜻으로 아주 큰 물건 속에 있는 아주 작은 물건을 이르는 말
- 天高馬肥(천고마비) : 하늘이 높고 말이 살찐다는 뜻으로 가을철을 일컫는 말
- 千慮一得(천려일득) : 천 번을 생각하면 한 번 얻는 것이 있다는 뜻으로, 많이 생각할수록 좋은 것을 얻음을 비유하는 말
- 千慮一失(천려일실) : 여러 번 생각하여 신중하고 조심스럽게 한 일에도 때로는 한 가지 실수가 있음을 이르는 말
- 天方地軸(천방지축) : 너무 바빠서 두서를 잡지 못하고 허둥대는 모습. 어리석은 사람이 갈 바를 몰라 두리번거리는 모습
- 泉石膏肓(천석고황) : 고질병이 되다시피 산수 풍경을 좋아함
- 千衣無縫(천의무봉) : 천사의 옷은 기울 데가 없다는 뜻으로 문장이 훌륭하여 손댈 곳이 없을 만큼 잘 되었음을 일컫는 말
- 千仞斷崖(천인단애) : 천 길이나 되는 깎아지른 듯한 벼랑
- 千紫萬紅(천자만홍) : 여러 가지 빛깔의 꽃이 만발함
- 千載一遇(천재일우) : 천 년에나 한번 만날 수 있는 기회, 즉 좀처럼 얻기 어려운 기회
- 徹頭徹尾(철두철미) : 머리에서 꼬리까지 투철함, 즉 처음부터 끝까지 투철함
- 靑天霹靂(청천벽력) : 맑게 갠 하늘에서 치는 벼락, 즉 뜻밖에 생긴 변을 일컫는 말

- 靑出於藍(청출어람) : 쪽에서 우러난 푸른 빛이 쪽보다 낫다는 뜻으로 제자가 스승보다 더 뛰어남을 이르는 말
- 草綠同色(초록동색) : 풀과 녹색은 같은 빛임. 같은 처지나 같은 유의 사람들은 그들끼리 함께 행동함
- 寸鐵殺人(촌철살인) : 조그만 쇠붙이로 사람을 죽인다는 뜻으로 간단한 말이나 문장으로 사물의 가장 요긴한 데를 찔러 듣는 사람을 감동하게 하는 것
- 春秋筆法(춘추필법) : 5경의 하나인 춘추와 같이 비판의 태도가 썩 엄정함을 이르는 말. 대의명분을 밝히어 세우는 사실의 논법
- 醉生夢死(취생몽사) : 아무 뜻과 이룬 일도 없이 한평생을 흐리멍텅하게 살아감
- 七顚八起(칠전팔기) : 여러 번 실패해도 굽히지 않고 분투함을 일컫는 말
- 七縱七擒(칠종칠금) : 제갈량의 전술로 일곱 번 놓아 주고 일곱 번 잡는다는 뜻으로 자유자재로운 전술을 일컬음
- 針小棒大(침소봉대) : 바늘을 몽둥이라고 말하듯 과장해서 말하는 것

- 他山之石(타산지석) : 다른 산에서 나는 하찮은 돌도 자기의 옥(玉)을 가는 데에 도움이 된다는 뜻으로 다른 사람의 하찮은 언행일지라도 자기의 지덕을 연마하는 데에 도움이 된다는 말
- 卓上空論(탁상공론) : 실현성이 없는 허황된 이론
- 太剛則折(태강즉절) : 너무 강하면 부러지기 쉽다는 말
- 泰山北斗(태산북두) : 태산과 북두칠성을 여러 사람이 우러러 보는 것처럼 남에게 존경받는 뛰어난 존재
- 兎營三窟(토영삼굴) : 자신의 안전을 위하여 미리 몇 가지 술책을 마련함
- 吐盡肝膽(토진간담) : 솔직한 심정을 숨김없이 모두 말함

- 波瀾萬丈(파란만장) : 물결이 만 길 높이로 인다는 뜻으로 인생을 살아가는 데 있어 기복과 변화가 심함을 이르는 말
- 波瀾重疊(파란중첩) : 일의 진행에 있어서 온갖 변화나 난관이 많음
- 破竹之勢(파죽지세) : 대를 쪼개는 것처럼 거침없이 나아가는 세력
- 弊袍破笠(폐포파립) : 해진 옷과 부서진 갓, 즉 너절하고 구차한 차림새를 말함
- 抱腹絶倒(포복절도) : 배를 안고 몸을 가누지 못할 정도로 몹시 웃음
- 風樹之嘆(풍수지탄) : 부모가 이미 세상을 떠나 효도할 수 없음을 한탄함
- 風前燈火(풍전등화) : 바람 앞의 등불처럼 매우 위급한 경우에 놓여 있음을 일컫는 말

- 風餐露宿(풍찬노숙) : 바람과 이슬을 무릅쓰고 한 데에서 먹고 잠, 즉 큰 일을 이루려는 사람이 고초를 겪는 모양
- 匹夫匹婦(필부필부) : 평범한 남자와 평범한 여자
- 必有曲折(필유곡절) : 반드시 어떠한 까닭이 있음

- 夏爐冬扇(하로동선) : 여름의 화로와 겨울의 부채라는 뜻으로 쓸모없는 재능을 말함
- 下石上臺(하석상대) : 아랫돌을 빼서 윗돌을 괴고 윗돌을 빼서 아랫돌을 괸다는 뜻으로 임시변통으로 이리저리 둘러 맞춤을 말함
- 鶴首苦待(학수고대) : 학의 목처럼 목을 길게 늘여 몹시 기다린다는 뜻
- 漢江投石(한강투석) : 한강에 돌 던지기라는 뜻으로 지나치게 미미하여 전혀 효과가 없음을 이르는 말
- 緘口無言(함구무언) : 입을 다물고 아무런 말이 없음
- 含哺鼓腹(함포고복) : 배불리 먹고 즐겁게 지냄
- 咸興差使(함흥차사) : 심부름을 시킨 뒤 아무 소식이 없거나 회답이 더디 올 때 쓰는 말
- 孑孑單身(혈혈단신) : 의지할 곳 없는 외로운 홀몸
- 螢雪之功(형설지공) : 중국 진나라의 차윤(車胤)이 반딧불로 글을 읽고 손강(孫康)은 눈(雪)의 빛으로 글을 읽었다는 고사에서 유래된 말로 고생하면서도 꾸준히 학문을 닦은 보람을 이르는 말
- 糊口之策(호구지책) : 살아갈 방법. 그저 먹고 살아가는 방책
- 好事多魔(호사다마) : 좋은 일에는 방해가 되는 일이 많다는 뜻
- 虎死留皮(호사유피) : 범이 죽으면 가죽을 남김과 같이 사람도 죽은 뒤 이름을 남겨야 한다는 말[豹死留皮(표사유피)]
- 浩然之氣(호연지기) : 잡다한 일에서 해방된 자유로운 마음. 하늘과 땅 사이에 넘치게 가득찬 넓고도 큰 원기. 공명정대하여 조금도 부끄러울 바 없는 도덕적 용기
- 魂飛魄散(혼비백산) : 몹시 놀라 넋을 잃음
- 和而不同(화이부동) : 남과 화목하게 지내지만 자신의 중심과 원칙을 잃지 않음
- 畵龍點睛(화룡점정) : 용을 그려 놓고 마지막으로 눈을 그려 넣음, 즉 가장 긴요한 부분을 완성시킴
- 換骨奪胎(환골탈태) : 얼굴이 이전보다 더 아름다워짐. 선인의 시나 문장을 살리되, 자기 나름의 새로움을 보태어 자기 작품으로 삼는 일
- 會者定離(회자정리) : 만나면 반드시 헤어짐
- 後生可畏(후생가외) : 후진들이 젊고 기력이 있어 두렵게 여겨짐
- 橫說竪說(횡설수설) : 조리가 없는 말을 함부로 지껄임 또는 그 말
- 興盡悲來(흥진비래) : 즐거운 일이 다하면 슬픔이 옴, 즉 흥망과 성쇠가 엇바뀜을 일컫는 말

(1) 글의 구성 요소

단어→문장→문단→글

① 단어 … 분리하여 자립적으로 쓸 수 있는 말이나 이에 준하는 말이나 그 말의 뒤에 붙어서 문법적 기능을 나타내는 말이다.

② 문장 … 생각이나 감정을 말로 표현할 때 완결된 내용을 나타내는 최소의 단위로, 주어와 서술어를 갖추고 있는 것이 원칙이나 생략될 수도 있다.

③ 문단 … 글에서 하나로 묶을 수 있는 짤막한 단위로, 한 편의 글은 여러 개의 문단으로 구성된다.

④ 글 … 어떤 생각이나 일 따위의 내용을 문자로 나타낸 기록이다.

(2) 문단의 짜임

① 중심 문장 … 하나의 문단에서 나타내고자 하는 중심 내용이 담긴 문장

② 뒷받침 문장 … 중심 문장의 내용을 효과적으로 전달하기 위해 보조적으로 쓰인 문장

(3) 설명문과 논설문의 구조

① 설명문 … 처음-중간-끝

　㉠ 처음 : 설명할 대상, 배경, 동기, 목적, 방법 등을 제시하는 단계로, 독자의 관심을 불러일으키는 역할을 한다.

　㉡ 중간 : 다양한 설명 방법을 활용하여 설명하고자 하는 지식과 정보를 이해하기 쉽게 풀이하는 단계이다.

　㉢ 끝 : 중간부분에서 설명한 내용을 요약·정리하고 마무리하는 단계이다.

② 논설문 … 서론-본론-결론

　㉠ 서론 : 글을 쓰는 동기와 목적을 밝히고, 문제를 제기하는 단계이다.

　㉡ 본론 : 여러 가지 근거를 들어 자신이 주장하려는 바를 증명하는 단계로, 제시하는 근거의 타당성에 대한 검증이 필요하다.

　㉢ 결론 : 주장하는 내용을 요약하고 확인·강조하는 단계이다.

(4) 접속어

관계	내용	접속어의 예
순접	앞의 내용을 이어받아 연결시킴	그리고, 그리하여, 이리하여
역접	앞의 내용과 상반되는 내용을 연결시킴	그러나, 하지만, 그렇지만, 그래도
인과	앞뒤의 문장을 원인과 결과로 또는 결과와 원인으로 연결시킴	그래서, 따라서, 그러므로, 왜냐하면
전환	뒤의 내용이 앞의 내용과는 다른 새로운 생각이나 사실을 서술하여 화제를 바꾸며 이어줌	그런데, 그러면, 다음으로, 한편, 아무튼
예시	앞의 내용에 대해 구체적인 예를 들어 설명함	예컨대, 이를테면, 예를 들면
첨가 · 보충	앞의 내용에 새로운 내용을 덧붙이거나 보충함	그리고, 더구나, 게다가, 뿐만 아니라
대등 · 병렬	앞뒤의 내용을 같은 자격으로 나열하면서 이어줌	그리고, 또는, 및, 혹은, 이와 함께
확언 · 요약	앞의 내용을 바꾸어 말하거나 간추려 짧게 요약함	요컨대, 즉, 결국, 말하자면

대표유형 6   **주제 및 중심내용 찾기**

(1) 핵심어

① 설명문의 내용 또는 제목 내의 중요한 내용을 요약한 핵심적인 단어 또는 문구를 핵심어라고 한다.

② 글의 처음이나 마지막 부분의 문장이 열쇠가 되는 경우가 많다.

③ 핵심어는 반복 사용되는 경향이 있다.

(2) 주제 파악하기의 과정

① 형식 문단의 내용을 요약한다.

② 내용 문단으로 묶어 중심 내용을 파악한다.

③ 각 내용 문단의 중심 내용 간의 관계를 이해한다.

④ 전체적인 주제를 파악한다.

(3) 주제를 찾는 방법

① 주제가 겉으로 드러난 글(설명문, 논설문 등)

　㉠ 글의 주제 문단을 찾는다. 주제 문단의 요지가 주제이다.

　㉡ 대개 3단 구성이므로 끝 부분의 중심 문단에서 주제를 찾는다.

　㉢ 중심 소재(제재)에 대한 글쓴이의 입장이 나타난 문장이 주제문이다.

　㉣ 제목과 밀접한 관련이 있음에 유의한다.

② 주제가 겉으로 드러나지 않는 글(문학적인 글)

　㉠ 글의 제재를 찾아 그에 대한 글쓴이의 의견이나 생각을 연결시키면 바로 주제를 찾을 수 있다.

　㉡ 제목이 상징하는 바가 주제가 될 수 있다.

　㉢ 인물이 주고받는 대화의 화제나 화제에 대한 의견이 주제일 수도 있다.

　㉣ 글에 나타난 사상이나 내세우는 주장이 주제가 될 수도 있다.

　㉤ 시대적 · 사회적 배경에서 글쓴이가 추구하는 바를 찾을 수 있다.

대표유형 7　진위판별 및 내용추론

(1) 세부 내용 파악하기

① 제목을 확인한다.

② 주요 내용이나 핵심어를 확인한다.

③ 지시어나 접속어에 유의하며 읽는다.

④ 중심 내용과 세부 내용을 구분한다.

⑤ 내용 전개 방법을 파악한다.

⑥ 사실과 의견을 구분하여 내용의 객관성과 주관성 파악한다.

(2) 추론하며 읽기

① **추론하며 읽기의 뜻** … 글 속에 명시적으로 드러나 있지 않은 내용, 과정, 구조에 관한 정보를 논리적 비약 없이 추측하거나 상상하며 읽는 것을 말한다.

② **추론하며 읽기의 방법**

　㉠ 문장의 연결 관계를 통하여 생략된 정보를 추측한다.

　㉡ 뜻이 분명하지 않은 문장의 의미를 자신의 배경 지식을 활용하여 정확하게 파악한다.

　㉢ 글에 제시되어 있는 내용을 바탕으로 글 속에 분명히 드러나 있지 않은 중심 내용이나 주제를 파악한다.

　㉣ 문맥의 흐름을 기준으로 문단의 연결 관계를 정확하게 파악한다.

　㉤ 글의 조직 및 전개 방식을 기준으로 글 전체의 계층적 구조를 정확하게 파악한다.

출제예상문제

|1~10| 다음 제시된 단어와 의미가 유사한 단어를 고르시오.

1

전가

① 귀선   ② 전하

③ 돈성   ④ 전개

> ✔ **해설** 전가 … 잘못이나 책임을 다른 사람에게 넘겨씌움
> ② 전하 : 책임이나 죄과 따위를 남에게 떠넘김
> ① 귀선 : 항구로 돌아가거나 돌아오는 배
> ③ 돈성 : 갑자기 깨침을 얻음
> ④ 전개 : 열리어 나타남 / 시작하여 벌임

2

돈재

① 경향   ② 운집

③ 진보   ④ 기지

> ✔ **해설** 돈재 … 때에 따라 사정과 형편을 보아 적절하게 대응하는 재능
> ④ 기지 : 경우에 따라 재치 있게 대응하는 지혜
> ① 경향 : 현상이나 사상, 행동 따위가 어떤 방향으로 기울어짐
> ② 운집 : 구름처럼 모인다는 뜻으로, 많은 사람이 모여듦을 이르는 말
> ③ 진보 : 정도나 수준이 나아지거나 높아짐

Answer   1.②   2.④

3

산재

① 낭자   ② 의향
③ 상재   ④ 재적

✔ 해설 산재… 여기저기 흩어져 있음
① 낭자 : 여기저기 흩어져 어지러움
② 의향 : 마음이 향하는 바 또는 무엇을 하려는 생각
③ 상재 : 재상이 될 만한 재능
④ 재적 : 학적, 병적 따위의 명부(名簿)에 이름이 올라 있음

4

도탄

① 당착   ② 곤궁
③ 외탄   ④ 상도

✔ 해설 도탄… 진구렁에 빠지고 숯불에 탄다는 뜻으로, 몹시 곤궁하여 고통스러운 지경을 이르는 말
② 곤궁 : 처지가 이러지도 저러지도 못하게 난처하고 딱함
① 당착 : 말이나 행동 따위의 앞뒤가 맞지 않음
③ 외탄 : 두려워하고 꺼림
④ 상도 : 상업자들 사이에서 지켜야 할 도의를 이른다.

5

유념

① 좌절   ② 재원
③ 명심   ④ 단념

✔ 해설 유념… 잊거나 소홀히 하지 않도록 마음속에 깊이 간직하여 생각함
③ 명심 : 잊지 않도록 마음에 깊이 새겨 둠
① 좌절 : 마음이나 기운이 꺾임
② 재원 : 재주가 뛰어난 젊은 여자
④ 단념 : 품었던 생각을 아주 끊어 버림

6

은닉

① 묻다　　　　　　　　　　② 파다

③ 알다　　　　　　　　　　④ 꼬다

> ✔ 해설　은닉 … 남의 물건이나 범죄인을 감춤
> ① 일을 드러내지 아니하고 속 깊이 숨기어 감추다

7

춘추

① 한정　　　　　　　　　　② 연세

③ 준성　　　　　　　　　　④ 구임

> ✔ 해설　춘추 … 어른의 나이를 높여 이르는 말
> ① 한정 : 수량이나 범위 따위를 제한하여 정함 또는 한도
> ② 연세 : 나이의 높임말
> ③ 준성 : 뛰어난 명성
> ④ 일을 오랫동안 맡김

8

정양(靜養)

① 배양　　　　　　　　　　② 함양

③ 부양　　　　　　　　　　④ 요양

> ✔ 해설　정양(靜養) … 몸과 마음을 편하게 하여 피로나 병을 요양함
> ① 인격, 역량, 사상 따위가 발전하도록 가르치고 키움
> ② 능력이나 품성 따위를 길러 쌓거나 갖춤
> ③ 생활 능력이 없는 사람의 생활을 돌봄
> ④ 휴양하면서 조리하여 병을 치료함

Answer　3.① 4.② 5.③ 6.① 7.② 8.④

9

당면

① 조치   ② 즉결

③ 우상   ④ 봉착

> ✔**해설** 당면 … 바로 눈앞에 당함
> ④ 봉착 : 어떤 처지나 상태에 부닥침
> ① 조지 : 벌어지는 사태를 잘 살펴서 필요한 대책을 세워 행함
> ② 즉결 : 그 자리에서 곧 결정함. 또는 그런 결정에 따라 마무리를 지음
> ③ 우상 : 신처럼 숭배의 대상이 되는 물건이나 사람

10

요해

① 깨닫다   ② 느끼다

③ 맛보다   ④ 바라다

> ✔**해설** 요해(了解) … 깨달아 알아냄

▌11~20 ▌ 다음 제시된 단어와 의미가 상반된 단어를 고르시오.

11

거역

① 반역   ② 탕평

③ 호의   ④ 순응

> ✔**해설** 거역 … 윗사람의 뜻이나 지시 따위를 따르지 않고 거스름
> ④ 순응 : 체계, 명령 따위에 적응하여 따름
> ① 반역 : 나라와 겨레를 배반함
> ② 탕평 : 싸움, 시비, 논쟁 따위에서 어느 쪽에도 치우침이 없이 공평함
> ③ 호의 : 친절한 마음씨. 또는 좋게 생각하여 주는 마음

12

은폐

① 표출　　　　　　　　　　② 전제

③ 갈래　　　　　　　　　　④ 선제

　　✔해설　은폐 … 덮어 감추거나 가리어 숨김
　　　　　① 표출 : 겉으로 나타냄
　　　　　② 전제 : 어떠한 사물이나 현상을 이루기 위하여 먼저 내세우는 것
　　　　　③ 갈래 : 갈라진 낱낱을 세는 단위
　　　　　④ 선제 : 선수를 쳐서 상대편을 제압함

13

혼동

① 촌각　　　　　　　　　　② 격동

③ 분별　　　　　　　　　　④ 표제

　　✔해설　혼동 … 구별하지 못하고 뒤섞어서 생각함
　　　　　③ 분별 : 서로 다른 일이나 사물을 구별하여 가름
　　　　　① 촌각 : 매우 짧은 동안의 시간
　　　　　② 격동 : 정세 따위가 급격하게 움직임
　　　　　④ 표제 : 서책의 겉에 쓰는 그 책의 이름

14

무르다

① 누르다　　　　　　　　　② 모시다

③ 인정하다　　　　　　　　④ 견고하다

　　✔해설　무르다 … 여리고 단단하지 않다.
　　　　　④ 견고하다 : 굳고 단단하다.
　　　　　① 누르다 : 물체의 전체 면이나 부분에 대하여 힘이나 무게를 가하다.
　　　　　② 모시다 : 웃어른이나 존경하는 이를 가까이에서 받들다.
　　　　　③ 인정하다 : 확실히 그렇다고 여기다.

Answer　9.④　10.①　11.④　12.①　13.③　14.④

15

받들다

① 가미하다   ② 경시하다

③ 에두르다   ④ 추앙하다

> ✔ 해설   받들다 ··· 공경하여 모시다. 또는 소중히 대하다.
> ② 경시하다 : 대수롭지 않게 보거나 업신여기다.
> ① 가미하다 : 맛이 나도록 음식 따위에 양념이나 식료품을 더 넣다.
> ③ 에두르다 : 에워서 둘러막다.
> ④ 추앙하다 : 높이 받들어 우러러보다.

16

번망하다

① 어수선하다   ② 혁신하다

③ 한산하다   ④ 발생하다

> ✔ 해설   번망하다 ··· 번거롭고 어수선하여 매우 바쁘다.
> ③ 한산하다 : 일이 없어 한가하다
> ① 어수선하다 : 사물이 얽히고 뒤섞여 가지런하지 아니하고 마구 헝클어져 있다.
> ② 혁신하다 : 묵은 풍속, 관습, 조직, 방법 따위를 완전히 바꾸어서 새롭게 하다.
> ④ 발생하다 : 어떤 일이나 사물이 생겨나다.

17

각축하다

① 쟁론하다   ② 굴종하다

③ 이전하다   ④ 화유하다

> ✔ 해설   각축하다 ··· 서로 이기려고 다투며 덤벼들다.
> ① 쟁론하다 : 서로 다투어 토론하다.
> ② 굴종하다 : 제 뜻을 굽혀 남에게 복종하다.
> ③ 이전하다 : 권리 따위를 남에게 넘겨주거나 넘겨받다.
> ④ 화유하다 : 부드럽고 온화하다.

18

왕왕

① 축전   ② 융통

③ 이따금   ④ 항용

> ✔ 해설   왕왕 … 시간의 간격을 두고 이따금
> ① 축전 : 일정한 액수에서 모자라는 돈
> ② 융통 : 금전, 물품 따위를 돌려씀
> ③ 이따금 : 얼마쯤씩 있다가 가끔
> ④ 항용 : 흔히 늘

19

우수

① 우주   ② 탁월

③ 유수   ④ 열등

> ✔ 해설   우수 … 여럿 가운데 뛰어남
> ④ 열등 : 보통의 수준이나 등급보다 낮음
> ① 우주 : 무한한 시간과 만물을 포함하고 있는 끝없는 공간의 총체
> ② 탁월 : 남보다 두드러지게 뛰어남
> ③ 유수 : 손꼽을 만큼 두드러지거나 훌륭함

20

알력

① 불화   ② 친화

③ 반영   ④ 흡사

> ✔ 해설   알력(軋轢) … 수레바퀴가 삐걱거린다는 뜻으로, 서로 의견이 맞지 아니하여 사이가 안 좋거나 충돌하는 것을 이르는 말
> ② 친화 : 사이좋게 잘 어울림

| 21~25 | 다음 제시된 단어의 의미로 옳은 것을 고르시오.

21

고루하다

① 정체가 확인되지 아니한 어떤 대상에 대하여 누구 또는 무엇이라고 짐작되는 상태에 있다.

② 낡은 관념이나 습관에 젖어 고집이 세고 새로운 것을 잘 받아들이지 아니하다.

③ 시간이 오래 걸리거나 같은 상태가 오래 계속되어 따분하고 싫증이 나다.

④ 쪼개거나 나누어 따로따로 되게 하다.

> ✔ **해설** ① 비슷하다
> ③ 지루하다
> ④ 가름하다

22

용동되다

① 두렵거나 놀라서 몸이 솟구쳐 뛰듯 움직이게 되다.

② 쓸데없는 일에 바쁘다.

③ 매우 안타깝거나 추워서 발을 가볍게 자꾸 구르다.

④ 별로 힘들이지 않고 계속 가볍게 행동하다.

> ✔ **해설** ② 용번하다
> ③ 동동거리다
> ④ 사부작거리다

23

불땀

① 한 번 끓어오르는 모양

② 돌아오지 아니함. 또는 돌아가지 아니함

③ 촘촘히 나 있는 푸성귀나 곡식 따위를 군데군데 골라 뽑아 성기게 하는 일

④ 화력이 세고 약한 정도

해설 ① 한소끔
② 불귀
③ 솎음

24

다잡이

① 스스로 자기 자신을 망치는 일

② 서로 머리나 멱살을 움켜잡고 싸우는 짓

③ 늦추어진 것을 바짝 잡아 죄는 일

④ 어떤 일을 다시 새로 시작하는 일

해설 ① 제잡이
② 드잡이
④ 새잡이

25

웅숭깊다

① 말이나 하는 짓이 아주 별스럽다.

② 뜻하지 아니하게 갑작스럽다.

③ 형편이 넉넉하지 못하여 생활에 필요한 것이 없거나 부족하다.

④ 생각이나 뜻이 크고 넓다.

해설 ① 별쫑나다
② 홀연하다
③ 옹색하다

Answer 21.② 22.① 23.④ 24.③ 25.④

| 26~30 | 다음 제시된 어구 풀이의 의미와 가장 잘 부합하는 어휘를 고르시오.

26

> 무엇을 하고 싶어서 잠자코 있을 수가 없다.

① 오금이 쑤시다   ② 오지랖이 넓다

③ 코가 빠지다   ④ 발이 뜨다

      ② 주제넘게 남의 일에 간섭하다.
            ③ 근심이 가득하다.
            ④ 어떤 곳에 자주 다니지 아니하다.

27

> 얼굴에 핏기가 없고 파리하다

① 핼쑥하다   ② 수척하다

③ 스산하다   ④ 완뢰하다

      ② 몸이 몹시 야위고 마른 듯하다.
            ③ 마음이 가라앉지 아니하고 뒤숭숭하다.
            ④ 굳세고 튼튼하다.

28

> 불순물이 섞이지 아니하여 깨끗하고 순수하다

① 진부하다   ② 진거하다

③ 정수하다   ④ 징수하다

      ① 사상, 표현, 행동 따위가 낡아서 새롭지 못하다.
            ② 앞으로 나아가다.
            ④ 나라, 공공 단체, 지주 등이 돈, 곡식, 물품 따위를 거두어들이다.

29

주위를 에워쌈

① 준호   ② 환주

③ 남가   ④ 애각

✔해설   ① 도량이 크고 호탕함
          ③ 남쪽으로 뻗은 나뭇가지
          ④ 낭떠러지의 아래 끝부분

30

일에는 마음을 두지 아니하고 쓸데없이 다른 짓을 함

① 방정   ② 해찰

③ 정평   ④ 자발

✔해설   ① 찬찬하지 못하고 몹시 가볍고 점잖지 못하게 하는 말이나 행동
          ③ 모든 사람이 다같이 인정하는 평판
          ④ 남이 시키거나 요청하지 아니하였는데도 자기 스스로 나아가 행함

┃31~35┃ 다음 중 제시된 문장의 밑줄 친 어휘와 같은 의미로 사용된 것을 고르시오.

31

나는 우리 회사의 장래를 너에게 <u>걸었다.</u>

① 이 작가는 이번 작품에 생애를 <u>걸었다.</u>

② 우리나라는 첨단 산업에 승부를 <u>걸었다.</u>

③ 마지막 전투에 주저 없이 목숨을 <u>걸었다.</u>

④ 그는 관객들에게 최면을 <u>걸었다.</u>

✔해설   주어진 문장과 보기②의 '걸었다'는 '앞으로의 일에 대한 희망 따위를 품거나 기대하다'라는 뜻으로 쓰였다. ①③의 '(생애를, 목숨을, 직위를) 걸었다'에서는 '목숨, 명예 따위를 담보로 삼거나 희생할 각오를 하다'라는 뜻이다. ④의 '걸었다'는 '어떤 상태에 빠지도록 하다'의 뜻으로 쓰인 경우이다.

32

범인은 경찰의 <u>손</u>이 미치지 않는 곳으로 도망갔다.

① 요즘에는 손이 부족하다.

② 그 일은 손이 많이 간다.

③ 그는 두 손 모아 기도한다.

④ 그 일은 선배의 손에 떨어졌다.

> ✔해설 ④ '어떤 사람의 영향력이나 권한이 미치는 범위'라는 뜻으로 쓰여, 주어진 문장에서 사용된 의미와 동일하다. 나머지 보기에서는 각각 ①에서는 '일손', ②에서는 '어떤 일을 하는 데 드는 사람의 힘, 노력, 기술', ③에서는 '사람의 팔목 끝에 달린 부분'의 뜻으로 쓰였다.

33

그녀는 올림픽 금메달을 <u>걸고</u> 환하게 웃어보였다.

① 주인은 방마다 자물쇠를 <u>걸고</u> 불도 켜지 않은 채 앉아있었다.

② 아이가 그린 그림은 모두 아버지의 사무실에 <u>걸려</u> 있었다.

③ 그는 문제가 생길 때마다 가족을 <u>걸고</u> 넘어졌다.

④ 강 부장은 자신에 대한 인사처분에 소송을 <u>걸었다</u>.

> ✔해설 ② 벽이나 못 따위에 어떤 물체를 떨어지지 않도록 매달아 올려놓다.
> ① 자물쇠, 문고리를 채우거나 빗장을 지르다.
> ③ 다른 사람이나 문제 따위가 관련이 있음을 주장하다.
> ④ 의논이나 토의의 대상으로 삼다.

34

> 결심이 <u>서면</u> 돌아올 것이라고 믿고 있었다.

① 아이가 <u>서니</u> 무엇을 먹어도 속이 받쳤다.

② 그는 계획이 <u>섰는지</u> 먼저 무대로 나갔다.

③ 소녀는 깔끔하게 주름이 <u>선</u> 치마를 입고 나타났다.

④ 강아지들이 나란히 <u>서서</u> 꼬리를 흔들고 있다.

> **✓해설** ② 계획, 결심, 자신감 따위가 마음속에 이루어지다.
> ① 아이가 배 속에 생기다.
> ③ 줄이나 주름 따위가 두드러지게 생기다.
> ④ 사람이나 동물이 발을 땅에 대고 다리를 쭉 뻗으며 몸을 곧게 하다.

35

> 소년은 고운 손을 <u>모아</u> 내밀었다.

① 오래된 음반을 <u>모으는</u> 것이 취미다.

② 가지런히 <u>모아진</u> 다리에 힘이 풀렸다.

③ 그가 버는 돈은 그대로 <u>모아서</u> 통장으로 들어갔다.

④ 오늘은 그 여자가 입은 외투에 모든 관심이 <u>모였다</u>.

> **✓해설** ② 한데 합치다.
> ① 특별한 물건을 구하여 갖추어 가지다.
> ③ 돈이나 재물을 써 버리지 않고 쌓아 두다.
> ④ 다른 이들의 관심이나 흥미를 끌다.

|36~38| 다음 빈칸에 들어갈 어휘로 가장 적절한 것을 고르시오.

36

> 그는 잦은 야근으로 얼굴이 창백해지고 _____ 없어 보인다.

① 헌기   ② 허기
③ 현기   ④ 혈기

> ✔해설 ① 수레와 말을 탐 또는 그 수레와 말
> ② 속이 비어 허전한 기운
> ③ 뽐내는 마음
> ④ 힘을 쓰고 활동하게 하는 원기

37

> 다시 한 번 이 행사를 위해 힘써 주신 여러분께 감사드리며, 이것으로 인사말을 _____ 하겠습니다.

① 갈음   ② 가름
③ 가늠   ④ 갸름

> ✔해설 ① 본디 것을 대신에 다른 것으로 가는 일
> ② 따로따로 갈라놓는 일
> ③ 목표나 기준에 맞고 안 맞음을 헤아리는 일
> ④ 보기 좋을 정도로 조금 가늘고 긴 듯함

38

> 우리가 별 탈 없이 _____ 자라 벌써 스무 살이 되었다.

① 깜냥깜냥   ② 어리마리
③ 콩팔칠팔   ④ 도담도담

> ✔해설 ① 자신의 힘을 다하여
> ② 잠이 든 둥 만 둥 하여 정신이 흐릿한 모양
> ③ 갈피를 잡을 수 없도록 마구 지껄이는 모양
> ④ 어린아이가 탈 없이 잘 놀며 자라는 모양

| 39~40 | 다음 제시어 중 서로 관련 있는 세 개의 단어를 찾아 연상되는 것을 고르시오.

39

간디, 거북선, 링컨, 동화, 극장, 햄릿, 올림픽, 셜록홈즈, 세종대왕

① 업적   ② 한국사

③ 관광지   ④ 위인

✔ 해설   제시된 단어 중 간디, 링컨, 세종대왕을 통해 '위인'을 유추해볼 수 있다.

40

수성사인펜, 축제, 영어, 가을, 달리기, 풍경화, 시계, 만국기, 경주

① 운동회   ② 불국사

③ 수능   ④ 사생대회

✔ 해설   제시된 단어 중 가을, 달리기, 만국기를 통해 '운동회'를 유추해볼 수 있다.

| 41~45 | 단어의 상관관계를 파악하고 ( ) 안에 알맞은 단어를 넣으시오.

41

주다 : 드리다 = 밥 : ( )

① 진지   ② 식사

③ 끼니   ④ 쌀

✔ 해설   '주다'의 높임말은 '드리다'이며, '밥'의 높임말은 '진지'이다.

42

분위기 : 험하다 = ( ) : 박하다

① 목숨 ② 생명
③ 능력 ④ 인심

✔해설 주어와 술어의 관계가 호응하는 것을 찾는다. 인심이 너그럽지 못하고 쌀쌀함을 뜻할 때 '인심이 박하다'고 표현한다.

43

가랑비 : 옷 = ( ) : 댓돌

① 정화수 ② 심층수
③ 낙숫물 ④ 도랑물

✔해설 • 가랑비에 옷 젖는 줄 모른다: 사소한 것이라도 그것이 거듭되면 무시하지 못할 정도로 커진다.
• 낙숫물이 댓돌을 뚫는다: 작은 힘이라도 꾸준히 계속하면 큰일을 이룰 수 있다.

44

쟁기 : 농기구 = 나비 : ( )

① 곤충 ② 꿀
③ 꽃 ④ 벌

✔해설 농기구는 쟁기의 상위개념이고 나비의 상위개념은 '곤충'이다.

45

> 비문학 : 도서 = 산소 : (   )

① 기체   ② 이산화탄소

③ 고체   ④ 생물

> **✔해설** 비문학은 도서의 한 종류이다. 따라서 산소는 괄호 속 단어의 한 종류가 되므로 기체가 오는 것이 적절하다.

46 다음 중 표준어로만 묶인 것은?

① 사글세, 멋쟁이, 아지랭이, 윗니

② 웃어른, 으레, 상판때기, 고린내

③ 딴전, 어저께, 가엽다, 귀이개

④ 주근깨, 코빼기, 며칠, 가벼히

> **✔해설** ③'가엽다'는 '가엾다'와 함께 표준어로 쓰인다.
> ① 아지랭이 → 아지랑이
> ② 상판때기 → 상판대기
> ④ 가벼히 → 가벼이

47 다음 단어의 발음이 옳지 않은 것은?

① 옷 한 벌[오탄벌]   ② 많소[만쏘]

③ 뚫는[뚤는]   ④ 헛웃음[허두슴]

> **✔해설** ③ 뚫는[뚤른]

48 다음 밑줄 친 부분 중 한글 맞춤법에 따른 준말 표기가 바르지 않은 것은?

① 이 시간쯤 되면 엄마는 베란다에서 바람을 쐤다.

② 두 사람은 서로 달갑잖은 얼굴로 앉아있어도 먼저 싫은 소리를 하진 않았다.

③ 그는 시답잖은 이야기를 해댔다.

④ 별다른 소리를 하지 않는 것을 보니 심한 욕을 들어도 거북치 않은 모양이었다.

> ✔해설 ④ 어간의 끝음절 '하'가 아주 줄 적에는 준 대로 적는다. 따라서 '거북하지'는 '거북지'로 준다.

49 문장 성분의 호응이 자연스러운 것은?

① 내가 말하고 싶은 점은 우리가 남다른 기술력을 가졌다.

② 유명한 사람들과 이야기하며 식사를 한 일은 즐거운 시간이었다.

③ 내 생각은 주말에 여행은 가지 않은 것이 좋겠다고 결정했다.

④ 주장은 자신의 전략이 옳다고 여러 사람 앞에서 말을 하였다.

> ✔해설 ④ '주장은 ~고 말을 하였다.'는 주어와 서술어의 호응이 자연스러운 문장이다. 또한 인용 조사를 활용한 인용절도 주절과 자연스럽게 어울리고 있다.
> ① 주어(점은)와 서술어(가졌다)의 호응이 적절치 못하다. '내가 말하고 싶은 점은 우리가 남다른 기술력을 가졌다는 것이다'로 고쳐야 한다.
> ② 주어(일은)와 서술어(시간이었다)의 호응이 적절치 못하다. '유명한 사람들과 이야기하며 식사를 하며 즐거운 시간을 함께 보냈다'로 고쳐야 한다.
> ③ 주어(내 생각은)와 서술어(결정했다)의 호응이 적절치 못하다. '내 생각은 주말에 여행은 가지 않는 것이 좋겠다는 것이다.' 로 고쳐야 한다.

50 안긴문장이 없는 것은?

① 나는 네가 취업에 성공하기를 고대한다.

② 예쁜 유나는 언제나 친구들과 잘 지낸다.

③ 하늘이는 커피를 마시고 남규는 우유를 마신다.

④ 선생님께서는 우리에게 다음 주에 소풍을 가자고 말씀하셨다.

> ✔해설 ③은 대등하게 이어진 문장이다. '하늘이는 커피를 마신다+남규는 우유를 마신다'가 결합한 문장으로 '-고'라는 대등적 연결어미로 연결된 문장이다.
> ① '네가 취업에 성공하기'가 명사절로 안긴문장이다.
> ② '(유나는) 예쁘다'가 관형절로 안긴문장이다.
> ④ '내일 가족 여행을 가자'에 간접 인용 조사 '고'가 붙어 인용절이 안긴문장이다.

51 다음 중 띄어쓰기가 모두 옳은 것은?

① 행색이∨초라한∨게∨보아∨하니∨시골∨양반∨같다.

② 동생네는∨때맞추어∨모든∨일을∨잘∨처리해∨나갔다.

③ 이제∨별볼일이∨없으니∨그냥∨돌아갑니다.

④ 하잘것없는∨일로∨형제∨끼리∨다투어서야∨되겠소?

> ✔해설 ② '때맞추다'는 한 단어이므로 붙여 쓴 것이 맞다. '처리해 나갔다'에서 '나가다'는 '앞말이 뜻하는 행동을 계속 진행함'을 뜻하는 보조동사로 본용언과 띄어 쓰는 것이 원칙이다.
> ① '보아하니'는 부사로, 한 단어이므로 붙여 쓰기 한다. 유사한 형태로 '설마하니, 멍하니' 등이 있다.
> ③ '별∨볼∨일이'와 같이 띄어쓰기 한다.
> ④ '하잘것없다'는 형용사로 한 단어이므로 붙여 쓰고, '끼리'는 접미사이므로 '형제끼리'와 같이 앞 단어와 붙여 쓴다.

52 밑줄 친 단어 중 우리말의 어문 규정에 따라 맞게 쓴 것은?

① <u>윗층</u>에 가 보니 전망이 정말 좋다.　② <u>뒷편</u>에 정말 오래된 감나무가 서 있다.

③ 그 일에 <u>익숙지</u> 못하면 그만 두자.　④ <u>생각컨대</u>, 그 대답은 옳지 않을 듯하다.

> ✔해설 어간의 끝음절 '하'가 아주 줄 적에는 준 대로 적는다〈한글맞춤법 제40항 붙임2〉.
> ① 윗층 → 위층
> ② 뒷편 → 뒤편
> ④ 생각컨대 → 생각건대

53 다음 보기 중 어법에 맞는 문장은?

① 시간 내에 역에 도착하려면 <u>가능한</u> 빨리 달려야 합니다.

② 그다지 효과적이지 <u>않는</u> 비판이 계속 이어지면서 회의 분위기는 급격히 안 좋아졌다.

③ 그는 <u>그들에</u> 뒤지지 않기 위해 끊임없는 노력을 계속하였다.

④ 부서원 대부분은 주말 근무 시간을 <u>늘리는</u> 것에 매우 부정적입니다.

> ✔해설 ④ '수나 분량, 시간 따위를 본디보다 많아지게 하다'라는 뜻의 '늘리다'가 적절하게 쓰였다.
> ① '가능한'은 그 뒤에 명사 '한'을 수식하여 '가능한 조건하에서'라는 의미로 사용한다. '가능한 빨리'와 같이 부사가 이어지는 것은 적절하지 않다.
> ② '아니하다(않다)'는 앞 용언의 품사를 따라가므로 '효과적이지 않은'으로 적는다.
> ③ '~에/에게 뒤지다'와 같이 쓰는데, '그들'이 사람이므로 '그들에게'로 쓴다.

54 다음 밑줄 친 부분의 외래어 표기가 알맞은 것은?

① 이번 강의는 제출하는 <u>레포트</u>가 많다.

② 나는 <u>쉬림프</u> 파스타를 가장 좋아한다.

③ 내일 회사 <u>워크샵</u>이 진행된다.

④ <u>글라스</u>에 물 대신 포도를 담았다.

> ✔ 해설 ① 레포트 → 리포트
> ② 쉬림프 → 슈림프
> ③ 워크샵 → 워크숍

55 다음 중 띄어쓰기가 옳은 문장은?

① 같은 값이면 좀더 큰것을 달라고 해라.

② 나는 친구가 많기는 하지만 우리 집이 큰지 작은지를 아는 사람은 철수 뿐이다.

③ 진수는 마음 가는 대로 길을 떠났지만 집을 떠난지 열흘이 지나서는 갈 곳마저 없었다.

④ 경진은 애 쓴만큼 돈을 받고 싶었지만 주위에서는 그의 노력을 인정해 주지 않았다.

> ✔ 해설 ② 철수 뿐이다 → 철수뿐이다
> ③ 떠난지 → 떠난 지
> ④ 애 쓴만큼 → 애쓴 만큼

56 다음 중 표현이 가장 자연스러운 것은?

① 이 제도는 최근에야 확립되어졌다.

② 인류는 함께 공존하는 길을 찾아야 합니다.

③ 지금도 저희 한국에는 대가족이 많습니다.

④ 빵을 만들기 위해서는 효모가 필요합니다.

> ✔ 해설 ① '되다'와 '~어지다'가 쓰여 이중 피동표현이 되었다. 하나의 피동 표현을 삭제한다. '이 제도는 최근에야 확립되었다.'로 고친다.
> ② 공존은 서로 도와서 함께 존재함을 의미한다. '함께'와 '공존'이 중복되므로 하나의 표현만 쓰도록 한다. '인류는 공존하는 길을 찾아야 합니다.'로 고친다.
> ③ 조국 앞에는 '저희'라는 낮춤말을 쓰지 않는다. '지금도 우리 한국에는 대가족이 많습니다.'로 고친다.

57 표현법이 다른 것은?

① 고향 집 마당귀 바람은 잠을 자리.

② 매화 향기 홀로 아득하니.

③ 여울지어 수척한 흰 물살.

④ 풀은 눕고 드디어 울었다.

> ✔해설 ①③④에 쓰인 의인법은 사물이나 추상개념을 인간인 것처럼 표현하는 수사적 방법으로 ②에는 의인법
> 이 쓰이지 않았다.

58 다음 중 표준 발음으로 옳지 않은 것은?

① 무릎맞춤[무름맏춤]　　　　② 압력[암녁]

③ 꽃말[꼳말]　　　　④ 대관령[대괄령]

> ✔해설 ③ [꼰말]이 표준 발음이다.

59 다음 중 띄어쓰기가 바른 것은?

① 대문밖에서 누군가 서성거리는 모습이 보였다.

② 그 사람이 오간데 없이 갑자기 사라져 버렸다.

③ 도와주기는커녕 방해만 되지 않았으면 좋겠다.

④ 평소의 실력으로 봐서 그 일을 해낼리가 없다.

> ✔해설 ① 대문 밖에서 누군가 서성거리는 모습이 보였다.
> ② 그 사람이 오간 데 없이 갑자기 사라져 버렸다.
> ④ 평소의 실력으로 봐서 그 일을 해낼 리가 없다.

60 밑줄 친 단어의 맞춤법이 옳은 것은?

① 그대와의 추억이 <u>있으매</u> 저는 행복하게 살아갑니다.

② 신제품을 <u>선뵀어도</u> 매출에는 큰 영향이 없을 거예요.

③ 생각지 못한 일이 자꾸 생기니 그때의 상황이 참 <u>야속터군요.</u>

④ 그 발가숭이 몸뚱이가 위로 번쩍 쳐들렸다가 물속에 텀벙 <u>쳐박히는</u> 순간이었습니다.

> ✔해설 '있다'의 어간 '있-'에 '어떤 일에 대한 원인이나 근거'를 나타내는 연결 어미 '-(으)매'가 결합한 형태이다.
> ② '선보이-'+'-었'+'-어도' → 선보이었어도 → 선뵀어도
> ③ 한글 맞춤법 제40항에 따르면 어간의 끝음절 '하'가 아주 줄 적에는 준 대로 적는다. 따라서 '야속하다'는 '야속다'로 줄여 쓸 수 있다.
> ④ '마구', '많이'의 뜻을 더하는 접두사 '처-'를 쓴 단어이다. '(~을) 치다'의 '치어'가 준 말인 '쳐'가 오지 않도록 한다.

61 문맥으로 보아 다음 글의 빈칸에 들어갈 사자성어는?

> 열심히 준비한 결과, 모든 경기마다 큰 점수 차를 두고 (   )(으)로 결승까지 왔구나.

① 새옹지마(塞翁之馬)

② 파죽지세(破竹之勢)

③ 호가호위(狐假虎威)

④ 학수고대(鶴首苦待))

> ✔해설 ① 새옹지마 : 인생의 길흉화복은 변화가 많아 예측하기 어려움
> ② 파죽지세 : 대를 쪼개는 기세라는 뜻으로, 적을 거침없이 물리치고 쳐들어가는 기세
> ③ 호가호위 : 남의 세력을 빌어 위세를 부림
> ④ 학수고대 : 학처럼 목을 길게 빼고 기다린다는 뜻으로, 몹시 기다림을 이르는 말

62

> • 정부는 저소득층을 위한 새로운 경제 정책을 ( )했다.
> • 불우이웃돕기를 통해 총 1억 원의 수익금이 ( )되었다.
> • 청소년기의 중요한 과업은 자아정체성을 ( )하는 것이다.

① 수립(樹立) – 정립(正立) – 확립(確立)
② 수립(樹立) – 적립(積立) – 확립(確立)
③ 확립(確立) – 적립(積立) – 수립(樹立)
④ 기립(起立) – 적립(積立) – 수립(樹立)

✔해설 ※ 수립(樹立) : 국가나 정부, 제도, 계획 따위를 이룩하여 세움
※ 적립(積立) : 모아서 쌓아 둠
※ 확립(確立) : 체계나 견해, 조직 따위가 굳게 섬. 또는 그렇게 함

63

> • 환전을 하기 위해 현금을 ( )했다.
> • 장기화 되던 법정 다툼에서 극적으로 합의가 ( )되었다.
> • 회사 내의 주요 정보를 빼돌리던 스파이를 ( )했다.

① 입출(入出) – 도출(導出) – 검출(檢出)
② 입출(入出) – 검출(檢出) – 도출(導出)
③ 인출(引出) – 도출(導出) – 색출(索出)
④ 인출(引出) – 검출(檢出) – 색출(索出)

✔해설 ※ 인출(引出) : 예금 따위를 찾음
※ 도출(導出) : 판단이나 결론 따위를 이끌어 냄
※ 색출(索出) : 샅샅이 뒤져서 찾아냄

64 밑줄 친 부분의 한자표기가 다른 하나는?

① <u>백</u>락일고
② 오십보<u>백</u>보
③ <u>백</u>절불굴
④ <u>백</u>년하청

> ✔해설 ① 백락일고(伯樂一顧) : 남이 자기 재능을 알고 잘 대우함
> ② 오십보백보(五十步百步) : 조금 낫고 못한 차이는 있지만 본질적으로 차이가 없음
> ③ 백절불굴(百折不屈) : 아무리 꺾으려 해도 굽히지 않음
> ④ 백년하청(百年河淸) : 아무리 세월이 가도 일을 해결할 희망이 없음.

65 한자어를 우리말로 순화시킨 것 중 바르지 않은 것은?

① 조미료(調味料) - 양념
② 혈흔(血痕) - 핏줄
③ 하자(瑕疵) - 흠
④ 기일(忌日) - 제삿날

> ✔해설 ② 혈흔→핏자국

66 의미가 비슷한 한자성어끼리 연결되지 않은 것은?

① 진퇴양난(進退兩難) - 사면초가(四面楚歌)
② 아전인수(我田引水) - 견강부회(牽强附會)
③ 단순호치(丹脣皓齒) - 순망치한(脣亡齒寒)
④ 풍전등화(風前燈火) - 위기일발(危機一髮)

> ✔해설 ㉠ 단순호치 : 붉은입술과 하얀치아라는 뜻으로, 아름다운 여자를 일컫는다.
> ㉡ 순망치한 : 입술이 없으면 이가 시리다는 뜻으로, 어느 한쪽이 어려우면 덩달아 어려워진다는 말이다.

67 ( ) 안에 들어가기에 부적절한 성어는?

• 사고(四苦) : (㉠)	• 사궁(四窮) : (㉡)
• 사주(四柱) : (㉢)	• 사단(四端) : (㉣)

① ㉠ : 생노병사   ② ㉡ : 환과고독

③ ㉢ : 일월성신   ④ ㉣ : 인의예지

✔해설 ③ 일월성신 : 해, 달, 별을 일컫는 말이다.

68 한자어를 우리말로 잘못 풀이한 것은?

① 노견주행(路肩走行) – 갓길로 달리다.
② 전량회수(全量回收) – 모두 거두어들이다.
③ 촉수엄금(觸手嚴禁) – 손 씻지 마시오.
④ 명찰패용(名札佩用) – 이름표를 달다.

✔해설 ③ 촉수엄금은 우리말로 '사물에 손을 대지 마시오'라는 뜻이다.

69 관용 표현의 의미가 잘못 풀이된 것은?

① 귀가 뚫리다. : 세상 물정을 알게 되다.
② 귀 기울이다. : 남의 의견이나 이야기에 관심을 가지고 주의를 모으다.
③ 귀가 따갑다. : 너무 여러 번 들어서 듣기가 싫다.
④ 귀에 딱지가 앉다. : 같은 말을 여러 번 듣다.

✔해설 ① '귀가 뚫리다'라는 관용 표현은 '말을 알아듣게 되다'라는 의미이다.

Answer 64.① 65.② 66.③ 67.③ 68.③ 69.①

70 다음 속담의 쓰임이 바르지 않은 것은?

① '가재는 게 편'이라더니 친구와 다른 사람의 싸움에서 친구의 말을 들어주는구나.

② '값싼 것이 비지떡'이라더니 역시 싼 가방이 잘 망가지는구나.

③ '뛰는 놈 위에 나는 놈 있다'더니 역시 재주 있는 사람이 가장 뛰어나구나.

④ '금강산도 식후경'이라고 밥 먹고 난 후에 잔치를 즐겨야겠구나.

✅해설 ③ 아무리 재주가 있다 하여도 그보다 나은 사람이 있다는 뜻이다.

┃71~75┃ 다음에 제시된 글을 흐름이 자연스럽도록 순서대로 배열하시오.

71

> ⊙ 현재 전하고 있는 갑인자본을 보면 글자획에 필력의 약동이 잘 나타나고 글자 사이가 여유 있게 떨어지고 있으며 판면이 커서 늠름하다.
>
> ⓛ 이 글자는 자체가 매우 해정(글씨체가 바르고 똑똑함)하고 부드러운 필서체로 진나라의 위부인자 체와 비슷하다 하여 일명 '위부인자'라 일컫기도 한다.
>
> ⓒ 경자자와 비교하면 대자와 소자의 크기가 고르고 활자의 네모가 평정하며 조판도 완전한 조립식 으로 고안하여 납을 사용하는 대신 죽목으로 빈틈을 메우는 단계로 개량·발전되었다.
>
> ⓔ 또 먹물이 시커멓고 윤이 나서 한결 선명하고 아름답다. 이와 같은 이유로 이 활자는 우리나라 활자본의 백미에 속한다.
>
> ⓜ 갑인자는 1434년(세종 16)에 주자소에서 만든 동활자로 그보다 앞서 만들어진 경자자의 자체가 가늘고 빽빽하여 보기가 어려워지자 좀 더 큰 활자가 필요하다하여 1434년 갑인년에 왕명으로 주 조된 활자이다.
>
> ⓑ 이 활자를 만드는 데 관여한 인물들은 당시의 과학자나 또는 정밀한 천문기기를 만들었던 기술자 들이었으므로 활자의 모양이 아주 해정하고 바르게 만들어졌다.

① ⓜ-ⓛ-ⓑ-ⓒ-⊙-ⓔ

② ⓛ-ⓜ-ⓔ-⊙-ⓒ-ⓑ

③ ⓜ-⊙-ⓑ-ⓒ-ⓛ-ⓔ

④ ⓛ-ⓜ-⊙-ⓔ-ⓒ-ⓑ

✅해설 ⓜ 갑인자의 소개와 주조 이유→ⓛ 갑인자의 이명(異名)→ⓑ 갑인자의 모양이 해정하고 바른 이유→ ⓒ 경자자와 비교하여 개량·발전된 갑인자→⊙ 현재 전해지는 갑인자본의 특징→ⓔ 우리나라 활자본 의 백미가 된 갑인자

72

> ㉠ 이보다 발달된 차원의 경험적 방법은 관찰이며, 지식을 얻기 위해 외부 자연 세계를 관찰하는 것이다.
> ㉡ 가장 발달된 것은 실험이며 자연 세계에 변형을 가하거나 제한된 조건하에서 살펴보는 것이다.
> ㉢ 우선 가장 초보적인 차원이 일상 경험이다.
> ㉣ 자연과학의 경험적 방법은 세 가지 차원에서 생각해볼 수 있다.

① ㉠ – ㉣ – ㉡ – ㉢
② ㉠ – ㉡ – ㉣ – ㉢
③ ㉣ – ㉢ – ㉡ – ㉠
④ ㉣ – ㉢ – ㉠ – ㉡

✔해설 ㉣ 자연 과학의 경험적 방법에는 세 가지 차원이 있다고 전제하고, ㉢ 가장 초보적인 차원(일상경험) → ㉠ 이보다 발달된 차원(관찰) → ㉡ 가장 발달된 차원(실험)으로 설명이 전개되고 있다.

73

> ㉠ 그러나 예술가의 독창적인 감정 표현을 중시하는 한편 외부 세계에 대한 왜곡된 표현을 허용하는 낭만주의 사조가 18세기 말에 등장하면서, 모방론은 많이 쇠퇴했다.
> ㉡ 미학은 예술과 미적 경험에 관한 개념과 이론에 대해 논의하는 철학의 한 분야로서, 미학의 문제들 가운데 하나가 바로 예술의 정의에 대한 문제이다.
> ㉢ 예술이 자연에 대한 모방이라는 아리스토텔레스의 말에서 비롯된 모방론은, 대상과 그 대상의 재현이 닮은꼴이어야 한다는 재현의 투명성 이론을 전제한다.
> ㉣ 이제 모방을 필수 조건으로 삼지 않는 낭만주의 예술가의 작품을 예술로 인정해 줄 수 있는 새로운 이론이 필요했다.

① ㉠ – ㉡ – ㉣ – ㉢
② ㉡ – ㉢ – ㉠ – ㉣
③ ㉡ – ㉣ – ㉢ – ㉠
④ ㉢ – ㉡ – ㉠ – ㉣

✔해설 ② ㉡ 미학에 대한 설명, 예술의 정의에 대한 문제 제기 – ㉢ 아리스토텔레스의 모방론 – ㉠ 낭만주의 사조의 등장으로 모방론 쇠퇴 – ㉣ 낭만주의 사조에 적합한 예술의 새로운 이론의 필요성 대두

74

ㄱ 언어의 의미는 끊임없이 변화한다.

ㄴ 즉, '주책'은 '일정한 줏대가 없이 되는 대로 하는 짓'이란 의미도 갖게 되어 '주책없다'와 '주책이다' 가 같은 의미로 쓰이게 되었다.

ㄷ 원래 '주책'은 '일정하게 자리 잡힌 주장이나 판단력'이라는 의미였다.

ㄹ 그런데 '주책없다'처럼 '주책'이 주로 '없다'와 함께 쓰이다 보니 부정적인 의미도 갖게 되었다.

① ㄱ - ㄷ - ㄹ - ㄴ

② ㄱ - ㄴ - ㄹ - ㄷ

③ ㄷ - ㄱ - ㄴ - ㄹ

④ ㄷ - ㄴ - ㄹ - ㄱ

✔️**해설** ㄱ 언어의 의미는 변화함. – ㄷ – ㄹ – ㄴ 언어의 의미 변화의 예 '주책'

75

ㄱ 이때 '신발'은 '발'을 보호하여 원하는 곳으로 자유롭게 이동할 수 있도록 돕는 의미로 사용되는 동 시에 발을 구속하는 의미로 나타나기도 한다.

ㄴ 이는 보통 삶의 무게를 견뎌 내야 하는 고단한 존재나 '발자취'와 같이 인간의 삶의 과정을 드러 내는 존재로 표현된다.

ㄷ '발'은 인간의 신체 중 가장 낮은 곳에 위치하고 있다.

ㄹ 또한 '발'은 '신발'과 함께 연결되어 표현되고는 한다.

① ㄱ - ㄷ - ㄹ - ㄴ

② ㄱ - ㄷ - ㄴ - ㄹ

③ ㄷ - ㄴ - ㄹ - ㄱ

④ ㄷ - ㄹ - ㄱ - ㄴ

✔️**해설** ㄷ 신체기관에서 발의 위치적 특성 – ㄴ 발의 위치적 특성으로 인간의 삶을 은유 – ㄹ 발과 신발을 연결 지어 표현됨 – ㄱ 신발의 의미

76 다음 글의 빈칸에 들어갈 내용으로 가장 적절한 것은?

> 자본주의 경제체제는 이익을 추구하는 인간의 욕구를 최대한 보장해 주고 있다. 기업 또한 이익 추구라는 목적에서 탄생하여, 생산의 주체로서 자본주의 체제의 핵심적 역할을 수행하고 있다. 곧, 이익은 기업가로 하여금 사업을 시작하게 된 동기가 된다. 이익에는 단기적으로 실현되는 이익과 장기간에 걸쳐 지속적으로 실현되는 이익이 있다. 기업이 장기적으로 존속, 성장하기 위해서는 _____ 실제로 기업은 단기 이익의 극대화가 장기 이익의 극대화와 상충될 때에는 단기 이익을 과감하게 포기하기도 한다.

① 두 마리의 토끼를 다 잡으려는 생각으로 운영해야 한다.

② 당장의 이익보다 기업의 이미지를 생각해야 한다.

③ 단기 이익보다 장기 이익을 추구하는 것이 더 중요하다.

④ 장기 이익보다 단기 이익을 추구하는 것이 더 중요하다.

> ✔해설 빈칸 이후의 문장에서 단기 이익의 극대화가 장기 이익의 극대화와 상충될 때에는 단기 이익을 과감하게 포기하기도 한다고 제시되어 있으므로 ③이 가장 적절하다.

77

> 쌀 시장 개방 문제는 기본적으로는 합리적 선택에 관한 문제이지만 최대 이해관계자인 농민의 입장을 무시할 수 없다는데 어려움이 있다. 우선 마음을 열고 진지한 토론을 시작하는 것에서 해결의 실마리를 찾아야 한다. 마음을 연 대화를 하려면 상대를 존중해야 한다. 정부는 비록 비합리적이라는 비판을 받을지라도 필리핀과 같은 선택도 할 수 있다는 유연한 입장을 가져야 한다. 농민단체도 정부에 대해 합당한 신뢰를 보여야 한다. 농민을 망하게 하려는 것이 정부의 의도는 아닐 것이다. _____ 장기적인 관점에서 먼 미래를 내다보며 진정으로 농민과 국가를 위하는 것이 무엇인지를 찾아내는 지혜를 발휘해야 할 때가 왔다.

① 무엇보다 우리 농민의 보호를 가장 우선적으로 생각해야 한다.

② 정부는 농민단체에 불이익이 있더라도 국가의 이익을 위한 선택을 해야 한다.

③ 쌀 시장 개방 문제는 정부와 농민 외에도 많은 이해관계자들이 얽혀있다.

④ 정부와 농민단체 모두가 마음을 열고 진지하게 토론에 임할 때 길은 열린다.

> ✔해설 글의 전반적인 내용으로 볼 때 정부와 농민단체의 마음을 연 토론을 중요시여기고 있음을 알 수 있다.

Answer 74.① 75.③ 76.③ 77.④

78

세균과 바이러스는 질병을 일으키는 대표적인 병원체이다. 그런데 이 둘은 병을 유발한다는 공통점을 제외하고 너무나도 많은 차이점을 가지고 있다. 바이러스와 세균은 크기도 다르고 증식 방법도 다르다. 세균은 공기 중이나 사람의 몸 속 등 먹이가 있는 곳에서 증식할 수 있지만, 바이러스는 반드시 살아있는 생물의 세포를 숙주로 삼아야만 번식이 가능하다. 이런 세균·바이러스에 감염되었을 때의 대처법도 다르다. 바이러스는 백신(바이러스를 약하게 만들어 몸속에 주입하는 방법)을 통해 우리의 몸이 바이러스 정보를 기억하도록 하여 대항할 수 있는 힘을 만드는 것이다. 이와 반대로 세균은 항생제를 통해 _____.

① 몸에 세균정보를 저장시켜 감염되면 기억을 통해 방어한다.
② 세균이 우리의 몸에서 증식할 수 있도록 도와준다.
③ 몸에 침입한 세균에 대항할 수 없도록 한다.
④ 감염된 세포를 약하게 만들어 죽인다.

> ✔해설 지문은 세균과 바이러스의 차이점을 설명하고 있다. 세균의 대처법을 설명하기 전 바이러스의 대처법에서 '백신을 통해, 몸이 바이러스 정보를 기억하고 대항하는 힘을 만든다.'로 설명하고 있으므로 이와 동일한 ①을 제외한 ④가 들어가는 것이 적절하다.

79

민간 위탁 업체는 수익성을 중심으로 공공 서비스를 제공하기 때문에, 수익이 나지 않을 경우에는 민간 위탁 업체가 제공하는 공공 서비스가 기대 수준에 미치지 못할 수 있다. 또한 민간 위탁 제도에 의한 공공 서비스 제공의 성과는 정확히 측정하기 어려운 경우가 많아서 평가와 개선이 지속적으로 이루어지지 않을 때에는 오히려 민간 위탁 제도가 공익을 저해할 수 있다. 따라서 민간 위탁 제도의 도입을 결정할 때에는 _____.

① 서비스의 성격과 정부의 관리 능력 등을 면밀히 검토하여 신중하게 결정해야 한다.
② 서비스의 생산 비용이 가장 적은 업체에 우선적으로 기회를 주어야 한다.
③ 서비스의 다양화와 양적 확대를 염두에 두고 결정해야 한다.
④ 민간 업체를 선택하는 과정을 축소하여야 한다.

> ✔해설 민간 업체가 제공하는 서비스의 수준이 낮거나 공익을 저해할 수 있기 때문에 민간 위탁 제도의 도입을 결정할 때에는 서비스의 성격과 정부의 관리 능력 등을 면밀히 검토하여 신중하게 결정해야 한다.

80

> 우리 속담 가운데 "콩 심은 데 콩 나고, 팥 심은 데 팥 난다."라는 말이 있다. 공부하지 않고 성적이 향상되기를 바라는 사람에게 주는 교훈이다. 농부가 씨앗을 잘 간수해 두었다가 때를 맞추어 뿌리고, 심고, 가꾸어야 풍성한 결실을 거둘 수 있다. 돈을 낭비하면 가난뱅이가 되고, 시간을 낭비하면 낙오자가 된다.
>
> 논밭을 망치는 것은 잡초요, 사람을 망치는 것은 허영이다. 모든 일은 심은 대로 거두는 것이다. 우리는 심은 것을 거두는 ＿＿＿＿＿＿＿＿＿＿(을)를 마음속에 되새겨야 할 것이다.

① 자연이 주는 혜택　　　　　　　② 인과응보의 진리

③ 긍정적 사고방식　　　　　　　④ 낭비하지 않는 습관

　✔해설　제시된 글의 주제는 '모든 일은 원인에 따라 결과를 맺는다.'이다.

81 다음 내용을 바탕으로 글을 쓸 때 그 주제로 알맞은 것은?

> • 경찰청은 고속도로 갓길 운행을 막기 위해 갓길로 운행하다 적발되면 30일간의 면허 정지 처분을 내리기로 결정했다.
> • 교통사고 사망률 세계 1위라는 불명예는 1991년에 이어 1992년에도 계속되었다.
> • 교통사고의 원인으로는 운전자의 부주의와 교통 법규 위반의 비율이 가장 높다.
> • 교통 법규 위반자는 자신의 과실로 다른 사람에게 피해를 준다는 점에서 문제가 더욱 심각하다.
> • 우리나라는 과속 운전, 난폭 운전이 성행하고 있다. 이를 근절하기 위한 엄격한 법이 필요하다.

① 교통사고를 줄이기 위해서는 엄격한 법이 필요하다.

② 사고 방지를 위한 대국민적인 캠페인 운동을 해야 한다.

③ 교통사고의 사망률은 교통 문화 수준을 반영한 것이다.

④ 올바른 교통 문화 정착을 위해 국민적 자각이 요구된다.

　✔해설　제시된 내용은 교통사고가 교통 법규를 제대로 지키지 않은 데서 발생하며, 이를 근절하기 위해 보다 엄격한 교통 법규가 필요함을 강조하고 있다.

Answer　78.④　79.①　80.②　81.①

82 다음의 자료를 활용하여 글을 쓰기 위해 구상한 내용으로 적절하지 않은 것은?

> 우리나라 중학교 여학생의 0.9%, 고등학교 여학생의 7.3%, 남학생의 경우는 중학생의 3.5%, 고등학생의 23.6%가 흡연을 하고 있다. 그리고 매년 청소년 흡연율은 증가하는 추세이다. 청소년보호법에 따르면 미성년자에게 담배를 팔 경우 2년 이하의 징역이나 1천만 원 이하의 벌금, 100만 원 이하의 과징금을 내도록 되어 있다. 그러나 담배 판매상의 잘못된 의식, 시민들의 고발정신 부족 등으로 인해 청소년에게 담배를 판매하는 행위가 제대로 시정되지 않고 있다.
>
> 또한 현재 담배 자동판매기의 대부분(96%)이 국민건강증진법에 허용된 장소에 설치되어 있다고는 하나, 그 장소가 주로 공공건물 내의 식당이나 상가 내 매점 등에 몰려 있다. 이런 장소들은 청소년들의 출입이 용이하기 때문에 그들이 성인의 주민등록증을 도용하여 담배를 사더라도 이를 단속하기가 어려운 실정이다.

① 시사점 : 시민의 관심이 소홀하며 시설 관리 체계가 허술하다.
② 원인 분석 : 법규의 실효성이 미흡하고 상업주의가 만연하고 있다.
③ 대책 : 국민건강증진법에 맞는 담배 자동판매기를 설치한다.
④ 결론 : 현실적으로 실효성이 있는 금연 관련법으로 개정한다.

✔해설 ③ 담배 자동판매기가 국민건강증진법에 허용된 장소에 설치되어 있다고 자료에서 이미 밝히고 있으므로 대책에 대한 구상으로 적절하지 않다.

83 ㉠~㉣ 중 글의 흐름으로 볼 때 삭제해야 하는 문장은?

> '의사표시'는 의사표시자가 내심(內心)의 의사를 외부에 표시하는 법률 행위로서, 효과의사, 표시의사, 행위의사에 이어 표시행위까지의 과정을 거치며 일정한 법률 효과를 발생시킨다. ① <u>A가 전원주택을 짓고 싶어서 B 소유의 토지를 사고자 하는 상황을 가정하여 의사표시 과정을 살펴보자.</u> 전원주택을 짓고 싶다는 A의 생각은 '동기'에 해당한다. ② <u>이러한 동기로 인해 A가 B 소유의 토지를 사야겠다고 마음먹은 것은 '효과의사'이다.</u> ③ <u>우선 우리는 전원주택을 사고자하는 A의 동기에 대해 청취해야 한다.</u> ④ <u>또한 이러한 '효과의사'를 B에게 전달해야겠다는 A의 생각은 '표시의사'이며, 이렇게 토지를 매수하겠다는 의사를 전달하는 방법 중 하나인 계약서 작성이라는 행위를 의도하거나 인식하는 것은 '행위의사'이다.</u> 마지막으로 이러한 의사를 토대로 토지 구입을 위한 계약서를 직접 작성하는 것은 '표시행위'이다.

✔해설 이 글은 법률 행위로서 '의사표시'의 과정에 대한 설명을 하고 있다. 따라서 효과의사, 표시의사, 행위의사에 이어 표시행위까지의 과정을 예시를 통해 순서대로 설명하고 있으므로 ③의 문장은 삭제되는 것이 적절하다.

(가) 나는 평강공주와 함께 온달산성을 걷는 동안 내내 '능력 있고 편하게 해줄 사람'을 찾는 당신이 생각났습니다. '신데렐라의 꿈'을 버리지 못하고 있는 당신이 안타까웠습니다. 현대사회에서 평가되는 능력이란 인간적 품성이 도외시된 ㉠'경쟁적 능력'입니다. 그것은 다른 사람들의 낙오와 좌절 이후에 얻을 수 있는 것으로 한 마디로 숨겨진 칼처럼 매우 ㉡비정한 것입니다. 그러한 능력의 품속에 안주하려는 우리의 소망이 과연 어떤 실상을 갖는 것인 지 고민해야 할 것입니다. - 중략 -

'편안함' 그것도 경계해야 할 대상이기는 마찬가지입니다. 편안함은 흐르지 않는 강물이기 때문입니다. '불편함'은 ⓐ흐르는 강물입니다. 흐르는 강물은 수많은 소리와 풍경을 그 속에 담고 있는 추억의 물이며 어딘가를 희망하는 잠들지 않는 물입니다.

당신은 평강공주의 삶이 남편의 입신(立身)이라는 가부장적 한계를 뛰어넘지 못한 것이라고 하였습니다만 산다는 것은 살리는 것입니다. 살림(生)입니다. 그리고 당신은 자신이 공주가 아니기 때문에 평강공주가 될 수 없다고 하지만 살림이란 '뜻의 살림'입니다. ㉢세속적 성취와는 상관없는 것이기도 합니다. 그런 점에서 나는 평강공주의 이야기는 한 여인의 사랑의 메시지가 아니라 그것을 뛰어넘은 '삶의 메시지'라고 생각합니다.

(나) 왕십리의 배추, 살곶이다리의 무, 석교의 가지, 오이, 수박, 호박, 연희궁의 고추, 마늘, 부추, 파, 염교 청파의 물미나리, 이태원의 토란 따위를 심는 밭들은 그 중 상의 상을 골라 심는다고 하더라도, 그들이 모두 엄씨의 똥거름을 가져다가 걸쭉하게 가꿔야만, 해마다 육천 냥이나 되는 돈을 번다는 거야. 그렇지만 엄 행수는 아침에 밥 한 그릇만 먹고도 기분이 만족해지고, 저녁에도 밥 한 그릇뿐이지. 누가 고기를 좀 먹으라고 권하면 고기반찬이나 나물 반찬이나 목구멍 아래로 내려가서 배부르기는 마찬가지인데 입맛에 당기는 것을 찾아 먹어서는 무얼 하느냐고 하네. 또, 옷과 갓을 차리라고 권하면 넓은 소매를 휘두르기에 익숙지도 못하거니와, 새 옷을 입고서는 짐을 지고 다닐 수가 없다고 대답하네.

해마다 정원 초하룻날이 되면 비로소 갓을 쓰고 띠를 띠며, 새 옷에다 새 신을 신고, 이웃 동네 어른들에게 두루 돌아다니며 세배를 올린다네. 그리고 돌아와서는 옛 옷을 찾아 다시 입고 다시금 흙 삼태기를 메고는 동네 한복판으로 들어가는 거지. 엄 행수야말로 자기의 모든 덕행을 저 더러운 똥거름 속에다 커다랗게 파묻고, 이 세상에 참된 은사 노릇을 하는 자가 아니겠는가?

엄 행수는 똥과 거름을 져 날라서 스스로 먹을 것을 장만하기 때문에, 그를 '지극히 조촐하지는 않다'고 말하는지는 모르겠네. 그러나 그가 먹을거리를 장만하는 방법은 지극히 향기로웠으며, 그의 몸가짐은 지극히 더러웠지만 그가 정의를 지킨 자세는 지극히 고항했으니, 그의 뜻을 따져 본다면 비록 만종의 녹을 준다고 하더라도 바꾸지 않을 걸세. 이런 것들로 살펴본다면 세상에는 조촐하다면서 조촐하지 못한 자도 있거니와, 더럽다면서 ㉣더럽지 않은 자도 있다네.

누구든지 그 마음에 도둑질할 뜻이 없다면 엄 행수를 갸륵하게 여기지 않을 사람이 없을 거야. 그리고 그의 마음을 미루어 확대시킨다면 성인의 경지에라도 이를 수 있을 거야. 대체 선비가 좀 궁하다고 궁기를 떨어도 수치스런 노릇이요, 출세한 다음 제 몸만 받들기에 급급해도 수치스러운 노릇일세. 아마 엄 행수를 보기에 부끄럽지 않을 사람이 거의 드물 것이네. 그러니 내가 엄 행수더러 스승이라고 부를지언정 어찌 감히 벗이라고 부르겠는가? 그러기에 내가 엄 행수의 이름을 감히 부르지 못하고 '예덕 선생'이란 호를 지어 일컫는 것이라네.

84 (가)와 (나)에 대한 설명으로 적절한 것은?

① (가)는 대립되는 의미를 나열하여 주제를 부각하고, (나)는 인물의 행위와 그에 따른 의견을 중심으로 전개한다.

② (가)는 함축적인 언어를 통해 대상을 상징화시키고, (나)는 사실적인 진술을 통해 판단을 독자에게 맡기고 있다.

③ (가)는 간결한 문장을 사용하여 단정적인 느낌을 준다.

④ (나)는 나의 대화를 통해 주인공의 부정적 성격을 풍자한다.

> ✔해설 (가)는 '당신'의 편안함과, 평강공주의 '불편함'을 대립시켜 현대사회의 바람직한 인간형을 제시하고, (나)는 예덕선생의 구체적인 행동과 그 의미를 서술자가 평가하여 주제를 전달하고 있다.
> ② (가)는 산문이므로 함축이 없고, (나)는 글쓴이의 판단이 나타난다.
> ③ (가) 문장의 길이가 긴 만연체이다.
> ④ (나) 주인공의 긍정적 성격을 그린다.

85 ㉠~㉣ 중에서 (가)의 ⓐ와 그 의미가 가장 가까운 것은?

① ㉠ 경쟁적 능력　　　　　　　② ㉡ 비정

③ ㉢ 세속적 성취　　　　　　　④ ㉣ 더럽지 않은 자

> ✔해설 ④ 편안함은 경계해야 할 대상이지만, 흐르는 강물은 불편함이며, 추억과 희망의 긍정적 의미를 가진다.

86 (가)의 글쓴이와 (나)의 글쓴이가 대화를 나눈다고 할 때 적절하지 않은 것은?

① (가): 저는 세속적 편안함을 거부한 한 여인의 삶을 통해 현대인들에게 깨달음을 주려 했습니다.

② (나): 그 깨달음은 자신의 자리에서 묵묵히 일하는 '엄 행수'의 삶과도 연결될 수 있겠군요.

③ (가): 하지만, 현대인들의 무모한 욕심이 인간의 생명을 경시하는 풍조를 만들게 되었습니다.

④ (나): 맞습니다. 그렇기에 노동과 땀의 가치가 더욱 중요한 것이겠지요.

> ✔해설 ③ 인간의 무모한 욕심이 생명경시를 만들어 낸 것은 아니다. 본문에서 언급된 것은 능력으로 인한 비정과, 편안함에 안주하려는 태도이다.

87 다음은 강연내용을 적은 것이다. 이 글을 본론으로 할 때 맺음말로 가장 적절한 것은?

> 요즘 우리나라에서도 비윤리적인 범죄들이 빈발하고 있는데, 그 주된 원인을 현대 가족제도의 혼란에서 찾는 사람들이 많습니다. 그래서 그 해결방안을 모색하는데 도움이 됐으면 하는 마음으로 우리나라의 전통적인 가족제도에 대해 한 말씀 드릴까 합니다. 우리나라는 전통적으로 농경사회와 유교적 이념을 배경으로 하여 가부장적인 대가족제도를 유지해 왔습니다. 전통사회에서 '가정'이라는 말보다는 '집안'이나 '문중'이라는 말이 일반적일 정도로 가족의 범위가 현대사회에 비해 훨씬 넓었으며, 그 기능도 다양하였습니다. 가족은 농경사회에서의 생산이나 소비의 단위일 뿐만 아니라 교육의 기본단위이기도 하였습니다. 이 가족 안에서의 교육을 바탕으로 사회나 국가의 윤리와 질서가 유지되었던 것입니다. 물론 전통적 가족제도는 상하관계를 중시하는 수직구조였으나, 그것이 강압에 의한 것이 아니라 서로 간의 애정과 이해를 바탕으로 한 것임은 말할 필요도 없습니다. 예컨대 남편은 남편으로서, 아내는 아내로서, 자식은 자식으로서 자신의 본분을 지켜가며 서로를 신뢰하고 존중하는 것을 기본전제로 해서 형성된 것이 전통적인 가족제도였습니다. 물론 이러한 전통적 가족제도가 현대의 기술, 공업사회에 적합한 것은 결코 아닙니다. 그러나 현대사회의 한 특징인 핵가족화와 그로 인한 가정의 기능상실, 더 나아가 여기에서 파생되는 사회기초윤리의 소멸 등이 문제점으로 부각되고 있는 지금 전통적인 가족제도는 우리에게 많은 암시를 주고 있다고 할 것입니다.

① 어느 사회에서고 그 사회를 지탱하는 가장 기본이 되는 것은 바로 가정이라고 할 수 있습니다.

② 다시 한 번 말하지만 대가족제도가 무너진 것은 바로 현대사회의 산업화에 기인하는 것입니다.

③ 전통적인 가족제도는, 물론 현대를 사는 우리에게 맞지 않는 측면이 많다는 것은 인정합니다.

④ 온고지신(溫故知新)이라는 말이 결코 공허한 표어가 아님을 우리는 깊이 인식해야 할 것입니다.

> ✔해설 맺음말은 본론에서 말한 핵심내용을 간추림으로써 주제를 강조하는 것이어야 한다. 따라서 주어진 강연의 주제를 가장 잘 함축하면 되는데, 주어진 강연의 주제는 '우리의 전통적인 가족제도에서 현대의 가치관 상실을 극복할 수 있는 교훈을 얻자' 정도가 될 것이다.

생활 속으로 사라지고, 보이지 않고, 조용한 컴퓨터가 바로 유비쿼터스라는 것이다. 이는 사람들이 공기를 마시면서 그 행위를 의식하지 않듯이 생활 속에서 언제, 어디서나 컴퓨터를 사용하지만 컴퓨터를 의식하지 않아야 한다. 컴퓨터가 생활과 아주 자연스럽게 연결되고 그 일부가 되어야 한다.

일반적으로 컴퓨터라고 하면 집에서 사용하는 PC를 떠올리게 되지만, 신호 처리 능력을 가진 디지털 기기 전부를 컴퓨터 부류로 포함시킬 수 있다. 휴대 전화, 디지털 카메라, MP3 플레이어, 세탁기, 에어컨도 모두 컴퓨터가 ㉠내장되어 있는 것이다. 이런 기기들은 생활 속에서 아주 쉽고 편리한 수단으로 사용되고 있다. 하지만 오히려 기능이 많아지면서 사용하기에 부담스러운 상황도 발생하고 있다. 이런 것을 보면 기술과 인간의 가치 추구가 똑같이 일치하지는 않는 것 같다. 기술적으로는 의미가 있으나 인간 관점으로는 별로 의미가 없을 수도 있고, 기술적으로 아주 간단한 것이나 생활에서는 너무나 필요하고 중요한 것일 수도 있다.

㉡그렇다면 어떻게 해야 컴퓨터가 사람들의 생활과 자연스럽게 어울릴 수 있을까. 가장 먼저 생각해 볼 수 있는 것은 디지털 기기들이 일상생활의 책상, 의자, 거울, 액자, 가방, 옷 등과 같은 사물의 형태를 띠는 수준으로 발전하는 것이다. 그리고 사용 방법도 기존의 사물을 사용하는 것과 그리 다를 바가 없어야 한다. 그렇게 된다면 사람들은 일상생활 환경의 큰 변화 없이 컴퓨터와 비교적 쉽게 가까워 질 수 있다. 좀더 나아가 사람들의 평소 생활 모습을 살펴보고 분석함으로써 컴퓨터가 어떤 형태와 역할로써 생활 속에 들어 와야 하는지 예측해 볼 수 있을 것이다. 사람들의 생활 패턴을 변화시키지 않거나, 새로운 변화에 적응이 가능한 수준의 연장선상에 컴퓨터가 존재한다면 훨씬 자연스럽고 빠른 시일 내에 컴퓨터가 인간의 삶 속에 스며들 수 있을 것이다. 또한, 디자인이나 인터페이스 부분도 사람들의 생활과 잘 어울릴 수 있도록 고려된다면 지금껏 알아 왔던 컴퓨터 모습과는 다른 컴퓨터가 그 자리를 대체하게 될지도 모른다.

사람들이 살아가는 행태, 즉 라이프스타일은 가정 및 사회에서 공통적인 모습이 있으며, 개인의 취향이나 성향에 따라 다른 형태를 나타내기도 한다. 경제적 여유에 따라서도 다양한 라이프스타일이 형성된다. 예를 들어 각종 제품들을 구매할 수 있는 구매력 있는 사람들과 그렇지 못한 사람들은 분명 그 차이가 있을 것이다. 또한 연령층이나 직업에 따라서도 다양한 특성을 보이기도 한다. X세대, Y세대, P세대, 보보스족, 코쿤족 등 다양한 라이프스타일을 분류해 놓은 용어들이 있다. 각각의 라이프스타일에 따라서 어떤 형태의 유비쿼터스 환경을 선호하고, 활용을 하게 될지 살펴볼 필요가 있을 것이며, 가정, 사무실, 거리, 공공 장소 등 장소에 따라 어떤 유비쿼터스 환경이 적합한지 고민해 볼 필요가 있을 것이다.

유비쿼터스 개념이 제안된 최초의 의도는 인간 중심적인 접근이다. 최근에는 유비쿼터스가 기술적인 측면에서 다루어지는 경향이 많이 있다. 유비쿼터스 네트워크라 하여 언제 어디서나 접속이 가능한 IT환경이라는 개념으로 해석되어 연구가 되고 있기도 하다. 다양한 분야와 새로운 개념의 확대로 많은 연구가 진행이 되는 것은 환영할 만한 것이나, 가장 기본적인 요소인 인간과 컴퓨터 관계에 대한 연구도 게을리 해서는 안 될 것이다.

88 이 글의 내용과 일치하지 않는 것은?

① 우리나라는 이미 본격적인 유비쿼터스 환경에 놓여 있다.

② 유비쿼터스는 원래 인간과 기술의 조화를 강조한 개념이다.

③ 고도의 기술 발전은 인간과 기술의 괴리를 불러올 수 있다.

④ 연령, 직업, 취향 등에 따라 사람들의 라이프스타일이 달라진다.

✔해설 이 글은 유비쿼터스의 본래 개념에는 컴퓨터와 인간의 자연스러운 조화가 강조되어 있다는 점을 지적하면서, 유비쿼터스의 개념이 언제 어디서나 접속 가능하다는 기술적인 측면으로 확대하고 있지만 여전히 인간적 요소는 중시되어야 한다고 주장하고 있다.
①에 대해서는 언급하지 않았다. 오히려 유비쿼터스는 현재의 환경이나 삶의 모습이 아니라 앞으로 다가올 환경이나 삶의 모습임을 추리할 수 있다.

89 다음 밑줄 친 단어 중에서 ㉠과 그 의미가 같은 것은?

① 생선 <u>내장</u>을 꺼내고 소금을 쳐서 냉동실에 넣었다.

② 자동 기어 변속 장치를 <u>내장</u>한 자동차가 더 비싸다.

③ 재개발 지역에 새로 솟은 빌딩들은 <u>내장</u> 공사가 한창이다.

④ 불교에서는 참선을 통해 <u>내장</u>을 줄이거나 없앨 수 있다고 보고 있다.

✔해설 ㉠의 '내장(內藏)'은 '밖으로 드러나지 않게 안에 간직함'을 뜻하며 ②의 '내장'도 같은 뜻으로 쓰였다.
① 내장(內臟) : 척추동물의 가슴 안이나 배 안 속에 있는 여러 가지 기관을 통틀어 이르는 말
③ 내장(內粧) : 건물의 내부를 꾸미는 일
④ 내장(內障) : 불교에서, 마음속에 일어나는 번뇌의 장애를 이르는 말

90 ⓛ의 예로 알맞지 않은 것은?

① 음성 명령을 인식하고 음성으로 작동하는 세탁기를 만든다.
② 청소용 로봇의 외형을 친절한 이미지의 사람 모양으로 디자인한다.
③ 인터넷을 이용한 원격 진찰의 절차를 오프라인상의 절차와 유사하게 한다.
④ 컴퓨터의 업그레이드된 기능을 환기할 수 있게 외형을 첨단 이미지로 디자인한다.

> ✔해설 ④는 세 번째 문단에서 언급하고 있는 컴퓨터와 사람들의 생활이 자연스럽게 어울리는 여러 가지 예와 거리가 멀다. 또한 첨단 제품의 첨단 디자인이라고 해서 사람들의 생활과 잘 어울린다고 말할 수 없다.

91 다음 글의 밑줄 친 부분의 가장 핵심 기술은 무엇인가?

> 낡은 나무 조각에는 좀조개라는 작은 조개처럼 생긴 목재 해충이 뚫어 놓은 구멍이 있었는데, 관찰 결과 그 해충은 톱니가 달린 두 개의 껍질로 보호를 받으면서 구멍을 파고 있었다. 영양분을 섭취한 뒤 나무 가루는 소화관을 통해 뒤로 배출하면서 전진한다는 것을 알아냈다. 특기할 만한 것은 몸에서 나오는 액체를 새로 판 터널의 표면에 발라 단단한 내장 벽을 만들고, 그것으로 굴이 새거나 무너지는 것을 방지하고 있다는 사실이었다. 브루넬은 이 원리를 템스 강의 연약한 지반 굴착에 응용해 실드(방패)공법의 창안자가 되었다.

① 구멍을 파면서 파낸 흙을 뒤로 배출하며 전진하는 기술
② 터널 벽을 단단하게 하여 굴이 무너지는 것을 막는 기술
③ 연약한 지반을 굴착하여 방패 모양으로 만드는 기술
④ 몸에서 나오는 액체를 터널의 표면에 바르는 기술

> ✔해설 실드(방패)공법은 좀조개가 몸에서 나온 액체로 내장 벽을 단단하게 만들고, 굴이 무너지는 것을 방지하는 원리를 딴 것이므로 ②가 적절하다.

92 다음 글의 주제로 가장 적절한 것을 고른 것은?

> 유럽의 도시들을 여행하다 보면 여기저기서 벼룩시장이 열리는 것을 볼 수 있다. 벼룩시장에서 사람들은 낡고 오래된 물건들을 보면서 추억을 되살린다. 유럽 도시들의 독특한 분위기는 오래된 것을 쉽게 버리지 않는 이런 정신이 반영된 것이다.
>
> 영국의 옥스팜(Oxfam)이라는 시민단체는 헌옷을 수선해 파는 전문 상점을 운영해, 그 수익금으로 제3세계를 지원하고 있다. 파리 시민들에게는 유행이 따로 없다. 서로 다른 시절의 옷들을 예술적으로 배합해 자기만의 개성을 연출한다.
>
> 땀과 기억이 배어 있는 오래된 물건은 실용적 가치만으로 따질 수 없는 보편적 가치를 지닌다. 선물로 받아서 10년 이상 써 온 손때 묻은 만년필을 잃어버렸을 때 느끼는 상실감은 새 만년필을 산다고 해서 사라지지 않는다. 그것은 그 만년필이 개인의 오랜 추억을 담고 있는 증거물이자 애착의 대상이 되었기 때문이다. 그러기에 실용성과 상관없이 오래된 것은 그 자체로 아름답다.

① 서양인들의 개성은 시대를 넘나드는 예술적 가치관으로부터 표현된다.

② 실용적 가치보다 보편적인 가치를 중요시해야 한다.

③ 만년필은 선물해준 사람과의 아름다운 기억과 오랜 추억이 담긴 물건이다.

④ 오래된 물건은 실용적 가치만으로 따질 수 없는 개인의 추억과 같은 보편적 가치를 지니기에 그 자체로 아름답다.

✔ 해설 　작자는 오래된 물건의 가치를 단순히 기능적 편리함 등의 실용적인 면에 두지 않고 그것을 사용해온 시간, 그 동안의 추억 등에 두고 있으며 그렇기 때문에 오래된 물건이 아름답다고 하였다.

93 다음 글을 읽고 얻을 수 있는 결론은?

> 유대교 신비주의 하시디즘에는 이런 우화가 전해진다. 사람이 죽으면 그 영혼은 천국의 문 앞에 있는 커다란 나무 앞으로 가게 된다. '슬픔의 나무'라고 불리는 그 나무에는 사람들이 삶에서 겪은 온갖 슬픈 이야기들이 가지마다 매달려 있다. 이제 막 그곳에 도착한 영혼은 그곳에 적혀 있는 다른 사람들의 이야기를 읽는다. 마지막에 이르러 천사는 그 영혼에게 이야기들 중 어떤 것을 선택해서 다음 생을 살고 싶은가를 묻는다. 자신이 보기에 가장 덜 슬퍼 보이는 삶을 선택하면, 다음 생에 그렇게 살게 해주겠다는 것이다. 하지만 어떤 영혼이든 결국에는 자신이 살았던 삶을 다시 선택하게 된다고 우화는 말한다.

① 남의 이야기는 늘 슬프게 느껴진다.
② 자기 삶에 대해 후회하게 마련이다.
③ 자신의 현실을 긍정하는 것이 필요하다.
④ 남의 삶과 자신의 삶 비교하는 것은 어리석다.

> ✔해설 '슬픔의 나무'에 적혀있는 다른 사람들의 이야기를 알고 나면 자신이 살았던 삶이 가장 덜 슬프고 덜 고통스러웠음을 깨닫는다는 내용이므로, ③의 결론을 알 수 있다.

94 다음 글의 내용으로 추론할 수 없는 것은?

> 개인이 서로 의지하고 상호관계를 인식하는 곳에 공동사회가 존재한다. 공동사회에 소속된 사람들은 습관이나 전통에 따라 행동하며, 직접적 혜택을 통해서 보상받지 못하더라도 다른 이들을 위해서 무언가를 한다.
>
> 그러나 이익사회는 평화로운 방식으로 평등하게 생계를 꾸리고 함께 살아가는 개인들의 집단이다. 개인들이 관계를 맺는다 할지라도 그들은 서로 의존하지 않고 분리된 채 존재한다. 이익사회에서는 자신의 행위에 따른 최소한의 적절한 증여나 서비스가 보상으로 제공되지 않는 한 그 누구도 타인을 위해 무언가를 하지 않는다. 그러므로 이익사회는 자발적, 현실적 참여가 가능한 개인들의 집합체라 할 수 있다. 이러한 사실을 검토해 볼 때 우리는 문화 발전 과정에서 두 시대가 차례로 이어진다는 결론에 도달하게 된다.

① 공동사회에서 개인들은 사적인 관계를 맺는 것이 일반적이다.
② 이익사회 시대에는 공동사회 시대보다 사회 규모가 확대되었다.
③ 오늘날 공동사회는 완전히 사라졌다.
④ 이익사회 시대는 공동사회 시대보다 시장경제가 발전했다.

> ✔해설 마지막 문장에서 두 시대가 차례로 이어진다고 했으므로 ③의 내용은 옳지 않다.

95 다음 빈칸에 들어갈 말로 가장 적절한 것은?

> 말 잘하는 것이 요즘처럼 대접을 받는 시기는 우리 역사를 통해서 아마 없었을 것이다. 말은 억제하고 감추고 침묵하는 것이 미덕이었던 시절이 불과 얼마 전이었다. 전달의 효율성보다는 말의 권위를 따졌고, 말로 인해서 관계를 만들기보다는 말을 통하여 사람들 사이에 벽을 쌓았다. 그러나 이제는 사회를 억누르던 말의 권위주의 문화가 퇴조하고 새로운 가치관이 싹트고 있다. 걸출한 커뮤니케이터들이 정치무대의 중심에 등장했고, 이들의 말 한마디가 세상을 바꾸고 있다. (   )

① 그래서 더욱더 과묵함이 강조되고 있다.
② 꾸민 말에는 진실이 깃들이 어렵게 된 셈이다.
③ 말 한마디로 권위를 잃게 되는 경우가 많아지고 있다.
④ 화려한 말을 구사하는 능력이 대중의 인기를 모으고 있다.

✔해설 걸출한 커뮤니케이터들이 정치무대의 중심에 등장했고, 이들의 말 한마디가 세상을 바꾸고 있다고 했으므로 ④가 들어가는 것이 적절하다.

96 다음 문장을 순서대로 바르게 나열한 것은?

> (가) 에너지는 일을 할 수 있는 능력이고 에너지 자원은 일을 할 수 있는 능력을 가진 물질이나 현상을 말한다.
> (나) 마라톤 경기에서 결승선까지 달려온 선수들의 지친 모습을 보면서 우리는 그들이 에너지를 다 써 버렸다고 말한다.
> (다) 도로 위를 달리는 트럭은 에너지 자원인 연료를 태워서 에너지를 발생시키고 이 에너지로 바퀴를 굴려 무거운 짐을 먼 곳까지 운반하는 일을 한다.
> (라) 여기서 에너지란 무슨 뜻일까?

① (나) - (라) - (가) - (다)
② (라) - (가) - (나) - (다)
③ (가) - (다) - (라) - (나)
④ (다) - (나) - (가) - (라)

✔해설 (나) 에너지에 대한 일반적인 사용 예시
(라) 문제 제기
(가) 에너지의 의미와 에너지 자원의 의미
(다) (가)의 사례

97 다음 빈칸에 들어갈 말로 가장 적절한 것은?

> 이와 같은 상황에서 최치원은 당나라로 유학을 가서 빈공과에 장원급제하고 율수현위를 역임한 뒤 귀국한다. 최치원은 귀국 후 당에 보내는 국서 작성을 주로 담당했는데, 발해를 다만 극복의 대상으로만 파악하여 비방하는 경우가 많았다. 이러한 입장은 당나라의 동방 정책에 대해 적극적으로 대응하지 않고 발해를 우리 민족사의 범위 속으로 수용하지 못한 신라 지배 집단의 한계를 반영한 것이다. 그런데 최치원 개인의 관점도 여기서 크게 벗어나지는 않는다는 데 문제가 있다. 최치원은 현전하지는 않지만 『제왕연대력』이라는 역사서를 편찬했다. 그런데 여러 방증 사료들을 검토해 보면 그는 역사 인식의 폭을 넓혀 신라뿐만 아니라 고구려, 백제, 가야, 중국, 발해에 대해 많은 관심을 표하고 있지만, 역사 서술에서는 폐쇄적 입장을 취한다.
> 그리하여 (   ) 그의 이러한 발해에 대한 인식은 당의 대외 정책의 의도를 따라 잡지 못한 것으로 볼 수 있다.

① 우리 역사의 정통성이 삼국에서 통일신라로 계승되는 것으로 보고, 역사의 서술 대상에서 발해를 제외한다.

② 역사의 서술 대상에서 통일신라는 제외하고, 관심을 지닌 고구려, 백제, 가야, 중국, 발해의 역사만을 다룬다.

③ 발해의 역사는 부수적으로 살펴보고, 당시 동아시아를 이끌어가던 당나라와 신라의 역사를 중점적으로 서술한다.

④ 우리 역사는 삼국 시대가 끝난 후 발해와 통일신라로 이어지므로, 이들 남북국을 균형 있게 서술한다.

✔해설 발해를 우리 민족사의 범위로 수용하지 못했으며, 역사 서술에서 폐쇄적 입장을 취했으므로 ③의 내용이 들어가야 한다.

98 다음을 잘 표현한 한자성어는?

> 님비(NIMBY) 현상은 Not In My Backyard의 약자를 나타내는 말로 공공의 이익에 부합하지만 자신이 속한 지역에 이롭지 않은 일에 반대하는 행동을 의미한다. 화장장, 교도소, 쓰레기 소각장과 같이 주민들이 혐오하는 특정 시설 또는 땅값이 떨어질 우려가 있는 시설이 자신의 거주 지역에 들어서는 것을 반대하는 사회적인 현상이다. 이는 사람들이 자신들의 거주하는 지역의 이익을 우선시하기 때문이다. 이와 반대되는 단어로는 핌피(PIMFY) 현상이 있다. 해석하자면, Please In My Front Yard의 약자로 쇼핑몰, 편의점, 교통시설과 같이 지역에 이익이 되는 것은 거주 지역 근처에 있었으면 좋겠다는 것이다. 이 두 현상들을 통틀어서 지역 이기주의라고 한다.

① 甘呑苦吐

② 風前燈火

③ 興盡悲來

④ 權謀術數

✔ 해설 ① 감탄고토 : 달면 삼키고 쓰면 뱉는다는 뜻으로, 자신의 비위에 따라 사리의 옳고 그름을 판단함을 이르는 말
② 풍전등화 : 바람 앞의 등불처럼 매우 위급한 상황에 놓여 있음을 일컫는 말
③ 흥진비래 : 즐거운 일이 다하면 슬픈 일이 닥쳐온다는 뜻
④ 권모술수 : 목적을 달성하기 위해 인정이나 도덕을 가리지 않고 권세와 모략, 중상 등 갖은 방법과 수단

99 다음 글에서 알 수 있는 것은?

국내에서 벤처버블이 발생한 1999~2000년 동안 한국뿐 아니라 미국, 유럽 등 전 세계 주요 국가에서 벤처버블이 나타났다. 미국 나스닥의 경우 1999년 초 이후에 주가가 급상승하여 2000년 3월을 전후해서 정점에 이르렀는데, 이는 한국의 주가 흐름과 거의 일치한다. 또한 한국에서는 1989년 5월부터 외국인의 종목별 투자한도를 완전 자유화하였는데, 외환위기 이후 해외투자를 유치하기 위한 이런 주식시장의 개방은 주가 상승에 영향을 미쳤다. 외국인 투자자들은 벤처버블이 정점에 이르렀던 1999년 12월에 벤처기업으로 구성되어 있는 코스닥 시장에서 투자금액을 이전 달의 1조 4천억 원에서 8조원으로 늘렸으며, 투자비중도 늘렸다.

또한 벤처버블 당시 국내에서는 인터넷이 급속히 확산되고 있었다. 초고속 인터넷 서비스는 1998년 첫 해에 1만 3천 가구에 보급되었지만 1999년에는 34만 가구로 확대되었다. 또한 1997년 163만 명이던 인터넷 이용자는 1999년에 천만 명으로 폭발적으로 증가하였다. 이처럼 초고속 인터넷의 보급과 인터넷 사용인구의 급증은 뚜렷한 수익모델이 없는 업체라 할지라도 인터넷을 활용한 비즈니스를 내세우면 투자자들 사이에서 높은 잠재력을 가진 기업으로 인식되는 효과를 낳았다.

한편 1997년 8월에 시행된 벤처기업 육성에 관한 특별 조치법은 다음과 같은 상황으로 인해 제정되었다. 법 제정 당시 우리 경제는 혁신적 기술이나 비즈니스 모델에 의한 성장보다는 설비확장에 토대한 외형성장에 주력해 왔다. 그러나 급격한 임금상승, 공장용지와 물류 및 금융 관련 비용 부담 증가, 후발국가의 추격 등은 우리 경제가 하루 빨리 기술과 지식을 경쟁력의 기반으로 하는 구조로 변화해야 할 필요성을 높였다. 게다가 1997년 말 외환위기로 30대 재벌의 절반이 부도 또는 법정관리에 들어가게 되면서 재벌을 중심으로 하는 경제성장 방식의 한계가 지적되었고, 이에 따라 우리 경제는 고용창출과 경제성장을 주도할 새로운 기업군을 필요로 하게 되었다. 이로 인해 시행된 벤처기업 육성 정책은 벤처기업에 세제 혜택은 물론, 기술 개발, 인력공급, 입지공급까지 다양한 지원을 제공하면서 벤처기업의 급증에 많은 영향을 주게 되었다.

① 해외 주식시장의 주가 상승은 국내 벤처버블 발생의 주요 원인이 되었다.
② 벤처버블은 한국뿐 아니라 전 세계 모든 국가에서 거의 비슷한 시기에 발생했다.
③ 국내의 벤처기업 육성책 실행은 한국 경제구조 변화의 필요성과 관련을 맺고 있다.
④ 국내 초고속 인터넷 서비스 확대는 벤처기업을 활성화 시켰으나 대기업 침체의 요인이 되었다.

✔ **해설** ③ 세 번째 문단 중후반부에서 알 수 있는 내용이다.

100 다음 글에서 추론할 수 있는 것은?

책은 인간이 가진 그 독특한 네 가지 능력의 유지, 심화, 계발에 도움을 주는 유효한 매체이다. 하지만 문자를 고안하고 책을 만들고 책을 읽는 일은 결코 '자연스러운' 행위가 아니다. 인간의 뇌는 애초부터 책을 읽으라고 설계된 것이 아니기 때문이다. 문자가 등장한 역사는 6천 년, 지금과 같은 형태의 책이 등장한 역사 또한 6백여 년에 불과하다. 책을 쓰고 읽는 기능은 생존에 필요한 다른 기능들을 수행하도록 설계된 뇌 건축물의 부수적 파생 효과 가운데 하나이다. 말하자면 그 능력은 덤으로 얻어진 것이다.

그런데 이 '덤'이 참으로 중요하다. 책 없이도 인간은 기억·생각·상상을 하고 표현할 수 있기는 하지만 책을 읽는 것은 인간이 이 능력을 키우고 발전시키는 데 큰 차이를 낳기 때문이다. 또한 책을 읽는 문화와 책을 읽지 않는 문화는 기억, 사유, 상상, 표현의 층위에서 상당한 질적 차이를 가진 사회적 주체들을 생산한다. 그렇기는 해도 모든 사람이 맹목적인 책 예찬자가 될 필요는 없다.

그러나 중요한 것은, 인간을 더욱 인간적이게 하는 소중한 능력들을 지키고 발전시키기 위해 책은 결코 희생할 수 없는 매체라는 사실이다. 그 능력을 지속적으로 발전시키는데 드는 비용은 적지 않다. 무엇보다 책 읽기는 결코 손쉬운 일이 아니기 때문이다. 책 읽기에는 상당량의 정신 에너지와 훈련이 요구되며, 독서의 즐거움을 경험하는 습관 또한 요구 된다.

① 책을 쓰고 읽는 기능은 인간 뇌의 본래적 기능이 아니다.
② 책 읽기는 인간의 기억, 사유, 상상 등의 능력을 키우는 중요변수로 작용한다.
③ 특정 층위에서 사회적 주체들의 질적 차를 유발하는 것은 독서 문화이다.
④ 책 읽기를 하지 않으면 인간의 독특한 능력을 계발할 수 없다.

✔해설 ④ 책이 인간의 독특한 능력을 계발하는데 도움을 주는 매체하고는 했으나, 책 읽기를 하지 않는다고 인간의 독특한 능력을 계발할 수 없다는 것은 글의 내용과 부합하지 않다..

Answer 99.③ 100.④

CHAPTER 02 수리능력

대표유형 1 단위변환

길이, 넓이, 부피, 무게, 시간, 속도 등에 따른 단위를 이해하고, 단위가 달라짐에 따라 해당 값이 어떻게 변하는지 환산할 수 있는 능력을 평가한다. 소수점 계산 및 자릿수를 읽고 구분하는 능력을 요하기도 한다. 기본적인 단위환산을 기억해 두는 것이 좋다.

구분	단위환산
길이	$1cm = 10mm$, $1m = 100cm$, $1km = 1,000m$
넓이	$1cm^2 = 100mm^2$, $1m^2 = 10,000cm^2$, $1km^2 = 1,000,000m^2$, $1m^2 = 0.01a = 0.0001ha$
부피	$1cm^3 = 1,000mm^3$, $1m^3 = 1,000,000cm^3$, $1km^3 = 1,000,000,000m^3$
들이	$1m\ell = 1cm^3$, $1d\ell = 100cm^3$, $1L = 1,000cm^3 = 10d\ell$
무게	$1kg = 1,000g$, $1t = 1,000kg = 1,000,000g$
시간	1분 = 60초, 1시간 = 60분 = 3,600초
할푼리	1푼 = 0.1할, 1리 = 0.01할, 1모 = 0.001할

예제풀이

한 변의 길이가 4m인 정사각형 모양의 공원이 있다. 이 공원의 넓이를 잘못 표현한 것을 고르시오.

① $16m^2$
② $16,000cm^2$
③ $0.000016km^2$
④ $0.16a$

[해설]
한 변이 길이가 4m인 정사각형 모양 공원의 넓이는 $4m \times 4m = 16m^2$이다.
② 1m는 100cm이므로 $400cm \times 400cm = 160,000cm^2$이다.
③ 1m는 0.001km이므로 $0.004km \times 0.004km = 0.000016km^2$이다.
④ $1m^2$는 0.01a이므로 $16m^2 = 0.16a$이다.

답 ②

기초연산 및 대소비교

(1) 기초연산

덧셈, 뺄셈, 곱셈, 나눗셈의 사칙연산을 활용한 기본적인 계산 문제이다.

(2) 대소비교

① 분수와 소수 … 분수를 소수로, 또는 소수를 분수로 변환하여 둘을 같은 형태로 일치시킨 뒤 크기를 비교한다.

② 제곱근 … 어떤 수 x를 제곱하여 a가 되었을 때에, x를 a의 제곱근이라고 한다.

③ 방정식 및 부등식 비교 … 두 방정식 또는 부등식 A, B가 있을 때 A − B 값이 0보다 크면 A > B, 0보다 작으면 A < B, 0이면 A = B이다.

예제풀이

다음 A와 B의 대소 관계를 바르게 비교한 것을 고르시오.

$6a = 2b + 42$일 때,	
A : $10a + 4b - 14$	B : $4a + 6b + 28$

① A > B

② A < B

③ A = B

④ 알 수 없다.

[해설]
A − B
$= (10a + 4b - 14) - (4a + 6b + 28)$
$= 6a - 2b - 42$에서 조건에
따라 $6a - 2b - 42 = 0$이므로 A = B이다.

답 ③

(1) 나이 · 금액 · 업무량

부모와 자식, 형제간의 나이를 계산하는 비례식 문제, 집합과 방정식을 이용한 인원 수, 동물의 수, 사물의 수를 구하는 문제 등이 출제된다.

① 나이 계산

　㉠ 문제에 나오는 사람의 나이는 같은 수만큼 증감한다.

　㉡ 모든 사람의 나이 차이는 바뀌지 않으며 같은 차이만큼 나이가 바뀐다.

② 금액 계산 … 총액 / 잔액 지불하는 상대 등의 관계를 정확히 하여 문제를 잘 읽고, 대차 등의 관계를 파악한다.

　㉠ 정가＝원가＋이익＝원가(원가 × 이율)

　㉡ 원가 ＝ 정가×(1−할인율)

　㉢ x원에서 y원을 할인한 할인율 ＝ $\dfrac{y}{x} \times 100 = \dfrac{100y}{x}(\%)$

　㉣ x원에서 $y\%$ 할인한 가격 ＝ $x \times (1 - \dfrac{y}{100})$

　㉤ 단리 · 복리 계산

　　원금 : x, 이율 : y, 기간 : n, 원리금 합계 : S라고 할 때

　　• 단리 : $S = a(1 + rn)$

　　• 복리 : $S = a(1 + r)^n$

③ 손익 계산

　㉠ 이익이 원가의 20%인 경우 : 원가 × 0.2

　㉡ 정가가 원가의 20% 할증(20% 감소)의 경우 : 원가 × (1 + 0.2)

　㉢ 매가가 정가의 20% 할인(20% 감소)의 경우 : 정가 × (1 − 0.2)

④ 업무량 계산

　㉠ 인원수 × 시간 × 일수 = 전체 업무량

　㉡ 일한 시간 × 개인의 시간당 능력 = 제품 생산개수

(2) 시간 · 거리 · 속도

① **날짜, 시계 계산**

　　㉠ 1일＝24시간＝1,440분＝86,400초

　　㉡ 날짜와 요일 문제는 나머지를 이용하여 계산한다.

　　㉢ 분침에서 1분의 각도는 360° ÷ 60 = 6°

　　㉣ 시침에서 1시간의 각도는 360° ÷ 12 = 30°

　　㉤ 1시간 각도에서 시침의 분당 각도는 30° ÷ 60 = 0.5°

② **시간 · 거리 · 속도**

　　㉠ 거리 = 속도 × 시간

　　㉡ 시간 = $\dfrac{거리}{속도}$

　　㉢ 속도 = $\dfrac{거리}{시간}$

　　• 속도를 ν, 시간을 t, 거리를 s로 하면

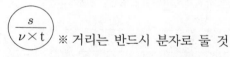 ※ 거리는 반드시 분자로 둘 것

　　• 속도 · 시간 · 거리의 관계를 명확히 하며, '단위'를 착각하지 않도록 주의한다.

③ **물의 흐름**

　　㉠ 강 흐름의 속도 = (내리막의 속도 − 오르막의 속도)÷2

　　㉡ 오르막과 내리막의 흐르는 속도의 차이에 주목한다.

　　㉢ 오르막은 강의 흐름에 역행이므로 '배의 속도 − 강의 흐름'이며 내리막은 강의 흐름이 더해지므로 '배의 속도 + 강의 흐름'이 된다.

④ **열차의 통과**

　　㉠ 열차의 이동거리는, '목적물 + 열차의 길이'가 된다.

　　㉡ 열차가 통과한다는 것은, 선두부터 맨 끝까지 통과하는 것이다.

　　㉢ 속도 · 시간 · 거리의 단위를 일치 시킨다(모두 m와 초(秒) 등으로 통일시켜 계산 한다).

　　㉣ 기차가 이동한 거리는 철교의 길이와 기차의 길이를 더한 것과 같다.

(3) 나무심기

① 직선위의 나무의 수는 최초에 심는 한 그루를 더하여 계산한다.

② 네 방향으로 심을 때는 반드시 네 모퉁이에 심어지도록 간격을 정한다.

③ 주위를 둘러싸면서 나무를 심을 경우에는 가로와 세로의 최대공약수가 나무사이의 간격이 된다.

(4) 농도

① 식염의 양을 구한 후에 농도를 계산한다.

② 식염의 양(g) = 농도(%) × 식염수의 양(g) ÷ 100

③ 구하는 농도 = $\dfrac{식염① \times 100(\%)}{식염 + 물\,(=식염수)}$ (%)

    ㉠ 식염수에 물을 더할 경우 : 분모에 $(+x\mathrm{g})$의 식을 추가한다.

    ㉡ 식염수에서 물을 증발시킬 경우 : 분모에 $(-x\mathrm{g})$을 추가한다.

    ㉢ 식염수에 식염을 더한 경우 : 분모, 분자 각각에 $(+x\mathrm{g})$을 추가한다.

대표유형 4 확률

(1) 경우의 수

① 한 사건 A가 a가지 방법으로 일어나고 다른 사건 B가 b가지 방법으로 일어난다.

    ㉠ 사건 A, B가 동시에 일어난다 : 동시에 일어나는 경우가 C가지 있을 때 경우의 수는 $a+b-c$가지이다.

    ㉡ 사건 A, B가 동시에 일어나지 않는다 : 경우의 수는 $a+b$가지이다.

② 한 사건 A가 a가지 방법으로 일어나며 일어난 각각에 대하여 다른 사건 B가 b가지 방법으로 일어날 때 A, B 동시에 일어나는 경우의 수는 $a \times b$가지이다.

(2) 확률

사건 A가 일어날 수학적 확률을 $P(A)$라 하면

$$P(A) = \frac{A에 \ 속하는 \ 근원사건의 \ 개수}{근원사건의 \ 총 \ 개수}$$

임의의 사건 A, 전사건 S, 공사건 ϕ라면

$$0 \leq P(A) \leq 1, \ P(S) = 1, \ P(\phi) = 0$$

(1) 자료해석 문제 유형

① **자료읽기 및 독해력** … 제시된 표나 그래프 등을 보고 표면적으로 제공하는 정보를 정확하게 읽어내는 능력을 확인하는 문제가 출제된다. 특별한 계산을 하지 않아도 자료에 대한 정확한 이해를 바탕으로 정답을 찾을 수 있다.

② **자료 이해 및 단순계산** … 문제가 요구하는 것을 찾아 자료의 어떤 부분을 갖고 그 문제를 해결해야 하는지를 파악할 수 있는 능력을 확인한다. 문제가 무엇을 요구하는지 자료를 잘 이해해서 사칙연산부터 나오는 숫자의 의미를 알아야 한다. 계산 자체는 단순한 것이 많지만 소수점의 위치 등에 유의한다. 자료 해석 문제는 무엇보다도 꼼꼼함을 요구한다. 숫자나 비율 등을 정확하게 확인하고, 이에 맞는 식을 도출해서 문제를 푸는 연습과 표를 보고 정확하게 해석할 수 있는 연습이 필요하다.

③ **응용계산 및 자료추리** … 자료에 주어진 정보를 응용하여 관련된 다른 정보를 도출하는 능력을 확인하는 유형으로 각 자료의 변수의 관련성을 파악하여 문제를 풀어야 한다. 하나의 자료만을 제시하지 않고 두 개 이상의 자료가 제시한 후 각 자료의 특성을 정확히 이해하여 하나의 자료에서 도출한 내용을 바탕으로 다른 자료를 이용해서 문제를 해결하는 유형도 출제된다.

(2) 대표적인 자료해석 문제 해결 공식

① 증감률

 ㉠ 전년도 매출 : P

 ㉡ 올해 매출 : N

 ㉢ 전년도 대비 증감률 : $\dfrac{N-P}{P} \times 100$

② 비례식

 ㉠ 비교하는 양 : 기준량 = 비교하는 양 : 기준량

 ㉡ 전항 : 후항 = 전항 : 후항

 ㉢ 외항 : 내항 = 내항 : 외항

③ 백분율 … 비율 $\times 100 = \dfrac{\text{비교하는 양}}{\text{기준량}} \times 100$

출제예상문제

|1~5| 다음 주어진 값의 단위변환이 올바른 것을 고르시오.

1

150mm

① 0.015m
② 1.5cm
③ 0.00015km
④ 105.51221in

> ✔ 해설 150mm=0.15m=15cm=0.00015km=5.905512in

2

23m²

① 6.9575평
② 0.023ha
③ 0.00023km²
④ 0.023a

> ✔ 해설 $23m^2 = 6.9575$평$=0.0023ha=0.000023km^2=0.23a$

3

32ℓ

① 3200cc
② 3200mℓ
③ 8.0453506gal
④ 32000cm²

> ✔ 해설 $32ℓ = 32000cc = 32000mℓ = 8.453506gal = 32000cm^2$

4

1atm =(   )

① 1,013.25Pa

② 101.325hPa

③ 760mmHg

④ 1.01325mb

✔해설 1atm=101,325Pa=1,013.25hPa=760mmHg=1,013.25mb

5

30m/m =(   )

① 0.003km/m

② 180m/h

③ 0.05m/s

④ 1.8km/h

✔해설 30m/m=0.03km/m=0.5m/s=1.8km/h

┃6~15┃ 다음 식을 계산하여 알맞은 답을 고르시오.

6

3할5리 × 100

① 30.5

② 35

③ 3.05

④ 3.5

✔해설 3할5리 = 0.305

∴ 0.305 × 100 = 30.5

7

$$7.52 + 85.9$$

① 92.42　　　　　　　　② 93.42

③ 94.42　　　　　　　　④ 95.42

✔ 해설　$7.52 + 85.9 = 93.42$

8

$$\frac{14}{24} \times \frac{8}{36} \div \frac{49}{12} + 2$$

① $\frac{381}{189}$　　　　　　　　② $\frac{130}{63}$

③ $\frac{43}{21}$　　　　　　　　④ $\frac{128}{63}$

✔ 해설　$\frac{14}{24} \times \frac{8}{36} \div \frac{49}{12} + 2 = \frac{14}{24} \times \frac{8}{36} \times \frac{12}{49} + 2 = \frac{2}{63} + \frac{126}{63} = \frac{128}{63}$

9

$$7.25 \times 10^{12} \times 26$$

① 18.85×10^{13}　　　　　　　② 1.885×10^{12}

③ 1.885×10^{11}　　　　　　　④ 18.85×10^{14}

✔ 해설　$7.25 \times 10^{12} \times 26 = 188.5 \times 10^{12} = 18.85 \times 10^{13}$

10

$$1.859 + 45.3 + 5.19 - 24.154$$

① 27.705　　　　　　　　② 27.185

③ 28.195　　　　　　　　④ 28.235

✔ 해설　$1.859 + 45.3 + 5.19 - 24.154 = 28.195$

11

$$15+36\div6\times2$$

① 27
② 30
③ 33
④ 36

✔해설 사칙연산은 덧셈, 뺄셈보다 곱셈, 나눗셈을 먼저 계산한다.
$15+(36\div6\times2)=15+12=27$

12

$$3.847-1.245+0.02$$

① 2.518
② 2.622
③ 3.142
④ 3.322

✔해설 $3.847-1.245+0.02=2.622$

13

$$\frac{5}{6}+\frac{3}{4}$$

① $\frac{11}{12}$
② $\frac{13}{12}$
③ $\frac{5}{4}$
④ $\frac{19}{12}$

✔해설 $\frac{5}{6}+\frac{3}{4}=\frac{10+9}{12}=\frac{19}{12}$

Answer 7.② 8.④ 9.① 10.③ 11.① 12.② 13.④

14

$$28 - \frac{13}{24} \times 3^3 \div \frac{18}{4}$$

① $\frac{39}{2}$ ② $\frac{41}{2}$

③ $\frac{99}{4}$ ④ $\frac{45}{2}$

✔ 해설 $28 - \frac{13}{24} \times 3^3 \div \frac{18}{4} = 28 - (\frac{13}{24} \times 3^3 \times \frac{4}{18}) = \frac{112}{4} - \frac{13}{4} = \frac{99}{4}$

15

$$8 + 8 \times 8 - 8 \div 8$$

① 1   ② 65

③ 71   ④ 8

✔ 해설 $8 + (8 \times 8) - (8 \div 8) = 71$

┃16~20┃ 다음 계산식 중 괄호 안에 들어갈 알맞은 수를 고르시오.

16

$$86 - (\quad) \div 3 = 54$$

① 84   ② 90

③ 96   ④ 102

✔ 해설 $86 - (96) \div 3 = 54$

17

$$\{(3-6)\times2\}\times(\quad)=6$$

① -2 ② -1

③ 1 ④ 2

✔ 해설 $\{(3-6)\times2\}\times(-1)=6$

18

$$\{7^2-(1+2)\times9\}\times(\ )=11$$

① 2^{-2} ② 2^{-1}

③ 2^1 ④ 2^2

✔ 해설 $n^{-m}=\dfrac{1}{n^m}$

$\{7^2-(1+2)\times9\}\times(2^{-1})=11$

19

$$2\times(\quad)-1978=4578$$

① 2638 ② 2898

③ 3018 ④ 3278

✔ 해설 $2\times3278-1978=6556-1978=4578$

20

$$768=3\times(\ )$$

① 8×2^6 ② $\left(2^2\right)^4$

③ $1024\div2^3$ ④ $4\times4\times4\times4\times4$

✔ 해설 $768=3\times(256)$

$256=2^8=\left(2^2\right)^4$

| 21~30 | 다음 주어진 수의 대소 관계를 바르게 비교한 것을 고르시오.

21

$$A : \frac{25}{3} \qquad\qquad B : \frac{27}{4}$$

① $A > B$ ② $A < B$
③ $A = B$ ④ 알 수 없다.

✔ 해설 $A : \frac{25}{3} \fallingdotseq 8.33$ $B : \frac{27}{4} = 6.75$

22

$$A : 9\frac{5}{7} \qquad\qquad B : 4\frac{39}{7}$$

① $A > B$ ② $A < B$
③ $A = B$ ④ 알 수 없다.

✔ 해설 $A = \frac{68}{7}$, $B = \frac{67}{7}$
$\therefore A > B$

23

$$A : \sqrt{8} - 1 \qquad\qquad B : 2$$

① $A > B$ ② $A < B$
③ $A = B$ ④ 알 수 없다.

✔ 해설 $2 < \sqrt{8} < 3$
$\Rightarrow 1 < \sqrt{8} - 1 < 2$
$\therefore A < B$

24

$A : 2+\sqrt{7}$	$B : \sqrt{5}+3$

① $A > B$

② $A < B$

③ $A = B$

④ 알 수 없다.

✔해설 $A : 2 < \sqrt{7} < 3$
$\Rightarrow 4 < 2+\sqrt{7} < 5$
$B : 2 < \sqrt{5} < 3$
$\Rightarrow 5 < \sqrt{5}+3 < 6$
$\therefore A < B$

25

$A : 0.18$	$B : \dfrac{2}{11}$

① $A > B$

② $A < B$

③ $A = B$

④ 알 수 없다.

✔해설 $B = \dfrac{2}{11} = 0.1818\cdots$
$\therefore A < B$

26

$2a < 3b+7$일 때, $A : a+b+7$	$B : 4b-a$

① $A > B$

② $A < B$

③ $A = B$

④ 알 수 없다.

✔해설 $2a-3b < 7$
$A-B = 2a-3b+7 < 14$
$\therefore A$와 B의 대소를 비교할 수 없다.

27

$2a = 3b - 8$일 때,

$A : 10a + 4b - 6$ $B = 6a + 10b - 22$

① $A > B$ ② $A < B$

③ $A = B$ ④ 알 수 없다.

✔ 해설 $A - B = 4a - 6b + 16 = 0$
            $\therefore A = B$

28

$A :$ 5시와 6시 사이에 시침과 분침이 만날 때의 분

$B : 28$

① $A > B$ ② $A < B$

③ $A = B$ ④ 알 수 없다.

✔ 해설   5시와 6시 사이에 시침과 분침이 만날 때를 5시 A분이라고 할 때,

12시를 기준으로 시침의 각도는 $150 + 30 \times \dfrac{A}{60}$, 분침의 각도는 $6A$이므로

$150 + 30 \times \dfrac{A}{60} = 6A$

$A = 27.2727\cdots$ 이므로 $A < B$

29

$A :$ 정팔면체의 모서리 수를 X, 꼭짓점 수를 Y라고 할 때, $3X + 5Y$의 값

$B :$ 144와 360의 최대공약수

① $A > B$ ② $A < B$

③ $A = B$ ④ 알 수 없다.

✔ 해설 $A :$ 정팔면체의 모서리 수는 12, 꼭짓점 수는 6이므로 $3X + 5Y = 66$
            $B : 144 = 2^4 \times 3^2$, $360 = 2^3 \times 3^2 \times 5$ 이므로 최대공약수는 $2^3 \times 3^2 = 72$
            $\therefore A < B$

30

A : 1, 2, 3, 4가 각각 적힌 카드 네 장을 한 번씩 사용하여 세 자리 수를 만들 때 140 이상이 되는 경우의 수

B : 21

① $A > B$ ② $A < B$

③ $A = B$ ④ 알 수 없다.

✔ 해설 1□□일 때 140 이상인 경우는 142, 143이고,
2□□, 3□□, 4□□은 무조건 140 이상이므로
∴ 총 경우의 수는 20이므로 $A < B$

| 31~32 | 다음 질문에 알맞은 답을 고르시오.

어느 공장에 인형을 조립하는 기계는 1개의 인형을 조립하는데 3분이 걸리고, 인형을 포장하는 기계는 1개의 인형을 포장하는데 5분이 걸린다. 이 공장의 오전 업무시간은 9시~12시, 오후 업무시간은 1시~6시이고, 업무시간 이외의 시간에는 기계를 가동시키지 않는다.

31 오전 업무시간 동안 조립기계 2대만 가동하고, 오후 업무시간 동안 조립기계 2대와 포장기계 3대를 동시에 가동할 때, 하루 업무를 끝낸 시점에 포장되지 않고 남아있는 인형은 몇 개인가? (단, 어제 포장되지 않고 남아있는 인형은 없었다.)

① 120개   ② 140개

③ 200개   ④ 220개

✔ 해설 오전(180분) 동안 조립되는 인형의 수 : $\frac{180}{3} \times 2 = 120$(개)

오후(300분) 동안 조립되는 인형의 수 : $\frac{300}{3} \times 2 = 200$(개)

오후(300분) 동안 포장되는 인형의 수 : $\frac{300}{5} \times 3 = 180$(개)

∴ $120 + 200 - 180 = 140$(개)

Answer 27.③ 28.② 29.② 30.② 31.②

32 철수가 받은 문자의 10%는 '레저'라는 단어를 포함한다. '레저'를 포함한 문자의 50%가 광고이고, '레저' 를 포함하지 않은 문자의 20%가 광고이다. 철수가 받은 한 문자가 광고일 때, 이 문자가 '레저'를 포함 할 확률은?

① $\dfrac{5}{23}$

② $\dfrac{6}{23}$

③ $\dfrac{7}{23}$

④ $\dfrac{8}{23}$

✔해설 철수가 받은 문자가 '레저'라는 단어를 포함하는 사건을 A, 광고인 사건을 B라고 하면

$P(B) = P(A \cap B) + P(A^C \cap B) = 0.1 \times 0.5 + 0.9 \times 0.2 = 0.23$

따라서 구하는 확률은

$P(A \mid B) = \dfrac{P(A \cap B)}{P(B)} = \dfrac{0.1 \times 0.5}{0.23} = \dfrac{5}{23}$

33 현재 아버지와 아들의 나이의 합은 60살이고 12년 후에 아버지의 나이는 아들의 나이의 2배가 된다. 현 재 아버지의 나이는?

① 48살

② 46살

③ 44살

④ 42살

✔해설 현재 아버지의 나이를 x살, 아들의 나이를 y살이라 하면

$\begin{cases} x + y = 60 \\ x + 12 = 2(y + 12) \end{cases}$, 즉 $\begin{cases} x + y = 60 \\ x - 2y = 12 \end{cases}$

$\therefore x = 44, y = 16$

따라서 현재 아버지의 나이는 44살이다.

34 20문제가 출제된 어떤 테스트에서 한 문제를 맞히면 3점을 얻고, 틀리면 2점을 감점한다고 한다. 예진이가 20문제를 풀어 40점의 점수를 얻었을 때, 예진이가 틀린 문제 수는?

① 2개
② 3개
③ 4개
④ 16개

✔해설 예진이가 맞힌 문제 수를 x개, 틀린 문제 수를 y개라 하면

$$\begin{cases} x+y=20 \\ 3x-2y=40 \end{cases} \quad \therefore \ x=16, \ y=4$$

따라서 예진이가 틀린 문제 수는 4개다.

35 주영이는 집에서 3km 떨어진 학교까지 가는데 처음에는 시속 3km로 걷다가 늦을 것 같아서 시속 6km로 뛰어서 40분 만에 학교에 도착하였다. 주영이가 걸어간 거리는?

① 1km
② 1.5km
③ 2km
④ 2.5km

✔해설 걸어간 거리를 $x$km, 뛰어간 거리를 $y$km라 하면

$$\begin{cases} x+y=3 \\ \dfrac{x}{3}+\dfrac{y}{6}=\dfrac{2}{3} \end{cases}, \ 즉 \ \begin{cases} x+y=3 \\ 2x+y=4 \end{cases}$$

$$\therefore \ x=1, \ y=2$$

따라서 걸어간 거리는 1km이다.

36 7%의 소금물과 22%의 소금물을 섞은 후 물을 더 부어 11.75%의 소금물 400g을 만들었다. 22%의 소금물의 양이 더 부은 물의 3배라면, 22%의 소금물 속 소금의 양은 몇 g인가?

① 33g
② 27g
③ 20g
④ 14g

✔해설 7%의 소금물을 x, 22%의 소금물을 y라 하면,

$$x+y+\frac{1}{3}y=x+\frac{4}{3}y=400\cdots\text{㉠}$$

$$\frac{7}{100}x+\frac{22}{100}y=\frac{11.75}{100}\times400\cdots\text{㉡}$$

두 식을 연립하면, $x=200, \ y=150$이다.

따라서 22% 소금물 속 소금의 양은 $150\times\dfrac{22}{100}=33\text{g}$이다.

37 합창 단원 선발에 지원한 남녀의 비가 3 : 5이다. 응시결과 합격자 가운데 남녀의 비가 2 : 3이고, 불합격자 남녀의 비는 4 : 7이다. 합격자가 160명이라고 할 때, 여학생 지원자의 수는 몇 명인가?

① 300명 ② 305명
③ 310명 ④ 320명

 해설

구분	합격자	불합격자	지원자 수
남자	$2a$	$4b$	$2a+4b$
여자	$3a$	$7b$	$3a+7b$

합격자가 160명이므로 $5a=160 \Rightarrow a=32$
$3 : 5 = (2a+4b) : (3a+7b)$
$\Rightarrow 5(2a+4b) = 3(3a+7b)$
$\Rightarrow a=b=32$
따라서 여학생 지원자의 수는 $3a+7b = 10a = 320$(명)이다.

38 5%의 소금물과 8%의 소금물을 섞어서 7%의 소금물 600g을 만들려고 한다. 이때 5%의 소금물은 몇 g 섞어야 하는가?

① 100g ② 200g
③ 300g ④ 400g

해설 5%의 소금물 xg과 8%의 소금물 yg을 섞는다고 하면
$$\begin{cases} x+y=600 \\ \dfrac{5}{100}x+\dfrac{8}{100}y=\dfrac{7}{100}\times600 \end{cases}, \text{즉} \begin{cases} x+y=600 \\ 5x+8y=4,200 \end{cases}$$
$\therefore x=200,\ y=400$
따라서 5%의 소금물 200g을 섞어야 한다.

39 900원짜리 사과와 300원짜리 귤을 합하여 9개를 사고 4,500원을 지불하였다. 이때 사과는 몇 개 샀는가?

① 1개 ② 2개
③ 3개 ④ 4개

해설 사과를 x개, 귤을 y개 샀다고 하면
$$\begin{cases} x+y=9 \\ 900x+300y=4,500 \end{cases}, \text{즉} \begin{cases} x+y=9 \\ 3x+y=15 \end{cases}$$
$\therefore x=3,\ y=6$
따라서 사과는 3개 샀다.

40 소율이와 창수는 18km 떨어진 지점에서 동시에 출발하여 서로 마주 보고 걷다가 만났다. 소율이는 시속 4km, 창수는 시속 5km로 걸었다고 할 때, 창수는 소율이보다 몇 km를 더 걸었는가?

① 1km

② 1.5km

③ 2km

④ 2.5km

✔ 해설 소율이가 걸은 거리를 $x$km, 창수가 걸은 거리를 $y$km라고 하면

$$\begin{cases} x+y=18 \\ \dfrac{x}{4}=\dfrac{y}{5} \end{cases}, \ \text{즉} \ \begin{cases} x+y=18 \\ 5x=4y \end{cases}$$

∴ $x=8, \ y=10$

따라서 창수는 소율이보다 $10-8=2(\text{km})$를 더 걸었다.

41 금이 70% 포함된 합금과 금이 85% 포함된 합금을 섞어서 금이 80% 포함된 합금 600g을 만들었다. 이때 금이 85% 포함된 합금은 몇 g을 섞어야 하는가?

① 250g

② 300g

③ 350g

④ 400g

✔ 해설 금이 70% 포함된 합금을 xg, 금이 85% 포함된 합금을 yg 섞는다고 하면

$$\begin{cases} x+y=600 \\ \dfrac{70}{100}x+\dfrac{85}{100}y=\dfrac{80}{100}\times600 \end{cases}, \ \text{즉} \ \begin{cases} x+y=600 \\ 14x+17y=9,600 \end{cases}$$

∴ $x=200, \ y=400$

따라서 금이 85% 포함된 합금은 400g 섞어야 한다.

42 가로의 길이가 세로의 길이보다 8cm 긴 직사각형의 둘레의 길이가 56cm일 때, 이 직사각형의 세로의 길이는?

① 10cm   ② 12cm

③ 14cm   ④ 16cm

> **✔ 해설** 가로의 길이를 $x$cm, 세로의 길이를 $y$cm라고 하면
> $$\begin{cases} x = y+8 \\ 2(x+y) = 56 \end{cases}, \quad 즉 \begin{cases} x = y+8 \\ x+y = 28 \end{cases}$$
> $$\therefore \ x = 18, \ y = 10$$
> 따라서 가로의 길이는 18cm, 세로의 길이는 10cm이다.

43 어느 농장에서는 닭과 토끼를 모두 15마리 키우고 있다. 닭과 토끼의 다리 수의 합이 40개일 때, 이 농장에 있는 토끼는 몇 마리인가?

① 1마리   ② 3마리

③ 5마리   ④ 8마리

> **✔ 해설** 닭이 x마리, 토끼가 y마리 있다고 하면
> $$\begin{cases} x+y = 15 \\ 2x+4y = 40 \end{cases} \qquad \therefore \ x = 10, \ y = 5$$
> 따라서 농장에 있는 토끼는 5마리이다.

44 서울 사람 2명과 대전 사람 2명, 대구, 부산, 세종 사람 각 1명씩 모여 7개의 의자에 일렬로 앉았다. 양쪽 끝에 같은 지역의 사람이 앉아있을 확률은?

① $\dfrac{1}{21}$ ② $\dfrac{2}{21}$

③ $\dfrac{4}{21}$ ④ $\dfrac{8}{21}$

> **✔ 해설** ㉠ 7명의 사람이 의자에 일렬로 앉을 수 있는 경우의 수 : 7!
> ㉡ 서울 사람이 양쪽 끝의 의자에 앉는 경우 : 5!×2
> ㉢ 대전 사람이 양쪽 끝의 의자에 앉는 경우 : 5!×2
> $$\therefore \ \frac{㉡+㉢}{㉠} = \frac{5! \times 2 \times 2}{7!} = \frac{2}{21}$$

45 학생 수가 50명인 초등학교 교실이 있다. 이 중 4명을 제외한 나머지 학생 모두가 방과 후 교실 프로그램으로 승마 또는 골프를 배우고 있다. 승마를 배우는 학생이 26명이고 골프를 배우는 학생이 30명일 때, 승마와 골프를 모두 배우는 학생은 몇 명인가?

① 9명

② 10명

③ 11명

④ 12명

✔해설 전체 학생의 집합을 U, 승마를 배우는 학생의 집합을 A, 골프를 배우는 학생의 집합을 B라 하면
$n(U)=50$, $n(A)=26$, $n(B)=30$
4명을 제외한 모든 학생이 승마 또는 골프를 배운다고 하였으므로
방과 후 교실 프로그램에 참여하는 모든 학생 수는 $50-4=46$(명)이다.
따라서 승마와 골프를 모두 배우는 학생의 수는
$n(A)+n(B)-46=26+30-46=10$(명)이다.

46 다음 그림에서 구분되는 다섯 개의 부분에 5가지 색을 이용하여 색을 칠하려고 한다. 서로 만나는 부분을 제외하고 같은 색을 칠할 수 있다고 하면, 다섯 개의 부분에 5가지 색상을 이용하여 색을 칠할 수 있는 방법의 수는?

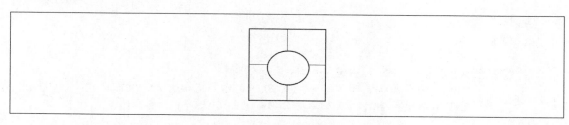

① 300 가지

② 360 가지

③ 420가지

④ 480 가지

위 그림의 다섯 부분의 영역을 다음과 같이 표시하면 색을 칠할 수 있는 방법은 모두 겹치지 않거나,
2·5영역이 겹치거나, 3·4영역이 겹치거나 2·5영역이 겹치고 3·4영역이 겹치는 4가지가 존재한다.
1,2,3,4,5 모두 다른 색을 칠하는 방법: $5\times4\times3\times2\times1=120$
2·5영역 또는 3·4영역이 겹치는 방법: $5\times4\times3\times2=120$가지$\times2=$총 240가지
2·5영역이 겹치고 3·4영역이 겹치는 방법: $5\times4\times3=60$가지
$120+240+60=420$가지

47 구리와 아연을 $4:3$의 비율로 섞은 합금 A와 구리와 아연을 $2:3$으로 섞은 합금 B가 있다. 이 두 종류의 합금을 녹여 구리와 아연을 $10:9$의 비율로 섞은 합금 950g을 만들려고 한다. 필요한 두 합금 A, B의 양을 각각 구하면?

① A=400g, B=550g　　　　　　② A=500g, B=450g

③ A=650g, B=300g　　　　　　④ A=700g, B=250g

✔ 해설　A 합금의 양을 x, B 합금의 양을 y라 하면

$$\frac{4}{7}x + \frac{2}{5}y = \frac{10}{19} \times 950 \Rightarrow 10x + 7y = 8750$$

$$\frac{3}{7}x + \frac{3}{5}y = \frac{9}{19} \times 950 \Rightarrow 5x + 7y = 5250$$

두 식을 연립하면 A $= x = 700$g, B $= y = 250$g

48 20,000원을 모두 사용해서 800원짜리 색연필과 2,000원짜리 볼펜을 종류에 상관없이 최대한 많이 산다고 할 때 색연필과 볼펜을 합하여 총 몇 개를 살 수 있는가? (단, 색연필과 볼펜 모두 한 개 이상 사야한다.)

① 25개　　　　　　　　　　　　② 22개

③ 20개　　　　　　　　　　　　④ 16개

✔ 해설　색연필 구매 개수를 x, 볼펜 구매 개수를 y라 할 때,
$800x + 2000y = 20000$인 정수 x, y는 (5, 8), (10, 6), (15, 4), (20, 2)이므로 종류에 상관없이 최대한 많이 살 수 있는 경우는 (20, 2)로 총 22개를 살 수 있다.

49 원가가 2,200원인 상품을 3할의 이익이 남도록 정가를 책정하였다. 하지만 판매부진으로 할인하여 판매하였고, 할인가가 원가보다 484원 저렴했다. 그렇다면 정가의 얼마를 할인한 것인가?

① 2할2푼　　　　　　　　　　　② 3할

③ 3할5푼　　　　　　　　　　　④ 4할

✔ 해설　정가 $= 2200(1+0.3) = 2860$(원)
할인율을 x라 하면 $2860 \times (1-x) - 2200 = -484$이므로
$2860 - 2860x = 1716$
$x = 0.4$
즉, 4할을 할인한 것이다.

50 누나는 동생보다 12년 먼저 태어났다. 5년 후 누나의 나이가 동생 나이의 3배라면 누나의 나이는 몇 살인가?

① 14 살   ② 13 살
③ 12 살   ④ 11 살

✔해설 동생의 나이를 x라 하면, 누나의 나이는 $x+12$이다.
5년 후 누나의 나이가 동생 나이의 3배이므로 $x+12+5=3(x+5) \rightarrow x=1$이다.
따라서 누나의 나이는 $1+12=13$이다.

51 A전자마트에서 TV는 원가의 10%를 더하여 정가를 정하고, 에어컨은 원가의 5%를 더하여 정가를 정하는데 직원의 실수로 TV와 에어컨의 이익률을 반대로 계산했다. TV 15대, 에어컨 10대를 판매한 후에야 이 실수를 알았을 때, 제대로 계산했을 때와 잘못 계산했을 때의 손익계산으로 옳은 것은? (단, TV가 에어컨보다 원가가 높고, TV와 에어컨 원가의 차는 20만 원, 잘못 계산된 정가의 합은 150만 원이다.)

① 60만 원 이익   ② 60만 원 손해
③ 30만 원 이익   ④ 30만 원 손해

✔해설 TV의 원가를 x, 에어컨의 원가를 y라 할 때,
$x-y=20$만 원
$1.05x+1.1y=150$만 원
두 식을 연립하여 풀면 $x=80$, $y=60$이다.
㉠ 잘못 계산된 정가
  TV : 1.05×80만 $=84$만 원
  에어컨 : 1.1×60만 $=66$만 원 이므로
  TV 15대, 에어컨 10대의 가격은 $84 \times 15 + 66 \times 10 = 1,260 + 660 = 1,920$만 원
㉡ 제대로 계산된 정가
  TV : 1.1×80만 $=88$만 원
  에어컨 : 1.05×60만 $=63$만 원 이므로
  TV 15대, 에어컨 10대의 가격은 $88 \times 15 + 63 \times 10 = 1,320 + 630 = 1,950$만 원
∴ 30만 원 손해

52 두 자리의 자연수에 대하여 각 자리의 숫자의 합은 11이고, 이 자연수의 십의 자리 숫자와 일의 자리 숫자를 바꾼 수의 3배 보다 5 큰 수는 처음 자연수와 같다고 한다. 처음 자연수의 십의 자리 숫자는?

① 9 ② 7

③ 5 ④ 3

> ✔해설 십의 자리 숫자를 x, 일의 자리 숫자를 y라고 할 때,
> $x+y=11 \cdots ㉠$
> $3(10y+x)+5=10x+y \cdots ㉡$
> ㉡을 전개하여 정리하면 $-7x+29y=-5$이므로
> ㉠ $\times 7+$ ㉡을 계산하면 $36y=72$
> 따라서 $y=2$, $x=9$이다.

53 갑동이는 올해 10살이다. 엄마의 나이는 갑동이와 누나의 나이를 합한 값의 두 배이고, 3년 후의 엄마의 나이는 누나의 나이의 세 배일 때, 올해 누나의 나이는 얼마인가?

① 12세 ② 13세

③ 14세 ④ 15세

> ✔해설 누나의 나이를 x, 엄마의 나이를 y라 하면,
> $2(10+x)=y$
> $3(x+3)=y+3$
> 두 식을 연립하여 풀면,
> $x=14(세)$

54 다음은 통신사 A, B의 휴대폰 요금표이다. 통신사 B를 선택한 사람의 통화량이 최소 몇 분이 넘어야 통신사 A를 선택했을 때 보다 이익인가?

통신사	월별 기본료	월별 무료통화	초과 1분당 통화료
A	40,000원	300분	60원
B	50,000원	400분	50원

① 500분 ② 600분

③ 700분 ④ 800분

> ✔해설 통화량이 x분인 사람의 요금은
> 통신사 A의 경우 $40,000+60(x-300)$, 통신사 B의 경우 $50,000+50(x-400)$이므로
> $50,000+50(x-400)<40,000+60(x-300)$일 때 A를 선택했을 때보다 더 이익이다.
> $\therefore x>800(분)$

55 서원산에는 등산로 A와 A보다 2km 더 긴 등산로 B가 있다. 민경이가 하루는 등산로 A로 올라갈 때는 시속 2km, 내려올 때는 시속 6km의 속도로 등산을 했고, 다른 날은 등산로 B로 올라갈 때는 시속 3km, 내려올 때는 시속 5km의 속도로 등산을 했다. 이틀 모두 동일한 시간에 등산을 마쳤을 때, 등산로 A, B의 거리의 합은?

① 16km

② 18km

③ 20km

④ 22km

✔**해설** 등산로 A의 거리를 $a$km, 등산로 B의 거리를 $(a+2)$km라 하면

$\dfrac{a}{2}+\dfrac{a}{6}=\dfrac{a+2}{3}+\dfrac{a+2}{5}$이므로

$a=8$km

∴ 등산로 A와 B의 거리의 합은 18km

56 남자 7명, 여자 5명으로 구성된 프로젝트 팀의 원활한 운영을 위해 운영진 두 명을 선출하려고 한다. 남자가 한 명도 선출되지 않을 확률은?

① $\dfrac{1}{11}$

② $\dfrac{4}{33}$

③ $\dfrac{5}{33}$

④ $\dfrac{2}{11}$

✔**해설** 남자가 한 명도 선출되지 않을 확률은 여자만 선출될 확률과 같은 의미이다.

$\dfrac{{}_{5}C_{2}}{{}_{12}C_{2}}=\dfrac{5\times4}{12\times11}=\dfrac{5}{33}$

57 어떤 물건의 정가는 원가에 x%이익을 더한 것이라고 한다. 그런데 물건이 팔리지 않아 정가의 x%를 할인하여 판매하였더니 원가의 4%의 손해가 생겼을 때, x의 값은?

① 5

② 10

③ 15

④ 20

✔**해설** 물건의 원가를 a라 하자.

이때 정가는 $\left(1+\dfrac{x}{100}\right)a$이므로, 문제의 조건에 의하면

$$\left(1-\dfrac{x}{100}\right)\left(1+\dfrac{x}{100}\right)a=\left(1-\dfrac{4}{100}\right)a$$

$$\Rightarrow\left(1-\dfrac{x}{100}\right)\left(1+\dfrac{x}{100}\right)=\dfrac{96}{100}$$

$$\Rightarrow 1-\left(\dfrac{x}{100}\right)^2=\dfrac{96}{100}$$

$$\Rightarrow\left(\dfrac{x}{100}\right)^2=\dfrac{4}{100}$$

$$\Rightarrow\dfrac{x}{100}=\dfrac{2}{10}$$

$$\therefore\ x=\dfrac{2}{10}\times100=20$$

58 12%의 소금물 200g과 6%의 소금물 100g, 그리고 물 xg을 섞어서 8%의 소금물을 만들었다. 이 때 넣은 물의 양은 몇 g인가?

① 75g

② 75.5g

③ 80g

④ 80.5g

✔**해설** $(0.12\times200)+(0.06\times100)=0.08(300+x)$, $2,400+600=8(300+x)$
$3,000=2,400+8x$
$8x=600$
$x=75$이다.

59 A마트에서 문구를 정가에서 20% 할인하는 행사를 진행했다. 미정이가 10,000원으로 정가 2,000원의 스케치북과 정가 1,000원의 색연필을 합쳐서 총 10개를 구매했을 때, 스케치북은 최대 몇 개까지 구매할 수 있는가?

① 1개   ② 2개

③ 3개   ④ 4개

> ✔해설 스케치북의 할인가 : 1,600원
> 색연필의 할인가 : 800원
> 스케치북의 개수를 x라고 할 때,
> $1,600x + 800(10 - x) \leq 10,000$
> $\therefore x \leq 2.5$
> 따라서 스케치북은 최대 2개까지 구매할 수 있다.

60 입구부터 출구까지의 총 길이가 840m인 터널을 열차가 초속 50m의 속도로 달려 열차가 완전히 통과할 때까지 걸린 시간이 25초라고 할 때, 이보다 긴 1,400m의 터널을 동일한 열차가 동일한 속도로 완전히 통과하는 데 걸리는 시간은 얼마인가?

① 34.5초   ② 35.4초

③ 36.2초   ④ 36.8초

> ✔해설 터널을 완전히 통과한다는 것은 터널의 길이에 열차의 길이를 더한 것을 의미한다. 따라서 열차의 길이를 x라 하면, '거리 = 시간 × 속력'을 이용하여 다음과 같은 공식이 성립한다.
> $(840 + x) \div 50 = 25$, $x = 410$m가 된다. 이 열차가 1,400m의 터널을 통과하게 되면 $(1,400 + 410) \div 50 = 36.2$초가 걸리게 된다.

61 리우올림픽 축구 본선 경기는 리그전과 토너먼트로 진행된다. 리그전은 조별로 경기에 참가한 팀이 돌아가면서 모두 경기하는 방식이고, 토너먼트는 이긴 팀만이 다음 경기에 진출하고 진 팀은 탈락하는 방식이다. 경기가 다음과 같이 진행된다고 할 때 전체 경기 수는 몇 경기인가?

> • 32개 팀을 한 조에 4개 팀씩 8개조로 나누어 먼저 각 조에서 리그전을 한다.
> • 각 조의 상위 2개 팀이 16강에 진출하여 토너먼트를 한다.
> • 준결승전에서 이긴 팀끼리 1·2위전을 하고 진 팀끼리 3·4위전을 한다.

① 63

② 64

③ 86

④ 126

> ✔해설 ㉠ 한 개 조의 경기 수는 6번이므로, $6 \times 8 = 48$이다.
> ㉡ 토너먼트 경기 수는 $16 - 1 = 15$이며, 이 외에도 3·4위전 경기를 1번 한다.
> ∴ $48 + 15 + 1 = 64$

62 기범이네 동아리 캠핑에서 고구마 25개, 감자 40개, 옥수수 70개를 모두에게 같은 개수대로 나누어주려고 했더니 고구마는 1개 부족하고, 감자는 1개가 남고, 옥수수는 5개가 남았다. 기범이네 동아리 인원은 최대 몇 명인가?

① 11명

② 12명

③ 13명

④ 14명

> ✔해설 고구마 $(25+1)$개, 감자 $(40-1)$개, 옥수수 $(70-5)$개를 똑같이 나누어줄 수 있는 최대의 사람을 구하는 것이므로 26, 39, 65의 최대공약수를 구하면 13명이 된다.

63 기준이의 엄마와 아빠는 4살 차이이고, 엄마와 아빠 나이의 합은 기준이 나이의 다섯 배이다. 10년 후의 아빠의 나이가 기준이의 2배가 될 때, 엄마의 현재 나이는? (단, 아빠의 나이가 엄마의 나이보다 많다.)

① 38세

② 40세

③ 42세

④ 44세

> ✔해설 엄마의 나이를 x, 아빠의 나이를 $x+4$, 기준이의 나이를 y라고 할 때,
> $x + x + 4 = 5y \cdots ㉠$
> $x + 4 + 10 = 2(y + 10) \cdots ㉡$
> ㉠, ㉡ 두 식을 정리하여 연립하면,
> $x = 38, y = 16$이므로,
> 엄마는 38세, 아빠는 42세, 기준이는 16세이다.

64 형이 학교를 향해 분속 50m로 걸어간 지 24분 후에 동생이 자전거를 타고 분속 200m로 학교를 향해 출발하여 학교 정문에서 두 사람이 만났다. 형이 학교까지 가는 데 걸린 시간은?

① 24분

② 26분

③ 30분

④ 32분

> **해설** 형이 학교까지 가는 데 걸린 시간 x
> 동생이 학교까지 가는 데 걸린 시간 $(x-24)$
> 두 사람의 이동거리는 같으므로
> $50x = 200(x-24)$
> $\therefore x = 32$

65 서원이는 소금물 A 100g과 소금물 B 300g을 섞어 15%의 소금물을 만들려고 했는데 실수로 두 소금물 A와 B의 양을 반대로 섞어 35%의 소금물을 만들었다. 두 소금물 A, B의 농도는 각각 얼마인가?

① A : 30%, B : 10%

② A : 35%, B : 5%

③ A : 40%, B : 10%

④ A : 45%, B : 5%

> **해설** 소금물 A의 농도를 $a\%$, B의 농도를 $b\%$라 할 때,
>
> 원래 만들려던 소금물은 $\dfrac{a+3b}{100+300} \times 100 = 15\%$이고,
>
> 실수로 만든 소금물의 농도는 $\dfrac{3a+b}{300+100} \times 100 = 35\%$이다.
>
> 두 식을 정리하면 $\begin{cases} a+3b=60 \\ 3a+b=140 \end{cases}$ 이다.
>
> $\therefore a = 45\%, b = 5\%$

▮66~67▮ 다음 표는 정책대상자 294명과 전문가 33명을 대상으로 정책과제에 대한 정책만족도를 조사한 자료이다. 물음에 답하시오.

〈표 1〉 정책대상자의 항목별 정책만족도

(단위 : %)

항목 ＼ 만족도	매우 만족	약간 만족	보통	약간 불만족	매우 불만족
의견수렴도	4.8	28.2	34.0	26.9	6.1
적절성	7.8	44.9	26.9	17.3	3.1
효과성	6.5	31.6	32.7	24.1	5.1
체감만족도	3.1	27.9	37.4	26.5	5.1

〈표 2〉 전문가의 항목별 정책만족도

(단위 : %)

항목 ＼ 만족도	매우 만족	약간 만족	보통	약간 불만족	매우 불만족
의견수렴도	3.0	24.2	30.3	36.4	6.1
적절성	3.0	60.6	21.2	15.2	−
효과성	3.0	30.3	30.3	36.4	−
체감만족도	−	30.3	33.3	33.3	3.0

※ 만족비율 = '매우 만족' 비율 + '약간 만족' 비율
※ 불만족비율 = '매우 불만족' 비율 + '약간 불만족' 비율

66 다음 중 위 자료에 근거한 설명으로 옳은 것은?

① 정책대상자의 정책만족도를 조사한 결과, 만족비율은 불만족 비율보다 약간 낮은 수준이다.

② 효과성 항목에서 '약간 불만족'으로 응답한 전문가 수는 '매우 불만족'으로 응답한 정책대상자 수보다 많다.

③ 체감만족도 항목에서 만족비율은 정책대상자가 전문가보다 낮다.

④ 적절성 항목이 타 항목에 비해 만족비율이 높다.

> **해설** ① 각 항목별로 모두 결과가 다르기 때문에 단언할 수 없다.
> ② 효과성 항목에서 '약간 불만족'으로 응답한 전문가 수는 '매우 불만족'으로 응답한 정책대상자 수보다 적다.
> ③ 체감만족도 항목에서 만족비율은 정책대상자가 31%, 전문가가 30.3%로 정책대상자가 전문가보다 높다.

67 정책대상자 중 의견수렴도 항목에 만족하는 사람의 비율은 몇 명인가? (단, 소수점 첫째자리에서 반올림한다)

① 97명   ② 99명

③ 100명   ④ 102명

> **해설** 매우 만족하는 사람 : $294 \times 0.048 = 14.112 \rightarrow 14$명
> 약간 만족하는 사람은 : $294 \times 0.282 = 82.908 \rightarrow 83$명

| 68~69 | 아래 자료는 2021년 행정구역별 인구 이동자 수의 자료이다. 물음에 답하시오.

행정구역	전입	전출
서울특별시	1,555,281	1,658,928
부산광역시	461,042	481,652
대구광역시	348,642	359,206
인천광역시	468,666	440,872
광주광역시	228,612	230,437
대전광역시	239,635	239,136
울산광역시	161,433	157,427
세종특별자치시	32,784	15,291

※ 순이동 : 전입 – 전출

68 인구의 순이동이 가장 컸던 지역은 어디인가?

① 서울특별시　　　　　　　　② 부산광역시

③ 대구광역시　　　　　　　　④ 인천광역시

> ✔해설　서울특별시가 순이동이 −103,647로 변화폭이 가장 컸다.

69 위 표에 대한 설명으로 옳지 않은 것은?

① 서울특별시의 인구 순이동은 대전광역시와 울산광역시의 인구 순이동의 합보다 크다.

② 인구 순이동이 제일 적었던 지역은 대전광역시이다.

③ 인천광역시는 세종특별자치시보다 인구가 더 많이 증가하였다.

④ 제시된 행정구역 전체의 인구는 증가하였다.

> ✔해설　제시된 행정구역 전체의 전입자 수는 3,496,095명이고 전출자 수는 3,582,949명으로 전출이 더 많아 인구가 감소하였음을 알 수 있다.

70 다음은 세계 초고층 건물 층수 및 실제 높이에 대한 표이다. 다음 중 층당 높이가 높은 순으로 바르게 나열된 것은?

건물	층수	실제높이(m)
시어스 타워	108	442
엠파이어 스테이트 빌딩	102	383
타이페이 101	101	509
페트로나스 타워	88	452
진 마오 타워	88	421
국제 금융 빌딩	88	415
CITIC 플라자	80	391
선힝스퀘어	69	384

① 선힝스퀘어 – CITIC 플라자 – 페트로나스 타워 – 진 마오 타워
② 선힝스퀘어 – 타이페이 101 – 국제 금융 빌딩 – 진 마오 타워
③ 페트로나스 타워 – 타이페이 101 – CITIC 플라자 – 시어스 타워
④ 타이페이 101 – 시어스 타워 – 국제 금융 빌딩 – 엠파이어 스테이트 빌딩

✔ 해설 층당 높이가 높은 순으로 나열하면,
선힝스퀘어(5.57) – 페트로나스 타워(5.14) – 타이페이 101(5.04) – CITIC 플라자(4.89) – 진 마오 타워(4.78) – 국제 금융 빌딩(4.72) – 시어스 타워(4.09) – 엠파이어 스테이트 빌딩(3.75) 순이다.

71~72 다음은 특정 지역의 연도별 불법, 무질서 행위의 유형별 현황을 나타낸 자료이다. 이 자료를 보고 이어지는 물음에 답하시오.

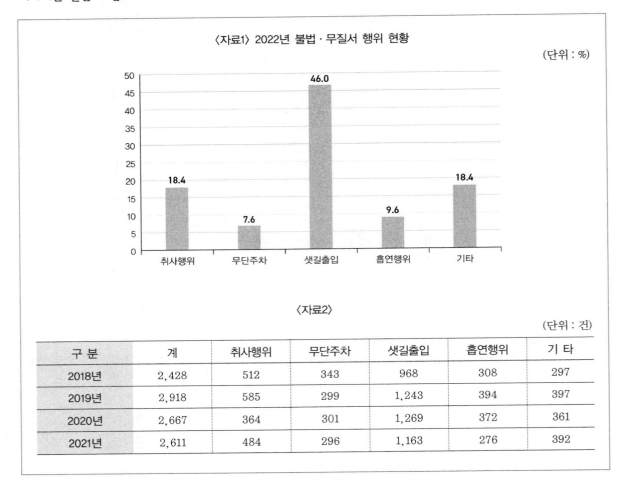

〈자료1〉 2022년 불법·무질서 행위 현황

(단위 : %)

〈자료2〉

(단위 : 건)

구 분	계	취사행위	무단주차	샛길출입	흡연행위	기 타
2018년	2,428	512	343	968	308	297
2019년	2,918	585	299	1,243	394	397
2020년	2,667	364	301	1,269	372	361
2021년	2,611	484	296	1,163	276	392

71 위의 자료를 참고할 때, 2022년의 전년대비 전체 불법, 무질서 행위 증가율이 10%일 경우 2022년의 샛길출입 건수는 얼마인가? (모든 수치 계산은 반올림하여 정수로 표시함)

① 1,276건　　　　　　　　　　　② 1,288건
③ 1,295건　　　　　　　　　　　④ 1,321건

> ✅ 해설 2022년의 전체 불법·무질서 행위는 전년대비 증가율이 10%라고 했으므로 2,611×1.1=약 2,872건이 된다. 또한 2022년의 샛길출입 비율은 전체의 46%이므로 2,872×0.46=약 1,321건이 됨을 알 수 있다.

72 다음 중 위 자료에 대한 설명으로 적절하지 않은 것은 어느 것인가?

① 흡연행위 건수는 2019~2022년 기간 동안 감소하는 경향을 보인다.
② 매년 가장 많은 불법·무질서 행위는 샛길출입이다.
③ 무단주차 건수의 비율은 2022년이 전년보다 더 낮다.
④ 2019~2021년까지 취사행위의 건수가 전년대비 증가한 경우 '기타' 건수도 증가하였다.

> ✔ 해설 2019~2021년까지는 감소하는 경향을 보이지만, 2022년의 경우 유형별 비율만 제시되어 있을 뿐, 전체 불법·무질서 행위 건수를 알 수 없어 비교할 수 없다.
> ③ 2021년의 무단주차 건수 비율은 296÷2,611×100=약 11%이나, 2022년에는 제시된 그래프에서 알 수 있듯이 7.6%로 전년보다 더 낮아졌다.
> ④ 취사행위 건수가 증가한 2018년에서 2019년, 2020년에서 2021년에 '기타' 행위 건수도 증가하였다.

73 다음은 2021년과 2022년 환율표이다. 2021년 말 엔화 대비 원화 환율이 2022년 말에 어느 정도 변화하였는지 바르게 계산한 것은?

분류	원/달러			엔/달러	
	연말	절상률	기간평균	연말	절상률
2021년	1,200.5	10.52	1,255.24	120.01	10.85
2022년	1,198.5	0.25	1,200.89	108.05	10.81

① 1원 정도 하락
② 변함없음
③ 1원 정도 상승
④ 2원 정도 상승

> ✔ 해설 ㉠ 2021년 말 엔화 대비 원화 환율 : $\dfrac{1,200.5}{120.01} ≒ 10$
>
> ㉡ 2022년 말 엔화 대비 원화 환율 : $\dfrac{1,198.5}{108.05} ≒ 11$

Answer   71.④   72.①   73.③

74 도표는 국민 1,000명을 대상으로 준법 의식 실태를 조사한 결과이다. 이에 대한 분석으로 가장 타당한 것은?

• 설문 1 : "우리나라에서는 법을 위반해도 돈과 권력이 있는 사람은 처벌받지 않는 경향이 있다."라는 주장에 동의합니까?

(단위 : %)

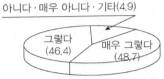

• 설문 2 : 우리나라에서 분쟁의 해결 수단으로 가장 많이 사용되는 것은 무엇이라 생각합니까?

(단위 : %)

---

① 전반적으로 준법 의식이 높은 편이다.

② 권력보다는 법이 우선한다고 생각한다.

③ 법이 공정하게 집행되지 않는다고 본다.

④ 악법도 법이라는 사고가 널리 퍼져 있다.

> ✔ 해설 ① 국민들이 권력이나 돈을 이용해 분쟁을 해결하려는 것을 볼 때 준법 의식이 약하다는 것을 알 수 있다.
> ② 권력이 법보다 분쟁 해결 수단으로 많이 사용되고, 권력이 있는 사람이 처벌받지 않는 경향이 있다는 것은 법보다 권력이 우선함을 의미한다.
> ④ 악법도 법이라는 사고는 법을 준수해야 한다는 시각이므로 자료의 결과와 모순된다.

75 다음은 우리나라 사물인터넷 사업체 기술 인력 수 및 충원계획에 대한 표이다. 이에 대한 설명으로 옳은 것은?

(단위 : 명)

사물인터넷 사업 분야	2020년			2021년			2022년(충원계획)		
	초급	중급	고급	초급	중급	고급	초급	중급	고급
플랫폼	813	1,042	1,141	1,016	1,184	1,232	56	107	45
네트워크	2,355	1,936	650	2,649	2,091	953	62	38	7
제품기기	1,930	1,235	946	2,087	1,289	983	319	313	149
서비스	2,205	4,991	2,582	2,264	4,718	2,271	729	659	209

① 2020년보다 2021년에 총 기술 인력 수가 감소한 분야는 서비스 분야와 제품기기 분야이다.

② 2020년보다 2021년에 총 기술 인력 수가 가장 많이 증가한 분야는 플랫폼 분야이다.

③ 2021년에 총 기술 인력 수가 가장 적었던 분야의 2022년 총 기술 인력 충원계획 수가 가장 적다.

④ 2020년과 2021년에 총 기술 인력 수가 5,000명 이상이었던 분야는 서비스분야뿐이다.

✔ 해설 ① 2020년보다 2021년에 총 기술 인력 수가 감소한 분야는 서비스 분야뿐이다.
② 2020년보다 2021년에 총 기술 인력 수가 가장 많이 증가한 분야는 네트워크 분야이다.
③ 2021년에 총 기술 인력이 가장 적었던 분야는 플랫폼 분야인데, 이 분야의 2022년 충원계획 총 명 수는 네트워크 분야보다 많다.

76 다음은 2021년도 주요세목 체납정리 현황을 표로 나타낸 자료이다. 주어진 표를 그래프로 나타낸 것으로 옳지 않은 것은?

분야 구분	세목	소득세	법인세	부가가치세
현금정리	건수(건)	398,695	35,947	793,901
	금액(억 원)	7,619	3,046	29,690
	건당금액(만 원)	191	847	374
결손정리	건수	86,383	9,919	104,913
	금액	21,314	5,466	16,364
	건당금액	2,467	5,511	1,560
기타정리	건수	19,218	1,000	70,696
	금액	2,507	318	3,201
	건당금액	1,305	3,180	453
미정리	건수	322,349	22,265	563,646
	금액	10,362	3,032	17,815
	건당금액	321	1,362	316

① **부가가치세 체납액정리 현황**

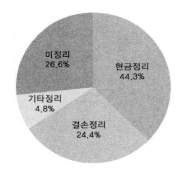

② 소득세 세납액정리 현황

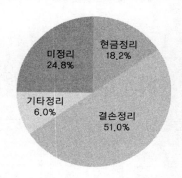

③ 주요 세목별 체납정리 금액

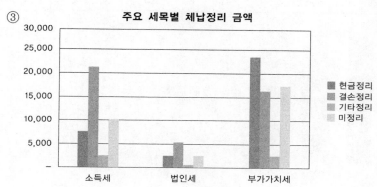

④ 주요 세목별 체납정리 건수

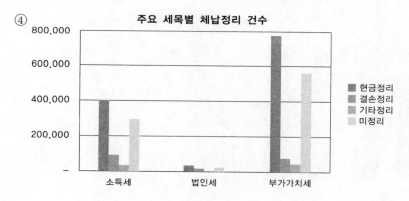

✔해설 ③ 현금정리 된 부가가치세는 29,690억 원으로 그래프에 잘못 표기되었다.

77 다음은 2017~2021년 전체 산업과 보건복지산업 취업자 수를 표로 나타낸 것이다. 주어진 표를 그래프로 나타낸 것으로 옳은 것은?

(단위 : 천 명)

산업 구분 \ 연도		2017	2018	2019	2020	2021
	전체 산업	24,861	24,900	25,617	26,405	27,189
	보건복지산업	1,971	2,127	2,594	2,813	3,187
	보건업 및 사회복지서비스업	1,153	1,286	1,379	1,392	1,511
	기타 보건복지산업	818	841	1,215	1,421	1,676

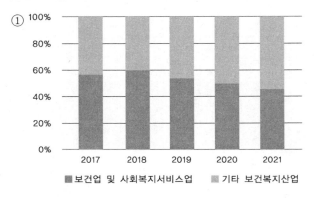

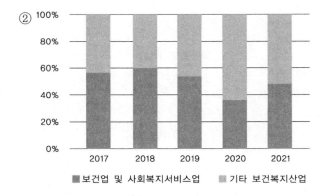

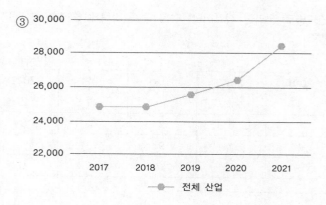

③

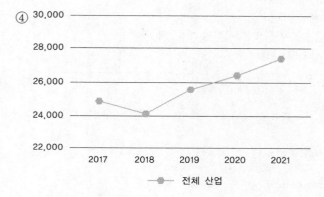

④

✔ 해설 ② 2020년도의 비율이 잘못되었다.
③ 2021년도의 전체 산업 취업자 수는 27,189천 명이다.
④ 2018년도의 전체 산업 취업자 수는 24,900천 명으로 2017년도 보다 증가한다.

Answer 77.①

78 다음은 우리나라 지역별 누적 강수량을 연도별로 정리한 자료이다. 다음 중 올바르게 해석한 것을 모두 고르면?

(단위 : mm)

구분	2016	2017	2018	2019	2020	2021	2022
A 지역	4	6	3	2	12	16	10
B 지역	4	11	4	6	2	6	2
C 지역	2	3	3	1	9	10	4
D 지역	9	16	18	15	17	20	11

> ㉠ 2021년도에는 다른 해에 비해 비가 많이 내렸다.
> ㉡ 해가 지날수록 강수량이 증가하는 추세를 보이고 있다.
> ㉢ 누적 강수량의 합이 가장 많은 지역은 2번째로 많은 지역의 2배이다.
> ㉣ D지역의 평균 강수량은 2017년도의 강수량보다 많다.

① ㉠㉡
② ㉠㉢
③ ㉡㉢
④ ㉡㉣

✔해설 ㉡ 강수량의 뚜렷한 추세가 발견되지 않는다.
㉢ A지역-53mm, B지역-35mm, C지역-32mm, D지역-106mm
㉣ D지역 평균 강수량-15.142…mm<2017년 강수량-16mm

79 자료에 대한 분석으로 옳은 것은?

〈고령 인구 규모 및 추이〉

(단위 : 천 명)

구분		2018년	2022년	증가율(%)
총인구		45,125	47,345	4.9
65세 이상		3,371	4,365	29.5
성별	남자	1,287	1,736	34.9
	여자	2,084	2,629	26.1
지역	도시	2,001	2,747	37.2
	농촌	1,370	1,618	18.1

〈지역별 고령 인구 비율〉

(단위 : %)

① 도시의 고령화가 농촌보다 빠르게 진행되었다.

② 도시 지역은 2018년에 고령화 단계에 진입하였다.

③ 총 인구 수보다 고령 인구 수가 더 많이 증가하였다.

④ 여성 고령자의 비중이 더 크지만 증가율은 남성이 더 높다.

✔ 해설 ① 전체 인구에 대한 고령 인구의 비율 즉, 고령화 정도는 농촌이 도시보다 빠르게 진행되고 있다.
② 전체 인구 중 고령 인구가 차지하는 비율이 7%, 14%, 21% 이상이면 각각 고령화 사회, 고령 사회, 초고령 사회라고 한다.
③ 총 인구 수는 222만 명, 고령 인구(65세 이상) 수는 99만 4천 명 증가하였다.

80 다음 표는 A, B, C 회사별 전동 킥보드의 고객만족 조사 결과이다. 충전 시간에 대해 B회사에 투표한 사람이 C회사에 투표한 사람보다 15명 많을 때, 충전 시간에 대해 투표한 총인원은?

(단위 : %)

구분	A	B	C
안전성	30	25	45
A/S 신속성	55	20	25
색상	10	10	80
충전 시간	33	36	31
속도	66	13	21

① 150 명 ② 200 명
③ 250 명 ④ 300 명

✔해설 충전 시간에 투표한 인원을 x라 하면 $x \times \frac{36}{100} = x \times \frac{31}{100} + 15 \to x = 300$

81 다음 자료에 대한 분석으로 옳지 않은 것은?

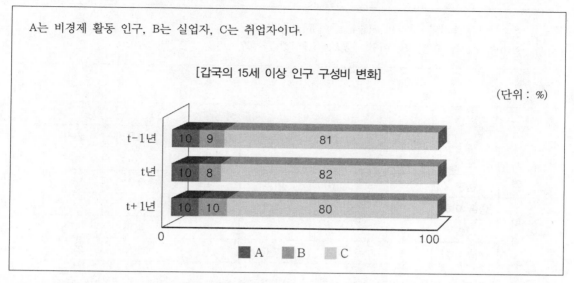

A는 비경제 활동 인구, B는 실업자, C는 취업자이다.

[갑국의 15세 이상 인구 구성비 변화]

(단위 : %)

① 비경제 활동 인구의 비율을 변함이 없다.
② 취업자의 비율을 t년이 가장 높다.
③ t－1년부터 t＋1년까지 실업자의 비율과 취업자의 비율의 증감추이는 동일하다.
④ 실업자의 비율은 t년이 가장 낮다.

✔해설 ③ t－1년부터 t＋1년까지 실업자의 비율은 '감소－증가'이며 취업자의 비율은 '증가－감소'로 서로 반대의 성향을 띈다.

82 다음의 설문에 대한 응답 결과를 통해 추론할 수 있는 내용으로 가장 타당한 것은?

> • 소득이 감소한다면, 소비 지출을 줄이겠습니까?
> • 소비 지출을 줄인다면, 어떤 부분부터 줄이겠습니까?

(단위 : %)

구분		지출 줄임						줄일 수 없음
		음식료비	외식비	주거관련비	문화여가비	사교육비	기타	
지역	도시	5.8	20.5	15.7	7.1	4.6	26.7	19.6
	농촌	8.6	12.0	18.5	4.9	3.2	18.8	34.0
학력	중졸 이하	9.9	10.4	24.9	4.2	2.1	11.9	36.6
	고졸	5.4	20.2	15.1	7.2	4.8	30.8	16.5
	대졸 이상	4.9	25.9	7.6	8.1	3.5	37.0	13.0

① 도시 지역과 농촌 지역의 소비 행태는 거의 비슷하다.
② 도시 가구는 소득이 감소하면 주거 관련비를 가장 많이 줄인다.
③ 학력이 낮을수록 소득이 감소하면 소비 지출을 더 줄이려는 경향이 있다.
④ 학력 수준에 관계없이 소득 감소가 사교육비에 미치는 영향은 가장 적다.

✔해설 ④ 표에서 필수적 생활비는 음식료비와 주거 관련비를 말한다.
소득이 감소할 때 소비 지출을 줄이겠다고 응답한 사람은 농촌보다 도시에서, 학력이 높을수록 높게 나타난다. 지출을 줄이겠다고 응답한 사람들의 항목별 비율에서는 외식비, 주거 관련비를 줄이겠다고 응답한 사람들의 비율이 높은 반면, 사교육비 지출을 줄이겠다는 사람들은 학력에 관계없이 가장 적게 나타나고 있다.

83 다음은 어느 통계사항을 나타낸 표이다. ㈎에 들어갈 수로 알맞은 것은?(단, 모든 계산은 소수점 이하 절삭하여 정수로 표시함)

구분	접수인원	응시인원	합격자수	합격률
1회	1,808	1,404	㈎	43.1
2회	2,013	1,422	483	34.0
3회	1,148	852	540	63.4

① 60①   ② 605

③ 613   ④ 617

✔해설 $\dfrac{x}{1404} \times 100 = 43.1$
$100x = 60512.4$
$\therefore x = 605$(명)

84 가구소득이 600만 원 이상인 집단의 조사 인원이 25,000명이면, 이 집단의 모바일 메신저 활동을 즐기는 사람의 수는?

〈가구소득별 스마트기기를 활용한 여가활동〉

가구소득 \ 여가활동	인터넷	모바일 메신저	SNS	게임	TV 시청	쇼핑	음악 감상	인터넷방송	드라마/영화보기
100만 원(미만)	22.3	24.9	17.1	10.4	5.4	1.5	4.9	4.7	1.9
100~200만 원	26.3	28.9	10.7	10.9	7.4		5.5	1.7	2.2
200~300만 원	31.8	19.2	14.8	13.1	4.6	4.3	4.2	1.7	2.9
300~400만 원	33	18.6	14.7	16.7	3.4	2.7	3.6	1.9	1.9
400~500만 원	31.9	16.8	14.8	14.8	4.6	4.1	2.6	2.9	2.6
500~600만 원	34.5	16.4	14.6	13.4	3.8	3.8	4.5	2.5	2.3
600만 원 이상	26.2	14.6	15	12.3	4.9	6.3	4	4.7	4.7

① 2,860명   ② 3,400명

③ 3,650명   ④ 3,830명

✔해설   가구소득이 600만 원 이상인 집단의 조사 인원이 25,000명이고 모바일 메신저 활동을 즐기는 사람은 14.6%이므로 $25000 \times 14.6\% = 3,650$(명)이다.

Answer   82.④   83.②   84.③

│85~86│ 다음은 국가지정 문화재 현황을 분석한 자료이다. 물음에 답하시오.

〈연도별 국가지정 문화재 현황〉

(단위 : 건)

	2018	2019	2020	2021	2022
계	3,583	3,622	3,877	3,940	3,999
국보	315	317	328	331	336
보물	1,813	1,842	2,060	2,107	2,146
사적	488	491	495	500	505
명승	109	109	109	110	112
천연기념물	454	455	456	457	459
국가무형문화재	a	122	135	138	142
국가민속문화재	284	286	294	297	299

〈2022년 행정구역별 국가지정 문화재 현황〉

구분	서울	경기·인천	강원	전라	충청	경상	제주	기타
계	1,021	365	191	609	463	1,172	86	92
국보	163	12	11	31	42	77	0	0
보물	706	190	81	291	239	630	9	0
사적	67	87	18	86	70	170	7	0
명승	3	5	25	28	13	29	9	0
천연기념물	b	33	42	95	43	123	49	62
국가무형문화재	29	16	3	24	8	28	4	30
국가민속문화재	41	22	11	54	48	115	8	0

85 2021년 대비 2022년의 총 문화재 증가율은 얼마인가?

① 1.0

② 1.5

③ 2.3

④ 2.5

✔해설 2021년의 문화재는 3,940건, 2022년의 문화재는 3,999건이므로 2021년 대비 2022년 총 문화재 증가율은 다음과 같다.

$(3,999-3,940) \div 3,940 \times 100 = 1.49 ≒ 1.5$

86 위 자료의 $\frac{a}{b}$ 의 값은?

① 13

② 12

③ 11

④ 10

✔해설 $a = 3,583 - (315 + 1,813 + 488 + 109 + 454 + 284) = 120$
$b = 1,021 - (163 + 706 + 67 + 3 + 29 + 41) = 12$
$\therefore \frac{a}{b} = 10$

Answer 85.② 86.④

87 다음 표는 A백화점의 판매비율 증가를 나타낸 것으로 전체 평균 판매증가비율과 할인기간의 판매증가비율을 구분하여 표시한 것이다. 주어진 조건을 고려할 때 A~F에 해당하는 순서대로 차례로 나열한 것은?

구분 월별	A 전체	A 할인	B 전체	B 할인	C 전체	C 할인	D 전체	D 할인	E 전체	E 할인	F 전체	F 할인
1	20.5	30.9	15.1	21.3	32.1	45.3	25.6	48.6	33.2	22.5	31.7	22.5
2	19.3	30.2	17.2	22.1	31.5	41.2	23.2	33.8	34.5	27.5	30.5	22.9
3	17.2	28.7	17.5	12.5	29.7	39.7	21.3	32.9	35.6	29.7	30.2	27.5
4	16.9	27.8	18.3	18.9	26.5	38.6	20.5	31.7	36.2	30.5	29.8	28.3
5	15.3	27.7	19.7	21.3	23.2	36.5	20.3	30.5	37.3	31.3	27.5	27.2
6	14.7	26.5	20.5	23.5	20.5	33.2	19.5	30.2	38.1	39.5	26.5	25.5

ㄱ 의류, 냉장고, 보석, 핸드백, TV, 가구에 대한 표이다.
ㄴ 가구는 1월에 비해 6월에 전체 평균 판매증가비율이 높아졌다.
ㄷ 냉장고는 3월을 제외하고는 할인기간의 판매증가비율이 전체 평균 판매증가비율보다 크다.
ㄹ 핸드백은 할인기간의 판매증가비율보다 전체 평균 판매증가비율이 더 크다.
ㅁ 1월과 6월을 비교할 때 의류는 전체 평균 판매증가비율의 감소가 가장 크다.
ㅂ 보석은 1월에 전체 평균 판매증가비율과 할인기간의 판매증가비율의 차이가 가장 크다.

① TV – 의류 – 보석 – 핸드백 – 가구 – 냉장고
② TV – 냉장고 – 의류 – 보석 – 가구 – 핸드백
③ 의류 – 보석 – 가구 – 냉장고 – 핸드백 – TV
④ 의류 – 냉장고 – 보석 – 가구 – 핸드백 – TV

✅ **해설** 주어진 표에 따라 조건을 확인해보면, 조건의 ㄴ은 B, E가 해당하는데 ㄷ에서 B가 해당하므로 ㄴ은 E가 된다. ㄹ은 F가 되고 ㅁ은 C가 되며 ㅂ은 D가 된다. 남은 것은 TV이므로 A는 TV가 된다. 그러므로 TV – 냉장고 – 의류 – 보석 – 가구 – 핸드백 순이다.

| 88~89 | 다음은 4개 대학교 학생들의 하루 평균 독서시간을 조사한 결과이다. 다음 물음에 답하시오.

구분	1학년	2학년	3학년	4학년
㉠	3.4	2.5	2.4	2.3
㉡	3.5	3.6	4.1	4.7
㉢	2.8	2.4	3.1	2.5
㉣	4.1	3.9	4.6	4.9
대학생 평균	2.9	3.7	3.5	3.9

- A대학은 고학년이 될수록 독서시간이 증가하는 대학이다
- B대학은 각 학년별 독서시간이 항상 평균 이상이다.
- C대학은 3학년의 독서시간이 가장 낮다.
- 2학년의 하루 독서시간은 C대학과 D대학이 비슷하다.

88 표의 처음부터 차례대로 들어갈 대학으로 알맞은 것은?

    ㉠ ㉡ ㉢ ㉣   ㉠ ㉡ ㉢ ㉣

① C→A→D→B   ② A→B→C→D

③ D→B→A→C   ④ D→C→A→B

✔해설 고학년이 될수록 독서 시간이 증가하는 A대학은 ㉡, 대학생평균 독서량은 3.5인데 이를 넘는 B대학은 ㉣, 3학년의 독서시간이 가장 낮은 평균이하의 C대학은 ㉠이다. 따라서 2학년의 하루 독서시간이 2.5인 C대학과 비슷한 D대학은 2.4가 되므로 ㉢이 된다.

89 다음 중 옳지 않은 것은?

① C대학은 학년이 높아질수록 독서시간이 줄어들었다.

② A대학은 3, 4학년부터 대학생 평균 독서시간보다 독서시간이 증가하였다.

③ B대학은 학년이 높아질수록 독서시간이 증가하였다.

④ D대학은 대학생 평균 독서시간보다 매 학년 독서시간이 적다.

✔해설 ③ B대학은 2학년의 독서시간이 1학년 보다 줄었다.

90 다음은 출산율과 출생 성비의 변화를 나타낸 표이다. 이에 대한 설명으로 옳은 것은?

구분		2017년	2018년	2019년	2020년	2021년	2022년
출산율		1.57	1.63	1.47	1.17	1.15	1.08
총 출생성비		116.5	113.2	110.2	110.0	108.2	107.7
	첫째 아이	108.5	105.8	106.2	106.5	105.2	104.8
	둘째 아이	117.0	111.7	107.4	107.3	106.2	106.4
	셋째 아이	192.7	180.2	143.9	141.2	132.7	128.2

① 출생 성비의 불균형이 심화되고 있다.

② 신생아 중 여아가 차지하는 비중은 증가하고 있다.

③ 신생아 중 남아의 수는 2019년보다 2017년에 많다.

④ 2017년 이후 신생아 수가 지속적으로 감소하고 있다.

✔해설 총 출생성비가 점차적으로 감소한다는 것은 여아 출생자 수 100명 당 남아 출생자 수가 감소한다는 것을 의미하므로 총 출생자 중 여아 출생자의 비중은 증가함을 알 수 있다.

91 다음은 성인 직장인을 대상으로 소속감에 대하여 조사한 결과를 정리한 표이다. 조사 결과를 사회 집단 개념을 사용하여 분석한 내용으로 옳은 것은?

(단위 : %)

구분		가정	직장	동창회	친목 단체	합계
성별	남성	53.1	21.9	16.1	8.9	100.0
	여성	68.7	13.2	9.8	8.3	100.0
학력	중졸 이하	71.5	8.2	10.6	9.7	100.0
	고졸	62.5	17.7	11.8	8.0	100.0
	대졸 이상	54.0	22.5	16.0	7.5	100.0

① 학력이 높을수록 공동 사회라고 응답한 비율이 높다.

② 이익 사회라고 응답한 비율은 남성이 여성보다 높다.

③ 성별과 상관없이 자발적 결사체라고 응답한 비율이 가장 높다.

④ 과업 지향적인 집단이라고 응답한 비율은 여성이 남성보다 높다.

✔해설 직장, 동창회, 친목 단체는 이익 사회에 해당하며, 이들 집단에서 소속감을 가장 강하게 느낀다고 응답한 비율은 남성이 더 높다.

92 다음은 A도시의 생활비 지출에 관한 자료이다. 연령에 따른 전년도 대비 지출 증가비율을 나타낸 것이라 할 때 작년에 비해 가게운영이 더 어려웠을 가능성이 높은 업소는?

품목 ＼ 연령(세)	24 이하	25~29	30~34	35~39	40~44	45~49	50~54	55~59	60~64	65 이상
식료품	7.5	7.3	7.0	5.1	4.5	3.1	2.5	2.3	2.3	2.1
의류	10.5	12.7	−2.5	0.5	−1.2	1.1	−1.6	−0.5	−0.5	−6.5
신발	5.5	6.1	3.2	2.7	2.9	−1.2	1.5	1.3	1.2	−1.9
의료	1.5	1.2	3.2	3.5	3.2	4.1	4.9	5.8	6.2	7.1
교육	5.2	7.5	10.9	15.3	16.7	20.5	15.3	−3.5	−0.1	−0.1
교통	5.1	5.5	5.7	5.9	5.3	5.7	5.2	5.3	2.5	2.1
오락	1.5	2.5	−1.2	−1.9	−10.5	−11.7	−12.5	−13.5	−7.5	−2.5
통신	5.3	5.2	3.5	3.1	2.5	2.7	2.7	−2.9	−3.1	−6.5

① 30대 후반이 주로 찾는 의류 매장
② 중학생 대상의 국어·영어·수학 학원
③ 30대 초반의 사람들이 주로 찾는 볼링장
④ 65세 이상 사람들이 자주 이용하는 마을버스 회사

✔해설 마이너스가 붙은 수치들은 전년도에 비해 지출이 감소했음을 뜻하므로 주어진 보기 중 마이너스 부호가 붙은 것을 찾으면 된다. 중학생 대상의 국·영·수 학원비 부담 계층은 대략 50세 이하인데 모두 플러스 부호에 해당하므로 전부 지출이 증가하였고, 30대 초반의 오락비 지출은 감소하였다.

93~94 다음 표는 연도별 최저시급을 나타낸 것이다. 물음에 답하시오.

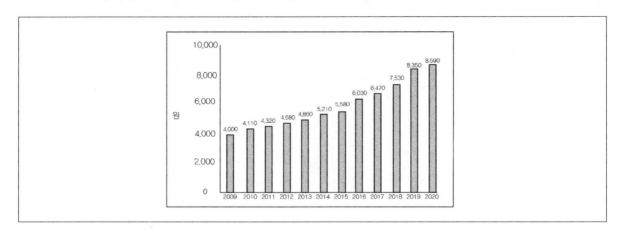

93 그래프에 대한 설명으로 옳은 것을 모두 고른 것은?

> ㉠ 전년도에 비해 최저시급이 가장 많이 인상 된 연도는 2018년이다.
> ㉡ 2019년은 10년 전에 비해 최저시급이 2배 이상 인상되었다.
> ㉢ 최저시급은 매해 인상하는 추세이다.
> ㉣ 최저시급의 평균은 6,010원이다.

① ㉠㉡㉢㉣   ② ㉡㉢㉣
③ ㉠㉡㉢   ④ ㉠㉢㉣

 최저시급의 평균은
$(4,000+4,110+4,320+4,580+4,860+5,210+5,580+6,030+6,470+7,530+8,350+8,590) \div 12 = 5,802.5$
이다.)

94 2020년에 어떤 사람이 하루에 4시간씩 3일 동안 최저시급보다 500원을 더 받고 일했을 때, 이 사람이 받은 총금액은 얼마인가?

① 94,000 원   ② 103,080 원
③ 106,200 원   ④ 109,080 원

 $(8,590+500) \times 4 \times 3 = 109,080$

95 다음은 6명의 학생들의 지난 달 독서 현황을 나타낸 표이다. 이에 대한 설명으로 옳은 것은?

구분＼학생	A	B	C	D	E	F
성별	남	남	여	남	여	남
독서량(권)	2	0	6	4	8	10

① 학생들의 평균 독서량은 6권이다.

② 남학생이면서 독서량이 7권 이상인 학생은 전체 학생 수의 절반 이상이다.

③ 여학생이거나 독서량이 7권 이상인 학생은 전체 학생 수의 절반 이상이다.

④ 독서량이 2권 이상인 학생 중 남학생의 비율은 전체 학생 중 여학생 비율의 2배 이상이다.

✔ 해설 ① 학생들의 평균 독서량은 5권이다.
② 남학생 중 독서량이 7권 이상인 학생은 F 한 명이다.
③ 여학생은 두 명이고 남학생 중 독서량이 7권 이상인 학생은 한 명이므로, 여학생이거나 독서량이 7권 이상인 학생은 세 명으로 전체 학생 수의 절반 이상이다.
④ 독서량이 2권 이상인 학생 중 남학생의 비율은 5분의 3이고 전체 학생 중 여학생의 비율은 3분의 1이므로 2배 이하이다.

96 다음은 2010년 기초노령연금 수급 현황에 관한 조사결과 보고서이다. 보고서의 내용과 부합하지 않는 자료는?

보건복지부의 자료에 의하면 2010년 12월 말 현재 65세 이상 노인 중 약 373만 명에게 기초노령연금이 지급된 것으로 나타났다.

시도별 기초노령연금 수급률은 전남이 85.5%로 가장 높았고 그 다음이 경북(80.4%), 전북(79.3%), 경남(77.8%) 순이며, 서울(51.3%)이 가장 낮았다. 시군구별 기초노령연금 수급률은 전남 완도군이 94.1%로 가장 높았고 서울 서초구는 26.5%로 가장 낮았다. 특히 농어촌의 57개 지역과 대도시의 14개 지역은 기초노령연금 수급률이 80%를 넘었다.

여성(65.1%)이 남성(34.9%)보다 기초노령연금 혜택을 더 많이 받는 것으로 나타났는데, 이는 여성의 평균수명이 남성보다 더 길기 때문인 것으로 보인다. 기초노령연금을 받는 노인 중 70대가 수급자의 49.7%를 차지해 가장 비중이 높았다. 연령대별 수급자 비율을 큰 것부터 나열하면 80대, 90대, 70대 순이고, 80대의 경우 82.3%가 기초노령연금을 수령하였다.

① 2010년 시도별 기초노령연금 수급률

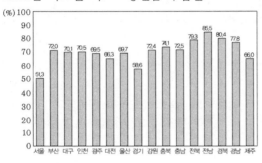

② 2010년 기초노령연금 수급자의 연령대별 구성비율

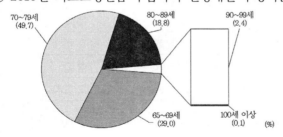

③ 2010년 시군구별 기초노령연금 수급률(상위 5개 및 하위 5개)

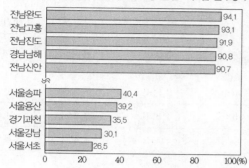

④ 2010년 기초노령연금 수급률별·도시규모별 지역 수

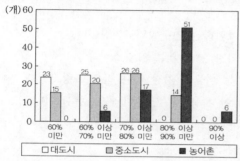

✔해설 ② 보고서에 따르면 70대가 수급자의 49.7% 차지하며 연령대별 수급자 비율을 큰 것부터 나열하면 80대, 90대, 70대 순이라고 하였다. 그러나 그래프 상에서 70대가 수급자 비율이 가장 큰 것으로 나타났다.

④ 보고서에 따르면 농어촌의 57개 지역과 대도시의 14개 지역은 기초노령연금 수급률이 80%를 넘었다고 하였다. 그러나 그래프 상에서 기초노령연금 수급률이 80%를 넘는 대도시는 없는 것으로 나타났다.

Answer 96.②④

97 다음 표는 각국의 연구비에 대한 부담원과 사용 조직을 제시한 것이다. 알맞은 것은?

(단위 : 억 엔)

부담원 \ 사용 조직	국가	일본	미국	독일	프랑스	영국
정부	정부	8,827	33,400	6,590	7,227	4,278
	산업	1,028	71,300	4,526	3,646	3,888
	대학	10,921	28,860	7,115	4,424	4,222
산업	정부	707	0	393	52	472
	산업	81,161	145,000	34,771	11,867	16,799
	대학	458	2,300	575	58	322

① 독일 정부가 부담하는 연구비는 미국 정부가 부담하는 연구비의 약 반이다.

② 정부부담 연구비 중에서 산업의 사용 비율이 가장 높은 것은 프랑스이다.

③ 산업이 부담하는 연구비를 산업 자신이 사용하는 비율이 가장 높은 것은 프랑스이다.

④ 미국의 대학이 사용하는 연구비는 일본의 대학이 사용하는 연구비의 약 두 배이다.

✔ 해설 ① 독일 정부가 부담하는 연구비 : $6,590 + 4,526 + 7,115 = 18,231$
미국 정부가 부담하는 연구비 : $33,400 + 71,300 + 28,860 = 133,560$
② 정부부담 연구비 중에서 산업의 사용 비율이 가장 높은 것은 미국이며, 가장 낮은 것은 일본이다.
④ 미국 대학이 사용하는 연구비 : $28,860 + 2,300 = 31,160$
일본 대학이 사용하는 연구비 : $10,921 + 458 = 11,379$

98 다음은 '갑' 지역의 연도별 65세 기준 인구의 분포를 나타낸 자료이다. 이에 대한 올바른 해석은 어느 것인가?

구분	인구 수(명)		
	계	65세 미만	65세 이상
2015년	66,557	51,919	14,638
2016년	68,270	53,281	14,989
2017년	150,437	135,130	15,307
2018년	243,023	227,639	15,384
2019년	325,244	310,175	15,069
2020년	465,354	450,293	15,061
2021년	573,176	557,906	15,270
2022년	659,619	644,247	15,372

① 65세 미만 인구수는 조금씩 감소하였다.

② 2022년 인구수가 2015년에 비해 약 10배로 증가한 데에는 65세 미만 인구수의 영향이 크다.

③ 65세 이상 인구수는 매년 지속적으로 증가하였다.

④ 65세 이상 인구수는 매년 전체의 5% 이상이다.

✔해설 65세 이상 인구수는 크게 변동이 없는 데 비해, 65세 미만 인구수는 5만여 명에서 64만여 명으로 크게 증가한 것을 알 수 있다.
① 65세 미만 인구수 역시 매년 꾸준히 증가하였다.
③ 2019년과 2020년에는 전년보다 감소하였다.
④ 2019년 이후부터는 5% 미만 수준을 계속 유지하고 있다.

99 다음은 도시 갑, 을, 병, 정의 공공시설 수에 대한 통계자료이다. A~D 도시를 바르게 연결한 것은?

(단위 : 개)

구분	2020			2021			2022		
	공공청사	문화시설	체육시설	공공청사	문화시설	체육시설	공공청사	문화시설	체육시설
A	472	54	36	479	57	40	479	60	42
B	239	14	22	238	15	22	247	16	23
C	94	5	9	96	5	10	100	6	10
D	96	14	10	98	13	12	98	13	12

※ 공공시설이란 공공청사, 문화시설, 체육시설만을 일컫는다고 가정한다.

ⓐ 병의 모든 공공시설은 나머지 도시들의 공공시설보다 수가 적지만 2022년에 처음으로 공공청사의 수가 을보다 많아졌다.

ⓑ 을을 제외하고 2021년 대비 2022년 공공시설 수의 증가율이 가장 작은 도시는 정이다.

ⓒ 2021년 갑의 공공시설 수는 2020년과 동일하다.

```
   A    B    C    D
① 갑   을   병   정
② 갑   정   병   을
③ 을   갑   병   정
④ 정   갑   병   을
```

✔ 해설 ⓐ 모든 공공시설의 수가 나머지 도시들의 수보다 적은 도시는 C 도시이고, 2022년에 C도시의 공공청사의 수가 D 도시보다 많아졌으므로 C 도시는 병, D 도시는 을이다.

ⓑ 을(D 도시)을 제외하고 2021년 대비 2022년 공공시설 수의 증가는 A 5개, B 11개, C(병) 5개이다. A의 공공시설의 수가 월등히 많은 데 비해 증가 수는 많이 않으므로 증가율이 가장 작은 도시인 정은 A 도시이다.

ⓒ 2021년과 2022년의 공공시설 수가 같은 도시는 B 도시이다.

∴ A : 정, B : 갑, C : 병, D : 을

100 다음 그림에 대한 설명으로 가장 옳은 것은?

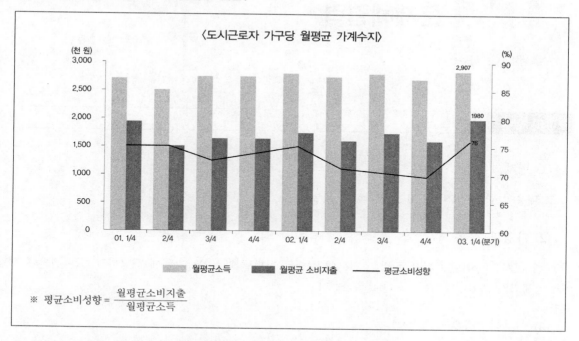

① 소득이 증가할수록 소비지출도 소득에 비례하여 증가하였다.
② 월평균 소득과 평균소비성향은 서로 반비례적인 관계를 보인다.
③ 매년 1/4분기에는 동일 연도 다른 분기에 비해 소득에서 더 많은 부분을 소비하였다.
④ 분기별 월평균 소비지출은 지속적으로 증가하는 추세이다.

> ✔해설 ① 소득의 증가와 소비지출의 증가가 반드시 일치하지는 않는다.
> ② 월평균 소득과 평균소비성향은 서로 반비례적인 관계를 보이지 않는다.
> ④ 분기별 월평균 소비지출은 증감을 계속하고 있다.

CHAPTER

03 문제해결력

 대표유형 1 **명제**

(1) 명제

그 내용이 참인지 거짓인지를 명확하게 판별할 수 있는 문장이나 식을 말한다.

(2) 가정과 결론

어떤 명제를 'P이면 Q이다.'처럼 조건문의 형태로 나타낼 때, P는 가정에 해당하고 Q는 결론에 해당한다. 명제 'P이면 Q이다.'는 P→Q로 나타낸다.

(3) 역, 이, 대우

① **명제의 역** … 어떤 명제의 가정과 결론을 서로 바꾼 명제를 그 명제의 역이라고 한다.
　예 명제 'P이면 Q이다.'(P→Q)의 역은 'Q이면 P이다.'(Q→P)가 된다.

② **명제의 이** … 어떤 명제의 가정과 결론을 부정한 명제를 그 명제의 이라고 한다. 부정형은 앞에 '~'을 붙여 나타낸다.
　예 명제 'P이면 Q이다.'(P→Q)의 이는 'P가 아니면 Q가 아니다.'(~P→~Q)가 된다.

③ **명제의 대우** … 어떤 명제의 가정과 결론을 서로 바꾼 뒤, 가정과 결론을 모두 부정한 명제를 그 명제의 대우라고 한다. 즉, 어떤 명제의 역인 명제의 이는 처음 명제의 대우가 된다. 처음 명제와 대우 관계에 있는 명제의 참·거짓은 항상 일치한다. 그러나 역, 이 관계에 있는 명제는 처음 명제의 참·거짓과 항상 일치하는 것은 아니다.
　예 명제 'P이면 Q이다.'(P→Q)의 대우는 'Q가 아니면 P가 아니다.'(~Q→~P)가 된다.
　팁 명제와 역, 이, 대우의 관계

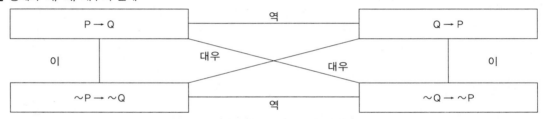

다음 명제가 참일 때, 항상 참인 것을 고르시오.

> 현명한 사람은 과소비를 하지 않는다.

① 과소비를 하지 않는 사람은 현명한 사람이다.
② 현명하지 않은 사람은 과소비를 한다.
③ 과소비를 하면 현명한 사람이 아니다.
④ 현명하지 않은 사람은 과소비를 하지 않는다.

[해설]
제시된 명제에서 조건 P는 '현명한 사람'이고 결론 Q는 '과소비를 하지 않는다.'이다. 이 명제의 역, 이, 대우는 각각 다음과 같다.
• 역 : 과소비를 하지 않는 사람은 현명한 사람이다. → ①
• 이 : 현명하지 않은 사람은 과소비를 한다. → ②
• 대우 : 과소비를 하면 현명한 사람이 아니다. → ③
명제와 대우는 참·거짓이 항상 일치하므로, 항상 참인 것은 ③이다.

답 ③

대표유형 2 ── 여러 가지 추론

(1) 연역추론

① **직접추론** … 한 개의 전제에서 새로운 결론을 이끌어 내는 추론이다.

② **간접추론** … 두 개 이상의 전제에서 새로운 결론을 이끌어 내는 추론이다.

⊙ **정언삼단논법** : '모든 A는 B다', 'C는 A다', '따라서 C는 B다'와 같은 형식으로 일반적인 삼단논법이다.

> 예 • 대전제 : 인간은 모두 죽는다.
> • 소전제 : 소크라테스는 인간이다.
> • 결론 : 소크라테스는 죽는다.

⊙ **가언삼단논법** : '만일 A라면 B다', 'A이다', '그러므로 B다'라는 형식의 논법이다.

> 예 • 대전제 : 봄이 오면 뒷 산에 개나리가 핀다.
> • 소전제 : 봄이 왔다.
> • 결론 : 그러므로 뒷 산에 개나리가 핀다.

⊙ **선언삼단논법** : 'A거나 B이다'라는 형식의 논법이다.

> 예 • 대전제 : 내일은 눈이 오거나 바람이 분다.
> • 소전제 : 내일은 눈이 오지 않는다.
> • 결론 : 그러므로 내일은 바람이 분다.

(2) 귀납추론

특수한 사실로부터 일반적이고 보편적인 법칙을 찾아내는 추론 방법이다.

① **통계적 귀납추론** … 어떤 집합의 구성 요소의 일부를 관찰하고 그것을 근거로 하여 같은 종류의 모든 대상들에게 그 속성이 있을 것이라는 결론을 도출하는 방법이다.

② **인과적 귀납추론** … 어떤 일의 결과나 원인을 과학적 지식이나 상식에 의거하여 밝혀내는 방법이다.

③ **완전 귀납추론** … 관찰하고자 하는 집합의 전체 원소를 빠짐없이 관찰함으로써 그 공통점을 결론으로 이끌어 내는 방법이다.

④ **유비추론** … 두 개의 현상에서 일련의 요소가 동일하다는 사실을 바탕으로 그것들의 나머지 요소도 동일하리라고 추측하는 방법이다.

예제풀이

주어진 전제를 바탕으로 추론한 결론으로 옳은 것을 고르시오.

[전제]
• A기업에 다니는 사람은 모두 영어를 잘한다.
• 철수는 A기업에 다닌다.
[결론]
그러므로 _____

① A기업에 다니는 사람은 수학을 잘한다.
② 영어를 잘하면 A기업에 채용된다.
③ 철수는 영어를 잘한다.
④ 철수는 연봉이 높다.

[해설]
정언삼단논법이다. A기업에 다니는 사람은 모두 영어를 잘하는데, 철수는 A기업에 다니므로 철수도 영어를 잘한다는 결론을 얻을 수 있다.
①②④ 주어진 전제만으로는 결론으로 이끌어 낼 수 없다.

답 ③

(1) 자료적 오류

주장의 전제 또는 논거가 되는 자료를 잘못 판단하여 결론을 이끌어 내거나 원래 적합하지 못한 것임을 알면서도 의도적으로 논거로 삼음으로써 범하게 되는 오류이다.

① 성급한 일반화의 오류 ⋯ 제한된 정보, 불충분한 자료, 대표성을 결여한 사례 등 특수한 경우를 근거로 하여 이를 성급하게 일반화하는 오류이다.

② 우연의 오류(원칙 혼동의 오류) ⋯ 일반적으로 그렇다고 해서 특수한 경우에도 그러할 것이라고 잘못 생각하는 오류이다.

③ 무지에의 호소 ⋯ 어떤 주장이 반증된 적이 없다는 이유로 받아들여져야 한다고 주장하거나, 결론이 증명된 것이 없다는 이유로 거절되어야 한다고 주장하는 오류이다.

④ 잘못된 유추의 오류 ⋯ 부당하게 적용된 유추에 의해 잘못된 결론을 이끌어 내는 오류, 즉 일부분이 비슷하다고 해서 나머지도 비슷할 것이라고 생각하는 오류이다.

⑤ 흑백논리의 오류 ⋯ 어떤 주장에 대해 선택 가능성이 두 가지밖에 없다고 생각함으로써 발생하는 오류이다.

⑥ 원인 오판의 오류(거짓 원인을 내세우는 오류, 선후 인과의 오류, 잘못된 인과 관계의 오류) ⋯ 단순히 시간상의 선후관계만 있을 뿐인데 시간상 앞선 것을 뒤에 발생한 사건의 원인으로 보거나 시간상 뒤에 발생한 것을 앞의 사건의 결과라고 보는 오류이다.

⑦ 복합질문의 오류 ⋯ 둘 이상으로 나누어야 할 것을 하나로 묶어 질문함으로써, 대답 여하에 관계없이 대답하는 사람이 수긍할 수 없거나 수긍하고 싶지 않은 것까지도 수긍하는 결과를 가져오는 질문 때문에 발생하는 오류이다.

⑧ 논점 일탈의 오류 ⋯ 원래의 논점에 관한 결론을 내리지 않고 이와 관계없는 새로운 논점을 제시하여 엉뚱한 결론에 이르게 되는 오류이다.

⑨ 순환 논증의 오류(선결 문제 해결의 오류) ⋯ 논증하는 주장과 동의어에 불과한 명제를 논거로 삼을 때 범하는 오류이다.

⑩ 의도 확대의 오류 ⋯ 의도하지 않은 행위의 결과를 의도가 있었다고 판단할 때 생기는 오류이다.

(2) 언어적 오류

언어를 잘못 사용하거나 잘못 이해하는 데서 발생하는 오류이다.

① 애매어의 오류 … 두 가지 이상의 의미로 사용될 수 있는 단어의 의미를 명백히 분리하여 파악하지 않고 혼동함으로써 생기는 오류이다.

② 강조의 오류 … 문장의 한 부분을 불필요하게 강조함으로써 발생하는 오류이다.

③ 은밀한 재정의의 오류 … 용어의 의미를 자의적으로 재정의하여 사용함으로써 생기는 오류이다.

④ 범주 혼동의 오류 … 서로 다른 범주에 속한 것을 같은 범주의 것으로 혼동하는 데서 생기는 오류이다.

⑤ '이다' 혼동의 오류 : 비유적으로 쓰인 표현을 무시하고 사전적 의미로 해석하거나 술어적인 '이다'와 동일성의 '이다'를 혼동해서 생기는 오류이다.

(3) 심리적 오류

어떤 주장에 대해 논리적으로 타당한 근거를 제시하지 않고 심리적인 면에 기대어 상대방을 설득하려고 할 때 발생하는 오류이다.

① 인신공격의 오류(사람에의 논증) … 논거의 부당성을 지적하기보다 그 주장을 한 사람의 인품이나 성격을 비난함으로서 그 주장이 잘못이라고 하는 데서 발생하는 오류이다.

② 동정에 호소하는 오류 … 사람의 동정심을 유발시켜 동의를 꾀할 때 발생하는 오류이다.

③ 피장파장의 오류(역공격의 오류) … 비판받은 내용이 비판하는 사람에게도 역시 동일하게 적용됨을 근거로 비판에서 벗어나려는 오류이다.

④ 힘에 호소하는 오류 … 물리적 힘을 빌어서 논의의 종결을 꾀할 때의 오류이다.

⑤ 대중에 호소하는 오류 … 군중들의 감정을 자극해서 사람들이 자기의 결론에 동조하도록 시도하는 오류이다.

⑥ 원천 봉쇄에 호소하는 오류(우물에 독 뿌리기 식의 오류) … 반론의 가능성이 있는 요소를 원천적으로 비난하여 봉쇄하는 오류이다.

⑦ 정황적 논증의 오류 … 주장이 참인가 거짓인가 하는 문제는 무시한 채 상대방이 처한 정황 또는 상황으로 보아 자기의 생각을 받아들이지 않으면 안된다고 주장하는 오류이다.

다음에 제시된 글에서 범하고 있는 논리적 오류를 고르시오.

> 훌륭한 미술 평론가는 위대한 그림을 평하는 사람이다. 왜냐하면 위대한 그림을 평하는 사람은 훌륭한 미술 평론가이기 때문이다.

① 논점일탈의 오류
② 원칙혼동의 오류
③ 순환논증의 오류
④ 흑백논리의 오류

[해설]
두 문장의 구조를 보면 다음과 같다.
• 훌륭한 미술 평론가 = 위대한 그림을 평하는 사람
• 위대한 그림을 평하는 사람 = 훌륭한 미술 평론가 즉, 서로 다른 두 전제로부터 새로운 결론이 도출된 것이 아니라 논증의 결론 자체를 전제로 사용하여 결론을 이끌어 내는 오류인, 순환논증의 오류를 범하고 있다.

탑 ③

대표유형 4 — 수·문자·도형추리

(1) 수열추리

① **등차수열** … 앞의 항에 항상 일정한 수를 더하여 다음 항을 얻는 수열이다. 각 항에 더해지는 일정한 수를 '공차'라고 한다. 첫째 항이 a, 공차가 d인 등차수열의 항수를 n이라 할 때, 더해지는 공차의 개수는 수열의 항수보다 하나씩 작으므로, 등차수열의 일반항은 $a_n = a + (n-1)d$가 된다.

예 첫째 항이 2, 공차가 3인 등차수열은 다음과 같이 전개되며, 일반항 공식에 따라 여섯째 항을 구하면 $a_6 = 2 + (6-1) \times 3 = 17$이 된다.

2		5		8		11		14	
	+3		+3		+3		+3		

② **등비수열** … 앞의 항에 항상 일정한 수를 곱하여 다음 항을 얻는 수열이다. 각 항에 곱해지는 일정한 수를 '공비'라고 한다. 첫째 항이 a, 공비가 r인 등비수열의 항수를 n이라 할 때, 곱해지는 공비의 개수는 수열의 항수보다 하나씩 작으므로, 등비수열의 일반항은 $a_n = a \times r^{n-1}$가 된다.

예 첫째 항이 2, 공비가 3인 등비수열은 다음과 같이 전개되며, 일반항 공식에 따라 여섯째 항을 구하면 $a_6 = 2 \times 3^{6-1} = 2 \times 3^5 = 486$이 된다.

2		6		18		54		162	
	×3		×3		×3		×3		

③ **계차수열** ··· 어떤 수열 a_n의 이웃한 두 항의 차로 이루어진 수열 b_n을 수열 a_n의 계차수열이라고 한다. 계차수열 b_n의 일반항은 $a_{n+1} - a_n = b_n (n = 1, 2, 3 \cdots)$을 만족한다.

예 수열 a_n의 계차수열 b_n은 다음과 같이 전개되며, 일반항 공식에 따라 다섯째 항을 구하면 $b_5 = a_6 - a_5 = 33 - 23 = 10$이 된다.

a_n		3		5		9		15		23
b_n		+2		+4		+6		+8		
			+2		+2		+2			

④ **조화수열** ··· 각 항의 역수가 등차수열을 이루는 수열을 말한다. 즉, 분수의 형태로 취하고 있던 수열의 역수를 취하면 등차수열이 되는 수열이 조화수열이다. 조화수열의 일반항은 $a_n = \dfrac{1}{2n-1}$을 만족한다.

예 $1 \quad \dfrac{1}{3} \quad \dfrac{1}{5} \quad \dfrac{1}{7} \quad \dfrac{1}{9} \quad \dfrac{1}{11}$

⑤ **피보나치수열** ··· 첫째 항의 값과 둘째 항의 값이 있을 때, 이후의 항들은 이전의 두 항을 더한 값으로 이루어지는 수열이다. 피보나치수열의 일반항은 $a_n + a_{n+1} = a_{n+2}$를 만족한다.

예 1 1 2 3 5 8 13

⑥ **군수열** ··· 수열 중 몇 개 항씩 묶어서 무리 지었을 때 규칙성을 가지는 수열을 말한다.

예 1 3 1 3 5 1 3 5 7 1 3 5 7 9

위 수열은 (1 3) (1 3 5) (1 3 5 7) (1 3 5 7 9)로 무리 지었을 때 규칙성을 가진다.

⑦ **묶음형 수열** ··· 각 항이 몇 개씩 묶어서 제시된 묶음에 대한 규칙을 찾아내야 한다.

예 1 2 3 3 4 7 5 6 11

위의 수열은 (1 + 2 = 3), (3 + 4 = 7), (5 + 6 = 11)의 규칙성을 가진다.

⑧ **도형수열** ··· 원이나 삼각형, 표 등에 숫자가 배열된 응용 형태로 일반 수열과 같이 해결하면 된다.

예

20	?	5
18		10
20	10	8

위 수열은 칠해진 면을 기준으로 시계방향으로 볼 때, ×2, −2, +2가 반복되고 있다. 따라서 ?에 들어갈 수는 40이다.

(2) 문자추리

숫자 대신 한글 자음이나 알파벳 등의 문자 배열에서 일정한 규칙을 찾아 다음에 올 문자를 추리하는 유형이다. 한글 자음이나 알파벳을 순서대로 숫자로 변환하여 규칙을 찾아 적용하면 빠르고 정확하게 풀 수 있다.

예 A C F J O

알파벳을 숫자로 변환하면 다음과 같다.

A	B	C	D	E	F	G	H	I	J	K	L	M	N	O	P	Q	R	S	T	U	⋯
1	2	3	4	5	6	7	8	9	10	11	12	13	14	15	16	17	18	19	20	21	⋯

즉 위 문자열은 수열 1 3 6 10 15와 같다고 볼 수 있으며 +2, +3, +4, +5 ⋯의 규칙이 적용되고 있다. 따라서 O 다음에 올 문자를 구하면 15 + 6 = 21이므로 U가 된다.

(3) 도형추리

3 × 3 표 안의 도형이 어떤 규칙을 가지고 변화하는지를 파악하여 빈칸에 들어갈 알맞은 도형을 고르는 유형이다. 행별 또는 열별로 규칙을 가지기도 하고 시계방향 또는 반시계방향으로 규칙을 가지기도 하기 때문에 충분한 문제풀이를 통해 빠른 시간 내에 규칙을 찾아내는 연습이 필요하다.

예제풀이

다음 빈칸에 들어갈 알맞은 모양을 고르면?

★	★	★
○	●	●
◇	◇	

① ☆
② ○
③ ◇
④ ◆

[해설]
첫째 줄부터 별, 원, 다이아몬드 순으로 채워져 있으며 칠해진 도형의 수가 하나씩 줄어들고 있다. 따라서 빈칸에 들어가야 할 도형은 색칠된 다이아몬드임을 추론할 수 있다.

답 ④

실제 업무 수행에 필요한 능력을 파악하기 위한 유형으로 문서이해, 자료분석, 문제해결, 상황판단, 자원관리, 조직이해, 정보능력, 대인관계, 직업윤리 등 다양한 영역을 망라하는 내용을 다룬다. 시험 출제 빈도는 높지 않지만, 다양한 유형의 파악을 위해 대비할 필요가 있다.

예제풀이

교무행정사 A는 교사 B로부터 가을 수련회 예산이 축소되어 불가피하게 비용을 줄여야 한다는 이야기를 들었다. 다음 중 줄일 수 있는 비용 항목으로 가장 적절한 것은 무엇인가?

〈○○중학교 가을 수련회〉

1. 대상 : 1학년 재학생 및 담임교사
2. 일정 : 2018년 10월 10일~11일(1박 2일)
3. 장소 : 강원도 속초 ☆☆캠핑장
4. 내용 : 설악산 등산, 장기자랑, 친교의 밤, 기타

① 숙박비　　　　　　② 교통비
③ 식비　　　　　　　④ 기념품비

[해설]
한정된 예산을 가지고 과업을 수행할 때에는 중요도를 기준으로 예산을 사용한다. 위와 같은 상황에서는 숙박비, 교통비, 식비와 같이 기본적인 비용이 아닌 기념품비를 줄이는 것이 가장 적절하다.

답 ④

(1) 기본적인 전개도의 모양

이름	입체도형	전개도
정사면체		
정육면체		
정팔면체		
정십이면체		
정이십면체		

(2) 정육면체의 전개도

정육면체의 전개도는 대략 다음의 11가지로 볼 수 있다. 각 유형의 전개도에 따라 마주보는 위치에 오는 면을 암기해 둔다면 보다 빠르게 문제를 풀 수 있다.

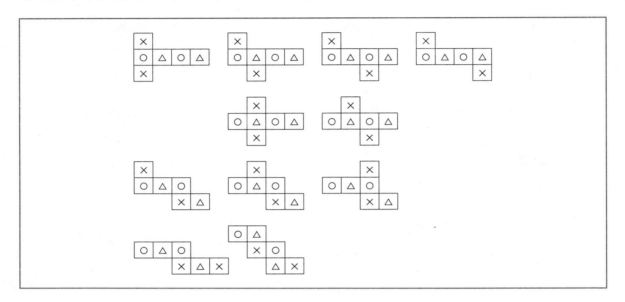

예제풀이

다음 전개도를 접었을 때 만들어질 도형으로 올바른 것은?

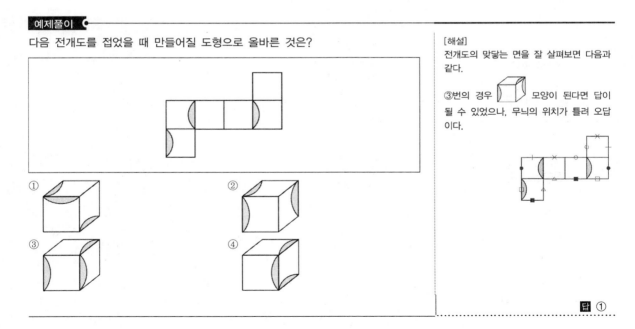

① ③

② ④

[해설]
전개도의 맞닿는 면을 잘 살펴보면 다음과 같다.

③번의 경우 ⬛ 모양이 된다면 답이 될 수 있었으나, 무늬의 위치가 틀려 오답이다.

답 ①

출제예상문제

┃1~6┃ 다음의 말이 참일 때 항상 참인 것을 고르시오.

1

> • 민규는 지선이보다 포인트가 높다.
> • 지선이는 상훈이와 포인트가 같다.
> • 상훈이는 미정이보다 포인트가 적다.

① 미정이는 지선이보다 포인트가 높다.
② 민규는 미정이보다 포인트가 높다.
③ 포인트가 가장 높은 사람은 민규이다.
④ 포인트가 가장 높은 사람은 미정이다.

> ✔**해설** 미정이는 상훈보다 포인트가 높고, 지선이와 상훈이의 포인트는 같으므로 미정이는 지선이보다 포인트
> 가 높다.

2

> • 그림을 잘 그리는 사람은 IQ가 높고, 상상력이 풍부하다.
> • 키가 작은 사람은 IQ가 높다.
> • 노래를 잘하는 사람은 그림을 잘 그린다.

① 상상력이 풍부하지 않은 사람은 노래를 잘하지 않는다.
② 그림을 잘 그리는 사람은 노래를 잘한다.
③ 키가 작은 사람은 상상력이 풍부하지 않다.
④ 그림을 잘 그리는 사람은 키가 크다.

> ✔**해설** ㉠ 상상력이 풍부하지 않은 사람은 그림을 잘 그리는 사람이 아니다(첫 번째 전제의 대우).
> ㉡ 그림을 잘 그리는 사람이 아니면 노래를 잘하지 않는다(세 번째 전제의 대우).
> ㉢ 따라서 상상력이 풍부하지 않은 사람은 노래를 잘하지 않는다.

Answer 1.① 2.①

3

> • 회사에 가장 일찍 출근하는 사람은 부지런하다.
> • 여행을 갈 수 있는 사람은 명진이와 소희다.
> • 부지런한 사람은 특별 보너스를 받을 것이다.
> • 특별 보너스를 받지 못하면 여행을 갈 수 없다.

① 회사에 가장 늦게 출근하는 사람은 게으르다.
② 특별 보너스를 받는 방법은 여러 가지이다.
③ 회사에 가장 일찍 출근하지 않으면 특별 보너스를 받을 수 없다.
④ 소희는 부지런하다.

✔해설 먼저, 회사에 가장 일찍 출근하는 사람은 부지런한 사람이고 부지런한 사람은 특별 보너스를 받을 것이다. 그리고 여행을 갈 수 있는 사람은 특별 보너스를 받은 사람이다.
그런데 여행을 갈 수 있는 사람이 명진이와 소희 두 명이므로, 회사에 가장 일찍 출근하는 것 말고 특별 보너스를 받을 수 있는 방법이 또 있다는 것을 알 수 있다.

4

> • 비가 오는 날은 복도가 더럽다.
> • 복도가 더러우면 운동장이 조용하다.
> • 운동장이 조용한 날은 축구부의 훈련이 없다.
> • 오늘은 운동장이 조용하지 않다.

① 어제는 비가 오지 않았다.
② 오늘은 복도가 더럽지 않다.
③ 오늘은 오후에 비가 올 예정이다.
④ 오늘은 축구부의 훈련이 없다.

✔해설 오늘은 운동장이 조용하지 않다고 했으므로 오늘은 복도가 더럽지 않으며, 비가 오는 날이 아니다.

5

> • 무리지어 움직이는 모든 동물은 공동 육아를 한다.
> • 공동 육아를 하는 모든 동물은 역할분담을 한다.
> • 돌고래는 무리지어 움직이는 동물이다.

① 돌고래는 공동 육아를 하는 동물이다.

② 공동 육아를 하는 동물 중에는 무리지어 움직이지 않는 동물도 있다.

③ 돌고래는 집단에서 별도의 역할을 부여받지 않는다.

④ 무리지어 움직이지 않는 돌고래도 있다.

✔해설 돌고래는 무리지어 움직이는 동물이며 무리지어 움직이는 모든 동물은 공동 육아를 한다고 했으므로 ①은 항상 참이다.

6

> • 준서, 예빈, 서원이는 약속장소에 가장 늦게 도착한 사람이 모두에게 커피를 사기로 한다.
> • 예빈이는 서원이 다음으로 도착했다.
> • 예빈이는 커피를 사지 않았다.

① 준서가 가장 먼저 도착하였다.

② 서원이는 예빈이가 사준 커피를 마셨다.

③ 예빈이가 가장 늦게 도착하였다.

④ 예빈이는 준서가 사준 커피를 마셨다.

✔해설 예빈이는 서원이 다음으로 도착하였으나 커피를 사지 않았으므로 서원→예빈→준서 순으로 약속 장소에 도착한 것을 알 수 있다. 따라서 준서가 모두에게 커피를 샀을 것이다.

Answer 3.② 4.② 5.① 6.④

▌7~8 ▌ 다음의 말이 전부 진실일 때 항상 거짓인 것을 고르시오.

7

> • 1등에게는 초코 우유를 준다.
> • 2등과 3등에게는 바나나 우유를 준다.
> • 4~6등에게는 딸기 우유를 준다.
> • 7~10등에게는 커피 우유를 준다.
> • 민지는 바나나 우유를 받았다.

① 민지는 2등을 했다.
② 초코 우유는 총 2개가 필요하다.
③ 커피 우유가 가장 많이 필요하다.
④ 총 10개의 우유를 준비해야 한다.

✔ 해설 ② 초코 우유는 1등에게만 준다고 했으므로 총 1개가 필요하다.

8

> • 석우는 3년 전에 24살이었다.
> • 강준은 현재 2년 전 석우의 나이와 같다.
> • 유나의 2년 전 나이는 현재 석우의 누나 나이와 같다.
> • 선호는 석우의 누나와 동갑이다.

① 석우, 강준, 유나, 선호 중 강준이 가장 어리다.
② 석우는 현재 27살이다.
③ 선호는 유나와 2살 차이다.
④ 석우의 누나는 30살이다.

✔ 해설 ④ 석우 누나의 나이는 알 수 없다.
주어진 정보에 따라 나이 순으로 나열하면 유나→선호→석우(27세)→강준(25세)이다.

9~18 다음에 제시된 전제에 따라 결론을 바르게 추론한 것을 고르시오.

9

- A는 B의 어머니다.
- C는 D의 어머니다.
- D는 B의 아버지다.
- 그러므로 _____

① A는 D의 조카다. ② C는 A의 숙모다.

③ C는 B의 조모다. ④ D와 C는 부부다.

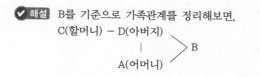 B를 기준으로 가족관계를 정리해보면,

C(할머니) — D(아버지)
         | ⟩ B
      A(어머니)

10

- 우택이는 영민이보다 키가 크다.
- 대현이는 영민이보다 키가 작다.
- 그러므로 _____

① 우택이가 가장 키가 크다.

② 우택이는 대현이보다 키가 작다.

③ 영민이가 대현이보다 키가 작다.

④ 영민이가 가장 키가 크다.

✔해설 키가 큰 순서를 정리해보면 우택 > 영민 > 대현 순이다.

11

> • 봄에는 산수유, 매화, 목련, 개나리, 진달래, 벚꽃이 순서대로 개화한다.
>
> • 오늘 개나리가 피어났다.
>
> • 그러므로 _____

① 어제 진달래를 보았다.

② 산수유와 매화를 볼 수 없다.

③ 벚꽃이 개화할 것이다.

④ 목련은 꽃을 피우지 못했다.

> ✔해설 ③ 산수유, 매화, 목련, 개나리, 진달래, 벚꽃 순서대로 개화하는데 개나리가 피었으므로 앞으로 벚꽃이 개화할 것이다.

12

> • 은혜, 지영, 세현이는 각각 사과, 포도, 오렌지를 좋아한다.
>
> • 지영이는 오렌지를, 세현이는 사과를 좋아한다.
>
> • 그러므로 _____

① 은혜는 오렌지를 좋아한다.

② 은혜는 포도를 좋아한다.

③ 은혜는 어떤 것도 좋아하지 않는다.

④ 은혜가 무엇을 좋아하는지 알 수 없다.

> ✔해설 ② 은혜, 지영, 세현이는 각각 사과, 포도, 오렌지를 좋아하고, 지영이가 오렌지를, 세현이가 사과를 좋아하므로 은혜는 포도를 좋아함을 알 수 있다.

13

> • 장미를 좋아하는 사람은 감성적이다.
> • 튤립을 좋아하는 사람은 노란색을 좋아하지 않는다.
> • 감성적인 사람은 노란색을 좋아한다.
> • 그러므로 _____

① 감성적인 사람은 튤립을 좋아한다.

② 튤립을 좋아하는 사람은 감성적이다.

③ 노란색을 좋아하는 사람은 감성적이다.

④ 장미를 좋아하는 사람은 노란색을 좋아한다.

✔해설 ④ 장미를 좋아하는 사람은 감성적이고 감성적인 사람은 노란색을 좋아하므로 장미를 좋아하는 사람은 노란색을 좋아한다.

14

> • 주희는 옷 가게에서 한복을 판매한다.
> • 나는 주희에게서 옷을 구입했다.
> • 그러므로 _____

① 내가 산 옷은 주희가 만든 것이 아니다.

② 내가 산 옷은 영희가 만든 것이다.

③ 내가 산 옷은 한복이다.

④ 내가 산 옷은 한복이 아니다.

✔해설 ③ 나는 주희에게서 옷을 구입하고 주희는 한복을 판매하므로 내가 산 옷은 한복이다.

15

> • 군주가 오직 한 사람만을 신임하면 나라를 망친다.
> • 군주가 사람을 신임하지 않으면 나라를 망친다.
> • 그러므로 _____

① 어느 군주가 나라를 망치지 않았다면, 그는 오직 한 사람만을 신임한 것이다.

② 어느 군주가 나라를 망치지 않았다면, 그는 사람을 신임하지 않았다는 것이다.

③ 어느 군주가 나라를 망치지 않았다면, 그는 오직 한 사람만을 신임한 것은 아니다.

④ 어느 군주가 오직 한 사람만을 신임하지 않았다면, 그는 나라를 망치지 않은 것이다.

> ✔ 해설　①② 군주가 오직 한 사람만을 신임하거나, 사람을 신임하지 않으면 나라를 망친다.
> ④ 명제가 참일지라도 이는 참이 아닐 수도 있다. 즉 군주가 오직 한 사람만을 신임하지 않았다는 것은 여러 사람을 신임한 것일 수 있으며 이때에는 나라를 망치지 않으나, 한 사람만을 신임하지 않았다는 것이 그 누구도 신임하지 않은 것일 때에는 나라를 망치게 된다.

16

> • 만약 지금 햇빛이 비추면 빨래가 마를 것이다.
> • 빨래는 마르지 않았다.
> • 그러므로 _____

① 지금 햇빛이 비추고 있지 않다.

② 지금 햇빛이 비추고 있다.

③ 잠시 후에 햇빛이 비출 것이다.

④ 잠시 후에 빨래가 마를 것이다.

> ✔ 해설　① '햇빛이 비추면 빨래가 마를 것이다'라고 전제되어 있으므로 지금 햇빛이 비추고 있지 않다.

17

> • 영희는 100m 달리기 기록이 정후보다 5초 느리다.
> • 연지의 기록은 영희보다 3초 빠르다.
> • 그러므로 _____

① 정후의 기록이 가장 빠르다.

② 연지와 정후의 빠르기를 비교할 수 없다.

③ 영희는 가장 느리지 않다.

④ 연지는 정후와 영희보다 빠르다.

✔ 해설   영희의 기록＝정후의 기록＋5초, 연지의 기록＝영희의 기록－3초
　　　　그러므로 빠른 기록의 순서는 '정후＞연지＞영희'다.

18

> • 모든 신부는 사후의 세계를 믿는다.
> • 어떤 무신론자는 사후의 세계를 의심한다.
> • 그러므로 _____

① 사후의 세계를 믿는 사람은 신부이다.

② 사후의 세계를 믿지 않으면 신부가 아니다.

③ 사후의 세계를 의심하면 무신론자이다.

④ 사후의 세계를 의심하지 않으면 무신론자가 아니다.

✔ 해설   ① 모든 신부는 사후의 세계를 믿으나 사후의 세계를 믿는다고 해서 모두 신부인 것은 아니다.
　　　　③ 어떤 무신론자는 사후의 세계를 의심하므로, 사후의 세계를 의심한다고 모두 무신론자는 아니다.
　　　　④ 제시된 명제의 대우는 "무신론자는 사후의 세계를 의심한다"로 제시된 전제는 "어떤 무신론자는 사후의 세계를 의심한다"이므로 옳지 않다.

| 19~23 | 주어진 결론을 반드시 참으로 하는 전제를 고르시오.

19

> 전제1 : 뱀은 단 사과만을 좋아한다.
> 전제2 : _____
> 결론 : 뱀은 작은 사과를 좋아하지 않는다.

① 작은 사과는 달지 않다.
② 작지 않은 사과는 달다.
③ 어떤 뱀은 큰 사과를 좋아하지 않는다.
④ 작지 않은 사과는 달지 않다.

> ✅해설 뱀은 단 사과만 좋아하므로 '작은 사과는 달지 않다'는 전제가 있어야 결론을 도출할 수 있다.

20

> 전제1 : _____
> 전제2 : 어떤 사원은 탁월한 성과를 낸다.
> 결론 : 사전교육을 받은 어떤 사원은 탁월한 성과를 낸다.

① 모든 사원은 사전교육을 받는다.
② 어떤 사원은 사전교육을 받는다.
③ 모든 신입사원은 사전교육을 받는다.
④ 어떤 신입사원은 사전교육을 받는다.

> ✅해설 '모든 사원은 사전교육을 받는다.'라는 전제가 있어야 결론이 참이 된다.

21

> 전제1 : 기린을 좋아하는 사람은 얼룩말을 좋아한다.
> 전제2 : 하마를 좋아하지 않는 사람은 기린을 좋아한다.
> 전제3 : _____
> 결론 : 코끼리를 좋아하는 사람은 하마를 좋아한다.

① 기린을 좋아하는 사람은 하마를 좋아한다.

② 코끼리를 좋아하는 사람은 얼룩말을 좋아한다.

③ 얼룩말을 좋아하는 사람은 코끼리를 좋아하지 않는다.

④ 하마를 좋아하는 사람은 기린을 좋아한다.

> ✔해설 전제 1 : p→q
> 전제 2 : ~r→p
> 결론 : s→r (대우 : ~r→~s)
> p→~s 또는 q→~s가 보충되어야 한다.
> 그러므로 '기린을 좋아하는 사람은 코끼리를 좋아하지 않는다.' 또는 '얼룩말을 좋아하는 사람은 코끼리를 좋아하지 않는다.'와 이 둘의 대우가 빈칸에 들어갈 수 있다.

22

> 전제1 : 인기 있는 선수는 안타를 많이 친 타자이다.
> 전제2 : _____
> 결론 : 인기 있는 선수는 팀에 공헌도가 높다.

① 팀에 공헌도가 높지 않은 선수는 안타를 많이 치지 못한 타자이다.

② 인기 없는 선수는 팀에 공헌도가 높지 않다.

③ 안타를 많이 친 타자도 인기가 없을 수 있다.

④ 안타를 많이 친 타자는 인기 있는 선수이다.

> ✔해설 결론이 참이 되기 위해서는 '안타를 많이 친 타자는 팀에 공헌도가 높다.' 또는 이의 대우인 '팀에 공헌도가 높지 않은 선수는 안타를 많이 치지 못한 타자이다.'가 답이 된다.

23

> 전제 1 : _____
> 전제 2 : 어떤 여자는 S대학교에 입학했다.
> 결론 : 사교육을 받은 어떤 여자는 S대학교에 입학했다.

① 모든 여자는 사교육을 받았다.

② 모든 여자는 사교육을 받지 않았다.

③ 어떤 여자는 사교육을 받았다.

④ 어떤 여자는 사교육을 받지 않았다.

> ✔해설 결론이 긍정이므로 전제 2개가 모두 긍정이어야 한다. 따라서 ①이 적절하다.

24 갑, 을, 병, 정, 무 5명을 키 순서대로 세웠더니 다음과 같은 사항을 알게 되었다. 키가 2번째로 큰 사람은?

> • 병은 무 다음으로 크다.
> • 갑은 무보다 작지 않다.
> • 5명 중 가장 큰 사람은 정이다.
> • 을은 병보다 작다.

① 갑   ② 을

③ 병   ④ 정

> ✔해설 주어진 정보에 따라 키가 큰 사람부터 작은 사람까지 나열하면 정→갑→무→병→을

25 갑, 을, 병, 정 네 사람은 A, B, C, D 회사에 지원하기로 하였다. 갑은 A와 C회사를 지원하지 않았으며, 정은 B회사를 지원했으며, 을은 A회사에 지원하지 않았다. 그렇다면 네 사람이 지원한 회사와 옳게 짝지은 것은?

① 갑 – D   ② 을 – B

③ 병 – C   ④ 정 – A

> ✔해설 조건에 따르면 '갑-D, 을-C, 병-A, 정-B'가 된다.

26 민수, 영민, 민희 세 사람은 제주도로 여행을 가려고 한다. 제주도까지 가는 방법에는 고속버스→배→지역버스, 자가용→배, 비행기의 세 가지 방법이 있을 때 민수는 고속버스를 타기 싫어하고 영민이는 자가용 타는 것을 싫어한다면 이 세 사람이 선택할 것으로 생각되는 가장 좋은 방법은?

① 고속버스, 배

② 자가용, 배

③ 비행기

④ 지역버스, 배

✅**해설** 민수는 고속버스를 싫어하고, 영민이는 자가용을 싫어하므로 비행기로 가는 방법을 선택하면 된다.

27 농구에서 4개의 팀이 1개 조를 이루어 예선전을 한다. 예선전은 리그전 방식으로 경기를 진행하고 4강부터는 토너먼트 방식으로 경기를 진행하는데 2개의 팀이 진출한다. 예선전에서 A는 1승 1무, B는 1승 1패, C는 1승 1무, D는 2패를 기록하고 있을 때 남은 경기가 A와 D, B와 C가 남았다면 다음 중 설명이 바르게 된 것은?

① A는 B와 C의 경기결과에 상관없이 진출한다.

② A가 D에게 지고 B가 C에게 이기면 A는 탈락이다.

③ A가 D에게 이기면 무조건 진출한다.

④ D는 남은 경기결과에 따라 진출 여부가 결정된다.

✅**해설** 리그전은 적어도 상대 모두 한 번 이상 시합하여 그 성적에 따라 우승을 결정하는 것이고, 토너먼트는 1 : 1로 시합했을 때 이기는 사람만 진출하는 방법이다. A가 D에 이길 경우 2승 1무로 다른 팀의 경기결과에 상관없이 토너먼트에 진출한다.

28 다음을 바탕으로 갑의 집과 방문한 식당의 위치를 바르게 짝지은 것은?

> • 갑, 을, 병은 각각 1동, 2동, 3동 중 한 곳에 집이 있다.
> • 세 명은 3개 동 중 한 곳에 있는 식당에 갔으며 집의 위치와 겹치지 않는다.
> • 을은 병이 갔던 식당이 있는 동에 집이 있다.
> • 병은 3동에 살고 있으며, 갑과 을은 2동이 있는 식당에 가지 않았다.

① 1동, 3동

② 2동, 3동

③ 1동, 2동

④ 3동, 2동

✔ **해설** 주어진 조건에 따르면 아래 표와 같다.

	1동	2동	3동
집	갑	을	병
식당	을	병	갑

29 다음 제시된 문장에서 범하고 있는 논리적 오류와 같은 논리적 오류는?

> A의원은 부유한 가정에서 자랐으므로 그가 제시한 정책은 서민을 위한 정책으로 볼 수 없다.

① 왜 거짓말한 것 가지고 뭐라 하시는 거죠? 선생님도 거짓말하시잖아요.

② 부모 사랑도 못 받고 자란 아이니 꼭 예쁘게 봐주세요.

③ 나이도 어린 게 뭘 안다고 그래!

④ 아침에 사과를 먹지 않으니 성적이 좋아지지 않는 거야.

✔ **해설** 주어진 문장은 A의원이 제시한 정책이 아닌 A의원에 대한 비난을 하고 있으므로 인식공격의 오류를 범하고 있다. ③번 문장은 상대의 의견이 아닌 상대의 의견에 대해 비난하는 인신공격의 오류를 범하고 있다.
① 피장파장의 오류
② 동정에 호소하는 오류
④ 인과의 오류

30 다음에서 발견할 수 있는 논리적 오류에 대한 설명이 바른 것은?

> 나는 이전에 빨간 양말을 신고서 오디션에 합격하였다. 나는 내일 오디션에 합격하기 위해서 빨간 양말을 신을 것이다.

① 대체적으로 그렇다고 해서 특별한 경우에도 그럴 것이라고 생각하고 있다.

② 두 사건 사이에는 인과관계가 없는데 두 사건이 시간적으로 선후관계가 성립한다고 생각하여 한 사건이 다른 사건의 원인이라 여기고 있다.

③ 어떤 주장이 증명되지 못했기 때문에 거짓이라고 추론하거나, 반박되지 않았기 때문에 참이라고 추론하고 있다.

④ 대화 중 어떤 말을 지나치게 강조하여 의미를 변경하거나 왜곡하고 있다.

✔ 해설 　잘못된 인과관계의 오류(원인 오판, 거짓 원인의 오류) … 전혀 인과관계가 없는 단순한 선후 관계를 인과관계가 있는 것으로 잘못 추리하는 오류

31 다음 제시된 글에서 범하고 있는 논리적 오류는?

> 이것은 위대한 그림이다. 왜냐하면 모든 훌륭한 미술 평론가가 평하고 있기 때문이다. 훌륭한 미술 평론가란 이런 위대한 그림을 평하는 이이다.

① 논점일탈의 오류
② 원칙혼동의 오류
③ 순환논증의 오류
④ 흑백논리의 오류

✔ 해설 　순환논증의 오류(선결문제 요구의 오류) … 전제로부터 어떤 새로운 결론이 도출된 것이 아니라, 전제와 결론이 동어 반복으로 이루어진 오류

Answer　28.① 29.③ 30.② 31.③

▌32~34 ▐ 주어진 글을 읽고 바르게 서술된 것을 고르시오.

32

> 각각의 정수 A, B, C, D를 모두 곱하면 0보다 크다.

① A, B, C, D 모두 양의 정수이다.

② A, B, C, D의 합은 양수이다.

③ A, B, C, D 중 2개를 골라 곱했을 경우 0보다 크다면 나머지의 곱은 0보다 크다.

④ A, B, C, D 중 3개를 골라 더했을 경우 0보다 작으면 나머지 1개는 0보다 작다.

> ✔해설 제시된 조건을 만족시키는 것은 '양수×양수×양수×양수', '음수×음수×음수×음수', '양수×양수×음수× 음수'인 경우이다. 각각의 정수 A, B, C, D 중 2개를 골라 곱하여 0보다 크다면 둘 다 양수 또는 둘 다 음수일 경우이므로 나머지 수는 양수×양수, 음수×음수가 되어 곱은 0보다 크게 된다. A, B, C, D 중 3개를 골라 더했을 때 0보다 작으면 나머지 1개는 0보다 작을 수 있지만 클 수도 있다.

33

> 왼쪽 길은 마을로 가고, 오른쪽 길은 공동묘지로 가는 두 갈래로 나누어진 길 사이에 장승이 하나 있는데, 이 장승은 딱 두 가지 질문만 받으며 두 질문 중 하나는 진실로, 하나는 거짓으로 대답한다. 또한 장승이 언제 진실을 얘기할지 거짓을 얘기할지 알 수 없다. 마을로 가기 위해 찾아온 길을 모르는 한 나그네가 규칙을 다 들은 후에 장승에게 다음과 같이 질문했다. "너는 장승이니?" 장승이 처음 질문에 대답한 후에 나그네가 다음 질문을 했다. "오른쪽 길로 가면 마을이 나오니?" 이어진 장승의 대답 후에 나그네는 한쪽 길로 사라졌다.

① 나그네가 길을 찾을 수 있을지 없을지는 알 수 없다.

② 장승이 처음 질문에 "그렇다."라고 대답하면 나그네는 마을을 찾아갈 수 없다.

③ 장승이 처음 질문에 "아니다."라고 대답하면 나그네는 마을을 찾아갈 수 없다.

④ 장승이 처음 질문에 무엇이라 대답하든 나그네는 마을을 찾아갈 수 있다.

> ✔해설 장승이 처음 질문에 "그렇다."라고 대답하면 그 대답은 진실이므로 다음 질문에 대한 대답은 반드시 거 짓이 되고, "아니다."라고 대답하면 그 대답은 거짓이므로 다음 질문에 대한 대답은 반드시 진실이 된 다. 장승이 처음 질문에 무엇이라 대답하든 나그네는 다음 질문의 대답이 진실인지 거짓인지 알 수 있 으므로 마을로 가는 길이 어느 쪽 길인지 알 수 있게 된다.

34

> A사에서 올해 출시한 카메라 P와 Q는 시중의 모든 카메라보다 높은 화소를 가졌고, 모든 카메라보다 가볍지는 않다. Q와 달리 P는 셀프카메라가 용이한 틸트형 LCD를 탑재하였으며 LCD 터치조작이 가능하다. 이처럼 터치조작이 가능한 카메라는 A사에서 밖에 제작되지 않는다. Q는 P에 비해 본체 사이즈가 크지만 여러 종류의 렌즈를 바꿔 끼울 수 있고, 무선 인터넷을 통해 SNS 등으로 바로 사진을 옮길 수 있다.

① P와 Q는 서로 다른 화소를 가졌다.

② 터치조작이 가능한 카메라는 P뿐이다.

③ Q는 다양한 렌즈를 사용할 수 있다.

④ P보다 가벼운 카메라는 존재하지 않는다.

✔ 해설 ③ 'Q는 P에 비해 본체 사이즈가 크지만 여러 종류의 렌즈를 바꿔 끼울 수 있고,…'를 통해 알 수 있다.
① P와 Q는 시중의 모든 카메라보다 높은 화소를 가졌다고 하였으므로 두 카메라의 화소는 같다.
② A사에서 나오는 다른 카메라들 중 터치조작이 가능한 카메라가 있을 수 있다.
④ 모든 카메라보다 가볍지는 않다고 하였으므로 옳지 않다.

Answer 32.③ 33.④ 34.③

| 35~36 | 다음 중 논리적 오류의 성격이 나머지와 다른 하나를 고르시오.

35 ① 아버지는 외로운 존재이다. 왜냐하면 아버지는 쓸쓸하고 외롭기 때문이다.

② 공부를 하지 않았음에도 시험을 운 좋게 잘 본 철수는 전날 밤 집이 불타는 꿈을 꾼 것이 그 요인이었다고 말한다.

③ 테니스 선수 진호는 경기 당일에 면도를 하지 않는다. 면도를 하지 않았을 때 진호는 늘 이겼 다. 진호는 내일 경기를 위해 면도를 하지 않을 것이다.

④ 생선 먹고 체했을 때 주문을 외우면 괜찮아진다는 속신(俗信)을 나는 믿는다. 어저께 생선 먹고 체했을 때 주문을 외웠더니 정말 속이 괜찮아졌다.

> **✔ 해설** ① 순환논증의 오류
> ②③④ 잘못된 인과관계의 오류

36 ① 김OO 선생은 아주 유명 학원의 수학강사이다. 그러나 그의 강의를 믿을 수 없다. 그가 얼마나 욕을 잘하고 남을 잘 속이는지는 알 만한 사람은 다 안다.

② 당신은 지금 신의 존재를 입증하지 못하고 있지 않소. 그러니 신은 존재한다고 말할 수 없는 것 아니요.

③ 이OO 의원은 국립대학교 특별법 제정을 강력하게 주장하고 있다. 그러나 그의 주장에는 문제 가 있다. 그 역시 국립대학교 출신이기 때문이다.

④ 당신은 내가 게으르다고 비난하는데 그것은 잘못된 거야. 당신 자신을 돌아봐. 아침에 일어나면 이부자리 하나 정리도 안하면서 어떻게 내가 게으르다고 말할 수 있지.

> **✔ 해설** ② 무지에 호소하는 오류 : 어떤 주장이 반증되지 못했기 때문에 참이라 하던가, 그 주장이 증명되지 못했 기 때문에 거짓이라고 추리하는 오류이다.
> ①③④ 인신공격의 오류 : 상대방 주장을 반박하려는 논증으로, 상대의 주장과 무관한 개인의 성향(인격, 권위, 재산, 사상, 행실)에 대해 부정적인 발언을 하면서 그 사람의 주장이 정당하지 못하다는 것을 보여주려고 하는 경우를 말한다.

37 유치원생들을 대상으로 좋아하는 과일에 대해서 조사한 결과 다음과 같은 자료를 얻었다. 다음 중 유치원생인 지민이가 한라봉을 좋아한다는 결론을 이끌어낼 수 있는 것은 무엇인가?

> ㉠ 귤과 레몬을 모두 좋아하는 유치원생은 한라봉도 좋아한다.
> ㉡ 오렌지와 자몽을 모두 좋아하는 유치원생은 한라봉도 좋아한다.
> ㉢ 유치원생들은 모두 금귤이나 라임 중 하나를 반드시 좋아한다.
> ㉣ 라임을 좋아하는 유치원생은 레몬을 좋아한다.
> ㉤ 금귤을 좋아하는 유치원생은 오렌지를 좋아한다.

① 지민이는 귤과 자몽을 좋아한다.
② 지민이는 오렌지와 레몬을 좋아한다.
③ 지민이는 귤과 오렌지를 좋아한다.
④ 지민이는 금귤과 라임을 좋아한다.

✔해설 ㉢에 의해 유치원생들은 모두 금귤이나 라임 중 하나를 반드시 좋아하므로 ㉣㉤에 따라 유치원생은 모두 레몬이나 오렌지 중 하나를 반드시 좋아한다. 따라서 지민이가 귤과 자몽을 좋아하면 지민이는 귤과 레몬을 모두 좋아하거나, 오렌지와 자몽을 모두 좋아하게 되므로 지민이는 한라봉을 좋아한다는 결과를 도출해낼 수 있다.

38 다음과 같은 구조를 가진 어느 호텔에 A~H 8명이 투숙하고 있고, 알 수 있는 정보가 다음과 같다. B의 방이 204호일 때, D의 방은? (단, 한 방에는 한 명씩 투숙한다)

a라인	201	202	203	204	205
복도					
b라인	210	209	208	207	206

- 비어있는 방은 한 라인에 한 개씩 있고, A, B, F, H는 a라인에, C, D, E, G는 b라인에 투숙하고 있다.
- A와 C의 방은 복도를 사이에 두고 마주보고 있다.
- F의 방은 203호이고, 맞은 편 방은 비어있다.
- C의 오른쪽 옆방은 비어있고 그 옆방에는 E가 투숙하고 있다.
- B의 옆방은 비어있다.
- H와 D는 누구보다 멀리 떨어진 방에 투숙하고 있다.

① 202호
② 205호
③ 206호
④ 207호

✔해설 가장 확실한 조건(B는 204호, F는 203호)을 바탕으로 조건들을 채워나가면 다음과 같다.

a라인	201 H	202 A	203 F	204 B	205 빈 방
복도					
b라인	210 G	209 C	208 빈 방	207 E	206 D

∴ D의 방은 206호이다.

39 A고등학교의 신입교사 기중, 태호, 신혜, 수란, 찬호 다섯 명 중 네 명이 각각 1학년 1, 2, 3, 4반을 담임을 맡게 된다. 결과에 대해 각자가 예측한 것이 다음과 같고, 이들의 예측 중 한 명의 예측을 제외하고 모두 결과와 일치했을 때, 옳은 것은?

> 기중 : 태호는 3반이 아닌 다른 반의 담임이 될 것이다.
> 태호 : 수란이가 1반의 담임이 될 것이다.
> 신혜 : 태호의 말은 참일 것이다.
> 수란 : 신혜의 예측은 틀렸을 것이다.
> 찬호 : 신혜가 4반의 담임이고, 기중이는 담임을 맡지 않을 것이다.

① 기중은 담임을 맡지 않는다.
② 태호는 1반의 담임이다.
③ 신혜는 3반의 담임이다.
④ 수란은 2반의 담임이다.

✔해설 신혜의 예측이 거짓이라면 태호의 예측도 거짓이 되므로 신혜와 태호의 예측은 참이고, 신혜의 예측이 틀렸다고 말한 수란의 예측만 거짓이 된다. 수란의 예측을 제외한 다른 사람들의 예측을 표로 나타내면 다음과 같다.

	기중	태호	신혜	수란	찬호
참/거짓	참	참	참	거짓	참
담임	X	2반	4반	1반	3반

| 40~47 | 다음 제시된 숫자의 배열을 보고 규칙을 적용하여 빈칸에 들어갈 알맞은 숫자를 고르시오.

40

$$\frac{1}{3} \quad \frac{4}{5} \quad \frac{13}{9} \quad \frac{40}{17} \quad \frac{121}{33} \quad (\quad) \quad \frac{1093}{129}$$

① $\frac{364}{65}$　　　　　　② $\frac{254}{53}$

③ $\frac{413}{48}$　　　　　　④ $\frac{197}{39}$

✔ 해설　• 앞의 항의 분모에 2^1, 2^2, 2^3, ……을 더한 것이 다음 항의 분모가 된다.
　　　　• 앞의 항의 분자에 3^1, 3^2, 3^3, ……을 더한 것이 다음 항의 분자가 된다.
　　　따라서 $\dfrac{121+3^5}{33+2^5}=\dfrac{121+243}{33+32}=\dfrac{364}{65}$

41

$$\frac{1}{2} \quad \frac{1}{3} \quad \frac{2}{6} \quad \frac{3}{18} \quad (\quad) \quad \frac{8}{1944} \quad \frac{13}{209952}$$

① $\frac{8}{83}$　　　　　　② $\frac{6}{91}$

③ $\frac{5}{108}$　　　　　　④ $\frac{4}{117}$

✔ 해설　• 앞의 두 항의 분모를 곱한 것이 다음 항의 분모가 된다.
　　　　• 앞의 두 항의 분자를 더한 것이 다음 항의 분자가 된다.
　　　따라서 $\dfrac{2+3}{6\times18}=\dfrac{5}{108}$

42

| 10 | 2 | $\dfrac{17}{2}$ | $\dfrac{9}{2}$ | 7 | 7 | $\dfrac{11}{2}$ | ( ) |

① $\dfrac{13}{2}$

② $\dfrac{15}{2}$

③ $\dfrac{17}{2}$

④ $\dfrac{19}{2}$

✔해설 홀수항과 짝수항을 따로 분리해서 생각하도록 한다.

홀수항은 분모 2의 분수형태로 변형시켜 보면 분자에서 −3씩 더해가고 있다.

$10 = \dfrac{20}{2} \rightarrow \dfrac{17}{2} \rightarrow 7 = \dfrac{14}{2} \rightarrow \dfrac{11}{2}$

짝수항 또한 분모 2의 분수형태로 변형시켜 보면 분자에서 +5씩 더해가고 있음을 알 수 있다.

$2 = \dfrac{4}{2} \rightarrow \dfrac{9}{2} \rightarrow 7 = \dfrac{14}{2} \rightarrow \dfrac{19}{2}$

43

| 3 | 9 | 12 | 36 | 39 | ( ) | 120 | 360 |

① 118

② 117

③ 116

④ 115

✔해설 제시된 수열은 첫 번째 수에서부터 (×3)과 (+3)이 반복해서 수행되고 있다. 따라서 빈칸은 39×3=117
이 된다.

44

| 25 32 37 47 58 71 79 ( ) |

① 82   ② 87

③ 91   ④ 95

✔해설 제시된 수열은 첫 번째 제시된 수에 일의 자릿수와 십의 자릿수를 더하면 다음 수가 되는 규칙을 가지고 있다. 따라서 빈칸은 79+7+9=95가 된다.

45

| 1 5 20 16 19 57 54 56 ( ) 110 |

① 87   ② 95

③ 100   ④ 112

✔해설 처음에 앞의 숫자에 +4, ×4, −4의 수식이 행해지고 그 다음에는 +3, ×3, −3 그 다음은 +2, ×2, −2의 수식이 행해진다.

46

| 2 4 6 ( ) 16 26 |

① 8   ② 9

③ 10   ④ 12

✔해설 해당 수열의 규칙은 피보나치수열이다. 따라서 빈칸 전에 있는 두 숫자의 합인 4+6=10이 답이 된다.

47

| 1 3 5 15 17 51 ( ) |

① 50   ② 53

③ 55   ④ 58

✔해설 처음의 숫자에서 ×3, +2가 반복되고 있다.

다음의 일정한 규칙에 의해 배열된 수나 문자를 추리하여 ( ) 안에 알맞은 것을 고르시오.

48

| 4 4 6   6 1 4   8 3 7   12 ( ) 15 |

① 7　　　　　　　　　　　　　② 8

③ 9　　　　　　　　　　　　　④ 10

> ✔해설 규칙성을 찾으면 $4+4-(4/2)=6$, $6+1-(6/2)=4$, $8+3-(8/2)=7$이므로
> $12+( )-(12/2)=15$
> ∴( ) 안에 들어갈 수는 9이다.

49

| 14 2 8   20 4 6   ( ) 6 5 |

① 22　　　　　　　　　　　　② 24

③ 28　　　　　　　　　　　　④ 32

> ✔해설 첫 번째 수를 두 번째 수로 나눈 후 그 몫에 1을 더하고 있다. 그러므로 5에서 1을 뺀 후 거기에 6을 곱하면 24가 된다.

50

| 18 4 2   30 3 3   37 2 5   83 9 ( ) |

① 4　　　　　　　　　　　　　② 3

③ 2　　　　　　　　　　　　　④ 1

> ✔해설 규칙성을 찾으면 $18=4^2+2$, $30=3^3+3$, $37=2^5+5$이므로
> $83=9^{( )}+( )$
> ∴( ) 안에 들어갈 수는 2이다.

51

C−F−L−U−( )

① B ② D
③ G ④ I

✅해설 알파벳을 순서대로 나열했을 때 처음 제시된 C부터 3의 배수로 증가하는 규칙을 가지고 있다. 빈칸에는 U이후부터 12번째 순서인 G이다.

52

ㄱ−ㄷ−ㅂ−ㅋ−ㄹ−( )

① ㄱ ② ㄷ
③ ㅂ ④ ㅋ

✅해설 한글의 자음을 순서대로 나열했을 때 처음 제시된 문자부터 소수가 순서대로 더해지는 규칙을 가지고 있다. ㄱ(+2)ㄷ(+3)ㅂ(+5)ㅋ(+7)ㄹ(+11)ㄱ 이므로 빈칸에는 ㄱ이 온다.

53

ㄱ−ㅋ−ㅈ−ㅅ−ㅁ−( )

① ㄴ ② ㄷ
③ ㅂ ④ ㅇ

✅해설 처음 문자에 10이 더해진 후 2씩 줄어들고 있다.

|54~58| 다음의 빈칸에 들어갈 알맞은 수를 고르시오.

54

$$12 * 2 = 4 \quad 15 * 3 = 2 \quad 20 * 4 = (\quad)$$

① 1

② 3

③ 5

④ 7

해설 계산법칙을 유추하면 첫 번째 수를 두 번째 수로 나눈 후 두 번째 수를 빼고 있다.

55

$$4 \circ 8 = 5 \quad 7 \circ 8 = 1 \quad 9 \circ 5 = 9 \quad 3 \circ (7 \circ 2) = (\quad)$$

① 6

② 13

③ 19

④ 24

해설 계산법칙을 유추하면 두 수를 곱한 후 십의자리 수와 일의자리 수를 더한 것에서 일의 자리만 생각한 것이다.

56

$$4 \circ 2 = 14 \quad 3 \circ 5 = 23 \quad 6 \circ 7 = 55 \quad 9 \circ 2 = (\quad)$$

① 28

② 29

③ 30

④ 31

해설 계산법칙을 유추하면 두 수를 곱한 것과 두 수를 합한 것의 합이 계산 결과가 된다.

Answer 51.③ 52.① 53.② 54.① 55.① 56.②

57

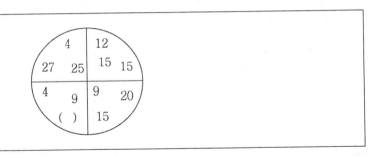

① 10   ② 11

③ 12   ④ 13

✔해설 원의 나누어진 한 부분에 위치한 수의 합은 43이다. 따라서 $19+12+x=43$이므로 빈칸에 들어갈 수는 12이다.

58

① 75   ② 25

③ 55   ④ 45

✔해설 원의 나누어진 한 부분에 위치한 수의 곱은 2700이다. 따라서 $4 \times 9 \times x = 2700$이므로 빈칸에 들어갈 수는 75이다.

|59~60| 다음 색칠된 곳의 숫자에서부터 시계방향으로 진행하면서 숫자와의 관계를 고려하여 ? 표시된 곳에 들어갈 알맞은 숫자를 고르시오.

59

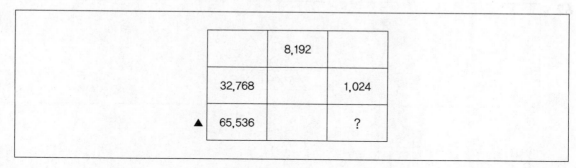

① 49　　　　　　　　　　　② 42

③ 35　　　　　　　　　　　④ 28

> **✔해설** 주어진 수는 시계방향으로 진행하면서 ×4와 ÷2가 반복적으로 적용되고 있으므로 ?에는 56÷2=28이 들어간다.

60

① 32　　　　　　　　　　　② 64

③ 128　　　　　　　　　　　④ 256

> **✔해설** 첫 번째 숫자부터 2^n(n=1, 2, 3…)을 나눈 수가 다음 칸의 수가 되는 규칙을 가지고 있다. 따라서 $1,024÷2^4=64$이다.

┃61~62┃ 다음 ?에 들어갈 알맞은 숫자를 고르시오.

61

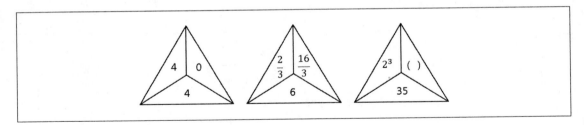

① 3^3 ② 3^4

③ 3^5 ④ 3^6

 해설 ①+②=③으로 계산하면 된다.

62

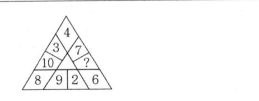

① 5   ② 8

③ 11   ④ 14

✔해설 한 변의 숫자를 더하면 모두 25가 되어야 한다.

|63~75| 다음 도형들의 일정한 규칙을 찾아 ? 표시된 부분에 들어갈 도형을 고르시오.

63

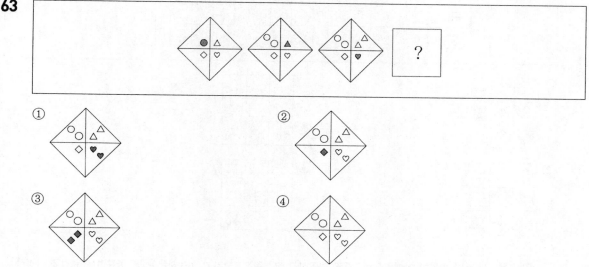

✔해설 주어진 도형은 색칠된 도형은 시계 방향으로 돌아가며 색칠된 도형은 다음 순서에 개수가 하나씩 늘어나는 규칙을 가지고 있다. 마지막 도형에서 하트에 색칠이 되어있으므로 다음 도형에서는 하트는 1개 늘어나며 다음 순서인 사각형이 색칠되어야 한다.

64

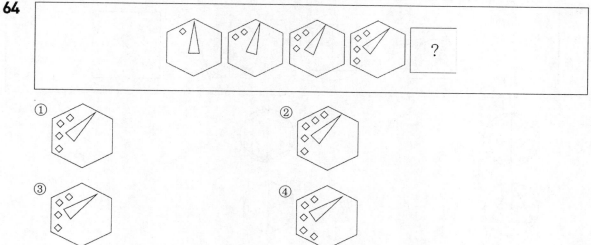

✔해설 주어진 도형의 삼각형은 시계방향으로 15°씩 회전하고 있고 마름모는 반시계방향으로 개수가 증가하고 있다.

65

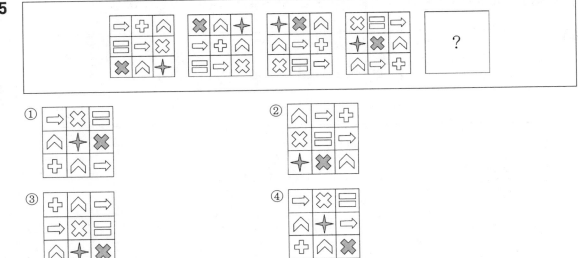

✔해설 각 칸의 도형이 아래쪽으로 1칸씩 이동하고 오른쪽으로 1칸씩 이동하는 것을 반복하는 규칙을 가졌다.

66

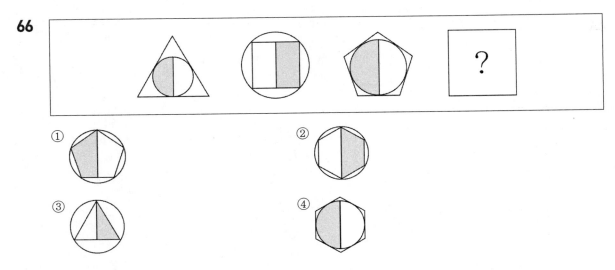

✔해설 중앙에 빗금 친 부분의 좌우를 번갈아 가면서 색이 변하는 것이 반복되고 있으며, 삼각형, 사각형, 오각형으로 점점 변하면서 원의 안쪽과 바깥쪽으로 번갈아 가면서 나타나고 있다.

67

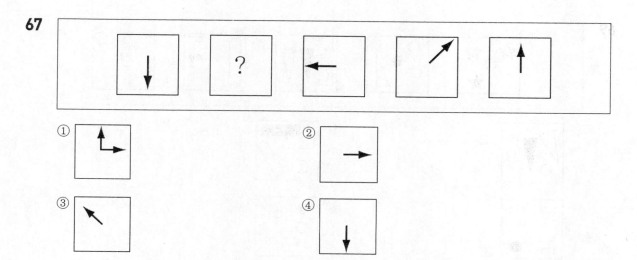

제시된 도형의 경우 세 개의 도형을 보고 규칙성을 찾아야 한다. 세 개의 도형을 관찰해 보면 화살표 모양은 135˚ 나아갔다가 45˚로 다시 되돌아오는 패턴을 반복하고 있다.

68

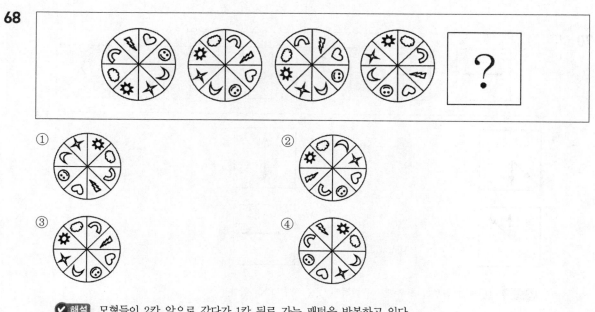

모형들이 2칸 앞으로 갔다가 1칸 뒤로 가는 패턴을 반복하고 있다.

Answer   65.①   66.②   67.③   68.③

69

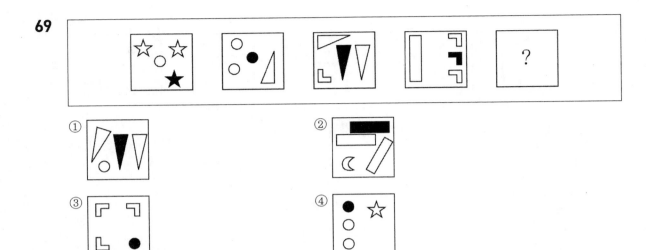

✔해설 제시된 문제는 도형의 종류와 그 수가 많아 법칙성을 찾기 힘들지만 자세히 보면, 처음 제시된 도형 중 하나만 제시된 것이 다음에서 다시 세 개로 변하고 있으며, 세 개 중 하나는 검은색이 되는 것을 알 수 있다.

70

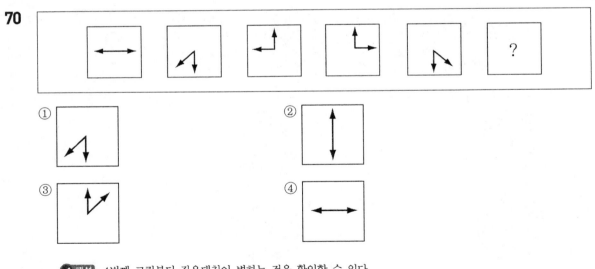

✔해설 4번째 그림부터 좌우대칭이 변하는 것을 확인할 수 있다.

71

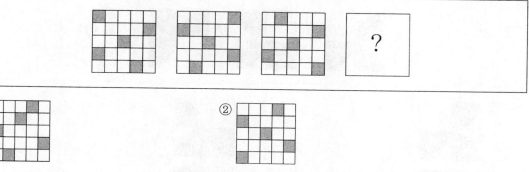

✅해설 좌우대칭, 상하대칭의 순서로 번갈아가면서 변하고 있다.

72

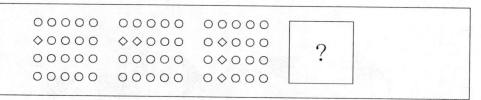

✅해설 1번씩 이동할 때마다 한번은 오른쪽 방향으로, 한번은 아래 방향으로 개수가 하나씩 늘면서 ◇ 도형이 이동하고 있다.

73

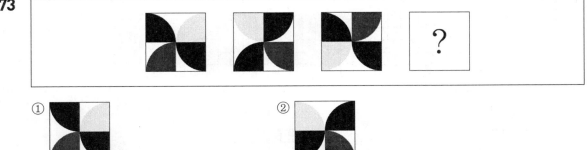

①

②

③

④

✔해설 왼쪽으로 90°씩 회전하였다.

74

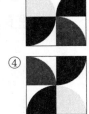

①

②

③

④

✔해설 오른쪽으로 '45° 회전 후 다시 90° 회전'하는 것을 반복하고 있다.

75

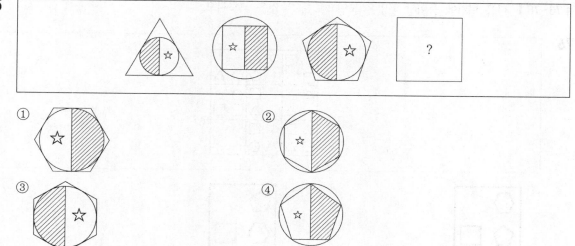

① ② ③ ④

삼각형→사각형→오각형→…의 순서로 원 안팎으로 번갈아가며 나타나고 있다. 별과 어두운 음영으로
표시된 부분도 교대로 위치가 뒤바뀌고 있다.

┃76~78┃ 다음 빈칸에 들어갈 알맞은 모양으로 옳은 것을 고르시오.

76

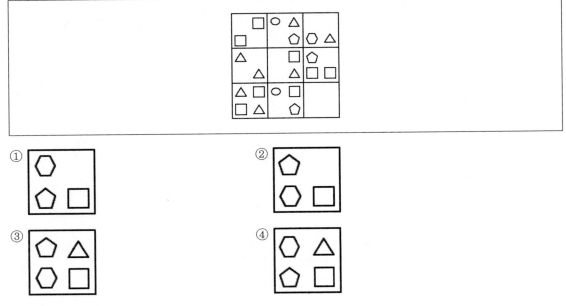

①
②
③
④

✔해설 1행과 2행의 합이 3행이다. 위치가 같은 도형은 도형의 둘레를 이루는 선의 수를 비교하여 더 큰 숫자의 도형이 자리에 차지한다.

77

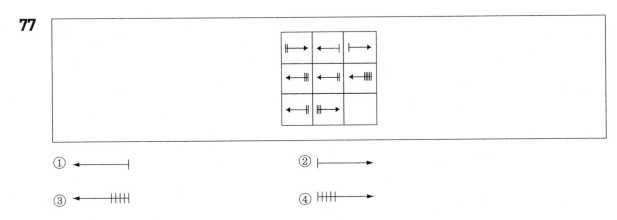

① ←———————┤
② ├———————→
③ ←———————╫╫
④ ╫╫╫———————→

✔해설 1열과 2열을 서로 계산하여 3열이 나오는 관계인데 화살표의 방향이 같으면 덧셈을, 화살표의 방향이 반대이면 뺄셈을 하며, 화살표 끝의 작대기가 숫자의 크기를 의미한다.

78

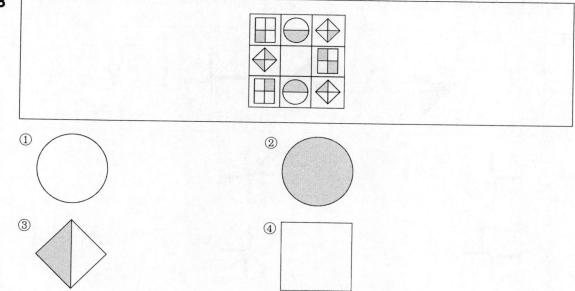

① (circle, unshaded)

② (circle, shaded)

③ (diamond, half shaded)

④ (square, unshaded)

✔해설 각 행과 열의 가운데 부분은 양 옆의 도형의 전체 면적에 대한 색칠한 부분의 상대적 비율의 합을 나타낸다.

| 79~85 | 다음 ? 표시된 부분에 들어갈 알맞은 모양의 도형을 고르시오.

79

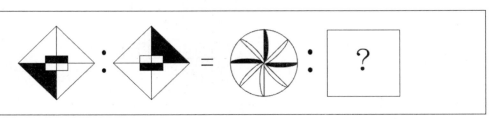

①   ②

③   ④

✔ 해설 원점대칭을 해주면 된다.

80

① CBAD   ② CBDA

③ CADꓭ   ④ CBAꓷ

✔ 해설 순서대로 대입하여 비교하여 바뀐 부분을 찾으면 된다.

81

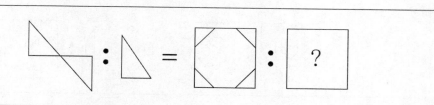

①

②

③

④

✔해설 오른쪽 도형은 왼쪽 도형에서 삼각형을 1개 뺀 것이다.

82

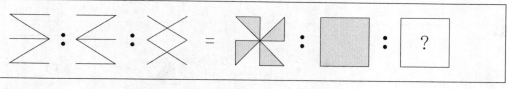

①

②

③

④

✔해설 처음 그림과 두 번째 그림을 합쳤을 때 겹치는 부분을 삭제한 것이 세 번째 그림이 된다.

83

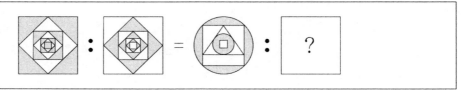

① 　　　　②

③ 　　　　④

✔해설　색칠된 부분은 같은 도형에만 칠해져 있음을 알 수 있다.

84

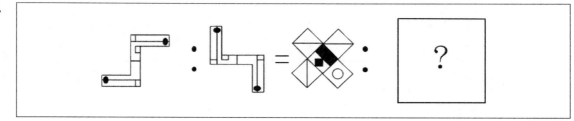

① 　　　　②

③ 　　　　④

✔해설　두 그림의 관계는 반시계 방향으로 90° 회전하는 것임을 알 수 있다.

85

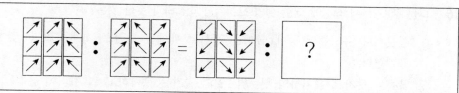

①

②

③

④

✔해설 1열은 변화가 없고 2열과 3열의 모양은 대칭이 되어 변하고 있다.

86 다음 중 공문서 작성에 대한 설명으로 가장 적절하지 못한 것은?

① 공문서나 유가증권 등에 금액을 표시할 때에는 한글로 기재하고 그 옆에 괄호를 넣어 숫자로 표기한다.

② 날짜는 숫자로 표기하되 년, 월, 일의 글자는 생략하고 그 자리에 온점(.)을 찍어 표시한다.

③ 첨부물이 있는 경우에는 붙임 표시문 끝에 1자 띄우고 "끝."이라고 표시한다.

④ 공문서의 본문이 끝났을 경우에는 1자를 띄우고 "끝."이라고 표시한다.

> ✔해설 공문서 금액 표시
> 아라비아 숫자로 쓰고, 숫자 다음에 괄호를 하여 한글로 기재한다.
> 예) 123,456원의 표시 : 금 123,456(금 일십이만삼천사백오십육원)

87 당신은 팀장님께 업무 지시내용을 수행하고 결과물을 보고 드렸다. 하지만 팀장님께서는 "최대리 업무를 이렇게 처리하면 어떡하나? 누락된 부분이 있지 않은가."라고 말하였다. 이에 대해 당신이 행할 수 있는 가장 부적절한 대처 자세는?

① "죄송합니다. 제가 잘 모르는 부분이라 이수혁 과장님께 부탁을 했는데 과장님께서 실수를 하신 것 같습니다."

② "주의를 기울이지 못해 죄송합니다. 어느 부분을 수정보완하면 될까요?"

③ "지시하신 내용을 제가 충분히 이해하지 못하였습니다. 내용을 다시 한 번 여쭤보아도 되겠습니까?"

④ "부족한 내용을 보완하는 자료를 취합하기 위해서 하루정도가 더 소요될 것 같습니다. 언제까지 재작성하여 드리면 될까요?"

> ✔해설 상사가 부탁한 지시사항을 다른 사람에게 부탁하는 것은 옳지 못하며 설사 그렇다고 해도 그 일의 과오에 대해 책임을 전가하는 것은 지양해야 할 자세이다.

88 다음은 통신사별 시행하는 통화 요금제 방식이다. 다음과 같은 방식으로 영희가 한 달에 174시간 통화를 한다면 어느 통신사를 사용하는 것이 유리한지 고르시오.

요금제		A 사	B 사	C 사	D 사
50시간까지	기본요금	2,000원	2,000원	2,000원	시간 상관없이 무조건 5,500원
50시간이후	30분 단위요금	14원	11.5원	15.1원	

① A 사

② B 사

③ C 사

④ D 사

✔ 해설 ④ A사 : $2,000 + (174 - 50) \times 2 \times 14 = 5,472$원
B사 : $2,000 + (174 - 50) \times 2 \times 11.5 = 4,852$원
C사 : $2,000 + (174 - 50) \times 2 \times 14 = 5,744.8$원
D사 : 5,500원

89 다음 자료를 보고 주어진 상황에 대한 물음에 답하시오.

〈근로소득에 대한 간이 세액표〉

월 급여액(천 원) [비과세 및 학자금 제외]		공제대상 가족 수				
이상	미만	1	2	3	4	5
2,500	2,520	38,960	29,280	16,940	13,570	10,190
2,520	2,540	40,670	29,960	17,360	13,990	10,610
2,540	2,560	42,380	30,640	17,790	14,410	11,040
2,560	2,580	44,090	31,330	18,210	14,840	11,460
2,580	2,600	45,800	32,680	18,640	15,260	11,890
2,600	2,620	47,520	34,390	19,240	15,680	12,310
2,620	2,640	49,230	36,100	19,900	16,110	12,730
2,640	2,660	50,940	37,810	20,560	16,530	13,160
2,660	2,680	52,650	39,530	21,220	16,960	13,580
2,680	2,700	54,360	41,240	21,880	17,380	14,010
2,700	2,720	56,070	42,950	22,540	17,800	14,430
2,720	2,740	57,780	44,660	23,200	18,230	14,850
2,740	2,760	59,500	46,370	23,860	18,650	15,280

※ 갑근세는 제시되어 있는 간이 세액표에 따름
※ 주민세＝갑근세의 10%
※ 국민연금＝급여액의 4.50%
※ 고용보험＝국민연금의 10%
※ 건강보험＝급여액의 2.90%
※ 교육지원금＝분기별 100,000원(매 분기별 첫 달에 지급)

박○○ 사원의 5월 급여내역이 다음과 같고 전월과 동일하게 근무하였으나, 특별수당은 없고 차량지원금으로 100,000원을 받게 된다면, 6월에 받게 되는 급여는 얼마인가? (단, 원 단위 절삭)

(주) 서원플랜테크 5월 급여내역			
성명	박○○	지급일	5월 12일
기본급여	2,240,000	갑근세	39,530
직무수당	400,000	주민세	3,950
명절 상여금		고용보험	11,970
특별수당	20,000	국민연금	119,700
차량지원금		건강보험	77,140
교육지원		기타	
급여계	2,660,000	공제합계	252,290
		지급총액	2,407,710

① 2,443,910   ② 2,453,910

③ 2,463,910   ④ 2,473,910

✔ 해설

기본급여	2,240,000	갑근세	46,370
직무수당	400,000	주민세	4,630
명절 상여금		고용보험	12,330
특별수당		국민연금	123,300
차량지원금	100,000	건강보험	79,460
교육지원		기타	
급여계	2,740,000	공제합계	266,090
		지급총액	2,473,910

90 귀하는 커피 전문점을 운영하고 있다. 아래와 같이 엑셀 워크시트로 4개 지점의 원두 구매 수량과 단가를 이용하여 금액을 산출하고 있다. 귀하가 다음 중 D3셀에서 사용하고 있는 함수식으로 옳은 것은? (단, 금액 = 수량 × 단가)

	A	B	C	D	E
1	지점	원두	수량(100g)	금액	
2	A	케냐	15	150000	
3	B	콜롬비아	25	175000	
4	C	케냐	30	300000	
5	D	브라질	35	210000	
6					
7		원두	100g당 단가		
8		케냐	10,000		
9		콜롬비아	7,000		
10		브라질	6,000		
11					

① =C3*VLOOKUP(B3, $B$8:$C$10, 1, 1)

② =B3*HLOOKUP(C3, $B$8:$C$10, 2, 0)

③ =C3*VLOOKUP(B3, $B$8:$C$10, 2, 0)

④ =C3*HLOOKUP($B$8:$C$10, 2, B3)

✔ 해설   "VLOOKUP(B3,$B$8:$C$10, 2, 0)"의 함수를 해설해보면 B3의 값(콜롬비아)을 B8:C10에서 찾은 후 그 영역의 2번째 열(C열, 100g당 단가)에 있는 값을 나타내는 함수이다. 금액은 "수량 × 단가"으로 나타내므로 D3셀에 사용되는 함수식은 "=C3*VLOOKUP(B3, $B$8: $C$10, 2, 0)"이다.

    ※ HLOOKUP과 VLOOKUP

      ㉠ HLOOKUP : 배열의 첫 행에서 값을 검색하여, 지정한 행의 같은 열에서 데이터를 추출

      ㉡ VLOOKUP : 배열의 첫 열에서 값을 검색하여, 지정한 열의 같은 행에서 데이터를 추출

Answer   89.④   90.③

■91~95 ■ 다음 전개도를 접었을 때, 나타나는 입체도형의 모양으로 알맞은 것을 고르시오.

91

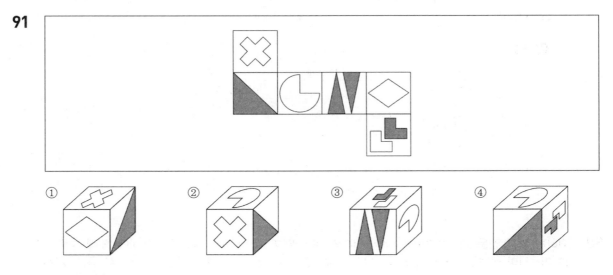

✔해설 전개도를 접으면 ③이 나타난다.

92

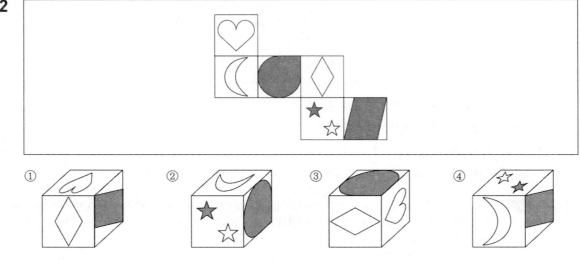

✔해설 전개도를 접으면 ①이 나타난다.

93

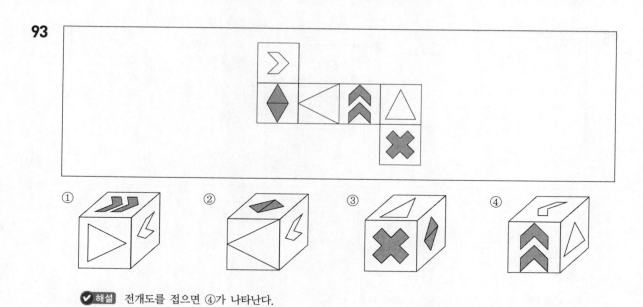

✔해설 전개도를 접으면 ④가 나타난다.

94

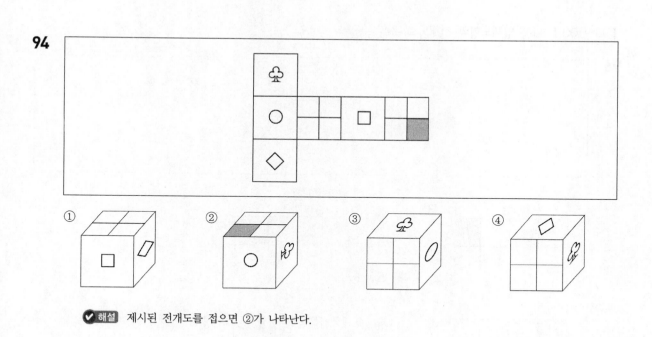

✔해설 제시된 전개도를 접으면 ②가 나타난다.

95

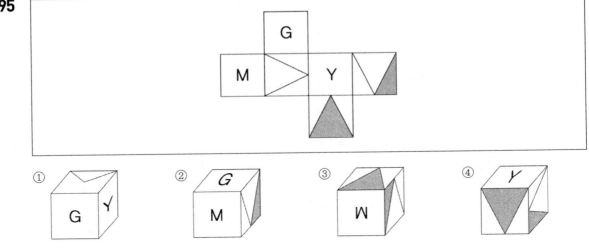

✔해설 제시된 전개도를 접으면 ③이 나타난다.

▌96~100▐ 다음 입체도형의 전개도로 옳은 것을 고르시오.

96

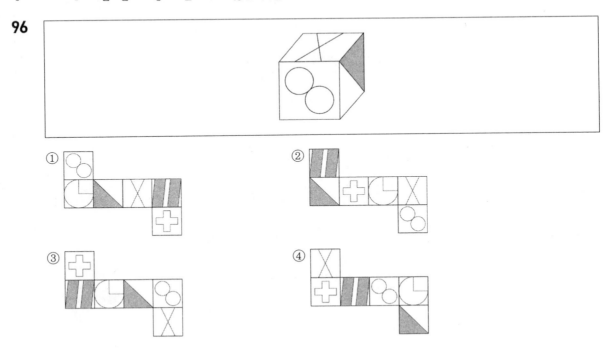

✔해설 제시된 도형을 전개하면 ③이 나타난다.

97

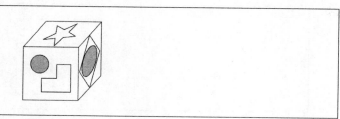

①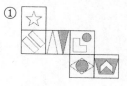

②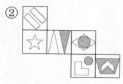

③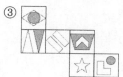

④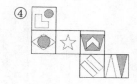

✔해설 제시된 도형을 전개하면 ④가 나타난다.

98

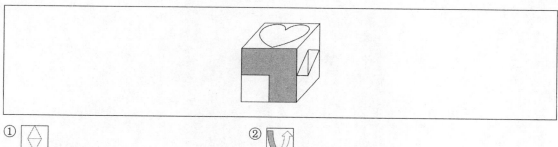

①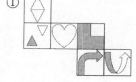

②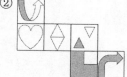

③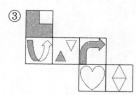

④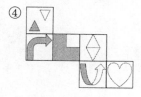

✔해설 제시된 도형을 전개하면 ③ 나타난다.

Answer   95.③   96.③   97.④   98.②

99

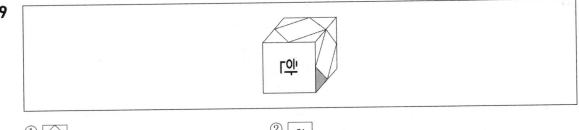

①

②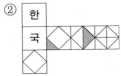

③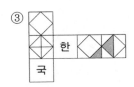

④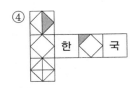

✔해설 제시된 도형을 전개하면 ①이 나타난다.

100

①

②

③

④

✔해설 제시된 도형을 전개하면 ②가 나타난다.

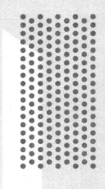

PART

03

면접

CHAPTER 01 면접의 기본

1 면접준비

(1) 면접의 기본 원칙

① **면접의 의미** ··· 면접이란 다양한 면접기법을 활용하여 지원한 직무에 필요한 능력을 지원자가 보유하고 있는지를 확인하는 절차라고 할 수 있다. 즉, 지원자의 입장에서는 채용 직무수행에 필요한 요건들과 관련하여 자신의 환경, 경험, 관심사, 성취 등에 대해 기업에 직접 어필할 수 있는 기회를 제공받는 것이며, 기업의 입장에서는 서류전형만으로 알 수 없는 지원자에 대한 정보를 직접적으로 수집하고 평가하는 것이다.

② **면접의 특징** ··· 면접은 기업의 입장에서 서류전형이나 필기전형에서 드러나지 않는 지원자의 능력이나 성향을 볼 수 있는 기회로, 면대면으로 이루어지며 즉흥적인 질문들이 포함될 수 있기 때문에 지원자가 완벽하게 준비하기 어려운 부분이 있다. 하지만 지원자 입장에서도 서류전형이나 필기전형에서 모두 보여주지 못한 자신의 능력 등을 기업의 인사담당자에게 어필할 수 있는 추가적인 기회가 될 수도 있다.

[서류 · 필기전형과 차별화되는 면접의 특징]

- 직무수행과 관련된 다양한 지원자 행동에 대한 관찰이 가능하다.
- 면접관이 알고자 하는 정보를 심층적으로 파악할 수 있다.
- 서류상의 미비한 사항과 의심스러운 부분을 확인할 수 있다.
- 커뮤니케이션 능력, 대인관계 능력 등 행동 · 언어적 정보도 얻을 수 있다.

③ 면접의 유형

  ㉠ 구조화 면접 : 구조화 면접은 사전에 계획을 세워 질문의 내용과 방법, 지원자의 답변 유형에 따른 추가 질문과 그에 대한 평가 역량이 정해져 있는 면접 방식으로 표준화 면접이라고도 한다.
  • 표준화된 질문이나 평가요소가 면접 전 확정되며, 지원자는 편성된 조나 면접관에 영향을 받지 않고 동일한 질문과 시간을 부여받을 수 있다.
  • 조직 또는 직무별로 주요하게 도출된 역량을 기반으로 평가요소가 구성되어, 조직 또는 직무에서 필요한 역량을 가진 지원자를 선발할 수 있다.
  • 표준화된 형식을 사용하는 특성 때문에 비구조화 면접에 비해 신뢰성과 타당성, 객관성이 높다.

  ㉡ 비구조화 면접 : 비구조화 면접은 면접 계획을 세울 때 면접 목적만을 명시하고 내용이나 방법은 면접관에게 전적으로 일임하는 방식으로 비표준화 면접이라고도 한다.
  • 표준화된 질문이나 평가요소 없이 면접이 진행되며, 편성된 조나 면접관에 따라 지원자에게 주어지는 질문이나 시간이 다르다.
  • 면접관의 주관적인 판단에 따라 평가가 이루어져 평가 오류가 빈번히 일어난다.
  • 상황 대처나 언변이 뛰어난 지원자에게 유리한 면접이 될 수 있다.

④ 경쟁력 있는 면접 요령

  ㉠ 면접 전에 준비하고 유념할 사항
  • 예상 질문과 답변을 미리 작성한다.
  • 작성한 내용을 문장으로 외우지 않고 키워드로 기억한다.
  • 지원한 회사의 최근 기사를 검색하여 기억한다.
  • 지원한 회사가 속한 산업군의 최근 기사를 검색하여 기억한다.
  • 면접 전 1주일간 이슈가 되는 뉴스를 기억하고 자신의 생각을 반영하여 정리한다.
  • 찬반토론에 대비한 주제를 목록으로 정리하여 자신의 논리를 내세운 예상답변을 작성한다.

  ㉡ 면접장에서 유념할 사항
  • 질문의 의도 파악 : 답변을 할 때에는 질문 의도를 파악하고 그에 충실한 답변이 될 수 있도록 질문사항을 유념해야 한다. 많은 지원자가 하는 실수 중 하나로 답변을 하는 도중 자기 말에 심취되어 질문의 의도와 다른 답변을 하거나 자신이 알고 있는 지식만을 나열하는 경우가 있는데, 이럴 경우 의사소통능력이 부족한 사람으로 인식될 수 있으므로 주의하도록 한다.
  • 답변은 두괄식 : 답변을 할 때에는 두괄식으로 결론을 먼저 말하고 그 이유를 설명하는 것이 좋다. 미괄식으로 답변을 할 경우 용두사미의 답변이 될 가능성이 높으며, 결론을 이끌어 내는 과정에서 논리성이 결여될 우려가 있다. 또한 면접관이 결론을 듣기 전에 말을 끊고 다른 질문을 추가하는 예상치 못한 상황이 발생될 수 있으므로 답변은 자신이 전달하고자 하는 바를 먼저 밝히고 그에 대한 설명을 하는 것이 좋다.

- 지원한 회사의 기업정신과 인재상을 기억 : 답변을 할 때에는 회사가 원하는 인재라는 인상을 심어주기 위해 지원한 회사의 기업정신과 인재상 등을 염두에 두고 답변을 하는 것이 좋다. 모든 회사에 해당되는 두루뭉술한 답변보다는 지원한 회사에 맞는 맞춤형 답변을 하는 것이 좋다.
- 나보다는 회사와 사회적 관점에서 답변 : 답변을 할 때에는 자기중심적인 관점을 피하고 좀 더 넓은 시각으로 회사와 국가, 사회적 입장까지 고려하는 인재임을 어필하는 것이 좋다. 자기중심적 시각을 바탕으로 자신의 출세만을 위해 회사에 입사하려는 인상을 심어줄 경우 면접에서 불이익을 받을 가능성이 높다.
- 난처한 질문은 정직한 답변 : 난처한 질문에 답변을 해야 할 때에는 피하기보다는 정면 돌파로 정직하고 솔직하게 답변하는 것이 좋다. 난처한 부분을 감추고 드러내지 않으려 회피하려는 지원자의 모습은 인사담당자에게 입사 후에도 비슷한 상황에 처했을 때 회피할 수도 있다는 우려를 심어줄 수 있다. 따라서 직장생활에 있어 중요한 덕목 중 하나인 정직을 바탕으로 솔직하게 답변을 하도록 한다.

(2) 면접의 종류 및 준비 전략

① 인성면접

ㄱ 면접 방식 및 판단기준
- 면접 방식 : 인성면접은 면접관이 가지고 있는 개인적 면접 노하우나 관심사에 의해 질문을 실시한다. 주로 입사지원서나 자기소개서의 내용을 토대로 지원동기, 과거의 경험, 미래 포부 등을 이야기하도록 하는 방식이다.
- 판단기준 : 면접관의 개인적 가치관과 경험, 해당 역량의 수준, 경험의 구체성·진실성 등

ㄴ 특징 : 인성면접은 그 방식으로 인해 역량과 무관한 질문들이 많고 지원자에게 주어지는 면접질문, 시간 등이 다를 수 있다. 또한 입사지원서나 자기소개서의 내용을 토대로 하기 때문에 지원자별 질문이 달라질 수 있다.

ⓒ 예시 문항 및 준비전략
• 예시 문항

> • 3분 동안 자기소개를 해 보십시오.
> • 자신의 장점과 단점을 말해 보십시오.
> • 학점이 좋지 않은데 그 이유가 무엇입니까?
> • 최근에 인상 깊게 읽은 책은 무엇입니까?
> • 회사를 선택할 때 중요시하는 것은 무엇입니까?
> • 일과 개인생활 중 어느 쪽을 중시합니까?
> • 10년 후 자신은 어떤 모습일 것이라고 생각합니까?
> • 휴학 기간 동안에는 무엇을 했습니까?

• 준비전략 : 인성면접은 입사지원서나 자기소개서의 내용을 바탕으로 하는 경우가 많으므로 자신이 작성한 입사지원서와 자기소개서의 내용을 충분히 숙지하도록 한다. 또한 최근 사회적으로 이슈가 되고 있는 뉴스에 대한 견해를 묻거나 시사상식 등에 대한 질문을 받을 수 있으므로 이에 대한 대비도 필요하다. 자칫 부담스러워 보이지 않는 질문으로 가볍게 대답하지 않도록 주의하고 모든 질문에 입사 의지를 담아 성실하게 답변하는 것이 중요하다.

② 발표면접

㉠ 면접 방식 및 판단기준
• 면접 방식 : 지원자가 특정 주제와 관련된 자료를 검토하고 그에 대한 자신의 생각을 면접관 앞에서 주어진 시간 동안 발표하고 추가 질의를 받는 방식으로 진행된다.
• 판단기준 : 지원자의 사고력, 논리력, 문제해결력 등

㉡ 특징 : 발표면접은 지원자에게 과제를 부여한 후, 과제를 수행하는 과정과 결과를 관찰·평가한다. 따라서 과제수행 결과뿐 아니라 수행과정에서의 행동을 모두 평가할 수 있다.

ⓒ 예시 문항 및 준비전략

• 예시 문항

[신입사원 조기 이직 문제]

※ 지원자는 아래에 제시된 자료를 검토한 뒤, 신입사원 조기 이직의 원인을 크게 3가지로 정리하고 이에 대한 구체적인 개선안을 도출하여 발표해 주시기 바랍니다.

※ 본 과제에 정해진 정답은 없으나 논리적 근거를 들어 개선안을 작성해 주십시오.

• A기업은 동종업계 유사기업들과 비교해 볼 때, 비교적 높은 재무안정성을 유지하고 있으며 업무강도가 그리 높지 않은 것으로 외부에 알려져 있음.

• 최근 조사결과, 동종업계 유사기업들과 연봉을 비교해 보았을 때 연봉 수준도 그리 나쁘지 않은 편이라는 것이 확인되었음.

• 그러나 지난 3년간 1~2년차 직원들의 이직률이 계속해서 증가하고 있는 추세이며, 경영진 회의에서 최우선 해결과제 중 하나로 거론되었음.

• 이에 따라 인사팀에서 현재 1~2년차 사원들을 대상으로 개선되어야 하는 A기업의 조직문화에 대한 설문조사를 실시한 결과, '상명하복식의 의사소통'이 36.7%로 1위를 차지했음.

• 이러한 설문조사와 함께, 신입사원 조기 이직에 대한 원인을 분석한 결과 파랑새 증후군, 셀프홀릭 증후군, 피터팬 증후군 등 3가지로 분류할 수 있었음.

〈동종업계 유사기업들과의 연봉 비교〉 〈우리 회사 조직문화 중 개선되었으면 하는 것〉

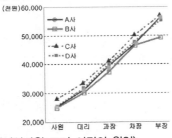

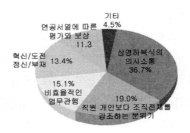

〈신입사원 조기 이직의 원인〉

• 파랑새 증후군
– 현재의 직장보다 더 좋은 직장이 있을 것이라는 막연한 기대감으로 끊임없이 새로운 직장을 탐색함.
– 학력 수준과 맞지 않는 '하향지원', 전공과 적성을 고려하지 않고 일단 취업하고 보자는 '묻지마 지원'이 파랑새 증후군을 초래함.

• 셀프홀릭 증후군
– 본인의 역량에 비해 가치가 낮은 일을 주로 하면서 갈등을 느낌.

• 피터팬 증후군
– 기성세대의 문화를 무조건 수용하기보다는 자유로움과 변화를 추구함.
– 상명하복, 엄격한 규율 등 기성세대가 당연시하는 관행에 거부감을 가지며 직장에 답답함을 느낌.

- 준비전략 : 발표면접의 시작은 과제 안내문과 과제 상황, 과제 자료 등을 정확하게 이해하는 것에서 출발한다. 과제 안내문을 침착하게 읽고 제시된 주제 및 문제와 관련된 상황의 맥락을 파악한 후 과제를 검토한다. 제시된 기사나 그래프 등을 충분히 활용하여 주어진 문제를 해결할 수 있는 해결책이나 대안을 제시하며, 발표를 할 때에는 명확하고 자신 있는 태도로 전달할 수 있도록 한다.

③ 토론면접

㉠ 면접 방식 및 판단기준

- 면접 방식 : 상호갈등적 요소를 가진 과제 또는 공통의 과제를 해결하는 내용의 토론 과제를 제시하고, 그 과정에서 개인 간의 상호작용 행동을 관찰하는 방식으로 면접이 진행된다.
- 판단기준 : 팀워크, 적극성, 갈등 조정, 의사소통능력, 문제해결능력 등

㉡ 특징 : 토론을 통해 도출해 낸 최종안의 타당성도 중요하지만, 결론을 도출해 내는 과정에서의 의사소통능력이나 갈등상황에서 의견을 조정하는 능력 등이 중요하게 평가되는 특징이 있다.

㉢ 예시 문항 및 준비전략

- 예시 문항

- 군 가산점제 부활에 대한 찬반토론
- 담뱃값 인상에 대한 찬반토론
- 비정규직 철폐에 대한 찬반토론
- 대학의 영어 강의 확대 찬반토론
- 워크숍 장소 선정을 위한 토론

- 준비전략 : 토론면접은 무엇보다 팀워크와 적극성이 강조된다. 따라서 토론과정에 적극적으로 참여하며 자신의 의사를 분명하게 전달하며, 갈등상황에서 자신의 의견만 내세울 것이 아니라 다른 지원자의 의견을 경청하고 배려하는 모습도 중요하다. 갈등상황을 일목요연하게 정리하여 조정하는 등의 의사소통능력을 발휘하는 것도 좋은 전략이 될 수 있다.

④ 상황면접

㉠ 면접 방식 및 판단기준

- 면접 방식 : 상황면접은 직무 수행 시 접할 수 있는 상황들을 제시하고, 그러한 상황에서 어떻게 행동할 것인지를 이야기하는 방식으로 진행된다.
- 판단기준 : 해당 상황에 적절한 역량의 구현과 구체적 행동지표

ⓛ **특징** : 실제 직무 수행 시 접할 수 있는 상황들을 제시하므로 입사 이후 지원자의 업무수행능력을 평가하는 데 적절한 면접 방식이다. 또한 지원자의 가치관, 태도, 사고방식 등의 요소를 통합적으로 평가하는 데 용이하다.

ⓒ **예시 문항 및 준비전략**

• 예시 문항

> 당신은 생산관리팀의 팀원으로, 생산팀이 기한에 맞춰 효율적으로 제품을 생산할 수 있도록 관리하는 역할을 맡고 있습니다. 3개월 뒤에 제품A를 정상적으로 출시하기 위해 생산팀의 생산 계획을 수립한 상황입니다. 그러나 원가가 곧 실적으로 이어지는 구매팀에서는 최대한 원가를 줄여 전반적 단가를 낮추려고 원가절감을 위한 제안을 하였으나, 연구개발팀에서는 구매팀이 제안한 방식으로 제품을 생산할 경우 대부분이 구매팀의 실적으로 산정될 것이므로 제대로 확인도 해보지 않은 채 적합하지 않은 방식이라고 판단하고 있습니다. 당신은 어떻게 하겠습니까?

• 준비전략 : 상황면접은 먼저 주어진 상황에서 핵심이 되는 문제가 무엇인지를 파악하는 것에서 시작한다. 주질문과 세부질문을 통하여 질문의 의도를 파악하였다면, 그에 대한 구체적인 행동이나 생각 등에 대해 응답할수록 높은 점수를 얻을 수 있다.

⑤ **역할면접**

㉠ **면접 방식 및 판단기준**

• 면접 방식 : 역할면접 또는 역할연기 면접은 기업 내 발생 가능한 상황에서 부딪히게 되는 문제와 역할을 가상적으로 설정하여 특정 역할을 맡은 사람과 상호작용하고 문제를 해결해 나가도록 하는 방식으로 진행된다. 역할연기 면접에서는 면접관이 직접 역할연기를 하면서 지원자를 관찰하기도 하지만, 역할연기 수행만 전문적으로 하는 사람을 투입할 수도 있다.

• 판단기준 : 대처능력, 대인관계능력, 의사소통능력 등

ⓛ **특징** : 역할면접은 실제 상황과 유사한 가상 상황에서의 행동을 관찰함으로서 지원자의 성격이나 대처 행동 등을 관찰할 수 있다.

ⓒ **예시 문항 및 준비전략**

• 예시 문항

> [금융권 역할면접의 예]
> 당신은 ○○은행의 신입 텔러이다. 사람이 많은 월말 오전 한 할아버지(면접관 또는 역할담당자)께서 ○○은행을 사칭한 보이스피싱으로 500만 원을 피해 보았다며 소란을 일으키고 있다. 실제 업무상황이라고 생각하고 상황에 대처해 보시오.

- 준비전략 : 역할연기 면접에서 측정하는 역량은 주로 갈등의 원인이 되는 문제를 해결 하고 제시된 해결방안을 상대방에게 설득하는 것이다. 따라서 갈등해결, 문제해결, 조정·통합, 설득력과 같은 역량이 중요시된다. 또한 갈등을 해결하기 위해서 상대방에 대한 이해도 필수적인 요소이므로 고객지향을 염두에 두고 상황에 맞게 대처해야 한다.

역할면접에서는 변별력을 높이기 위해 면접관이 압박적인 분위기를 조성하는 경우가 많기 때문에 스트레스 상황에서 불안해하지 않고 유연하게 대처할 수 있도록 시간과 노력을 들여 충분히 연습하는 것이 좋다.

2 면접 이미지 메이킹

(1) 성공적인 이미지 메이킹 포인트

① 복장 및 스타일

㉠ 남성

- 양복 : 양복은 단색으로 하며 넥타이나 셔츠로 포인트를 주는 것이 효과적이다. 짙은 회색이나 감청색이 가장 단정하고 품위 있는 인상을 준다.
- 셔츠 : 흰색이 가장 선호되나 자신의 피부색에 맞추는 것이 좋다. 푸른색이나 베이지색은 산뜻한 느낌을 줄 수 있다. 양복과의 배색도 고려하도록 한다.
- 넥타이 : 의상에 포인트를 줄 수 있는 아이템이지만 너무 화려한 것은 피한다. 지원자의 피부색은 물론, 정장과 셔츠의 색을 고려하며, 체격에 따라 넥타이 폭을 조절하는 것이 좋다.
- 구두&양말 : 구두는 검정색이나 짙은 갈색이 어느 양복에나 무난하게 어울리며 깔끔하게 닦아 준비한다. 양말은 정장과 동일한 색상이나 검정색을 착용한다.
- 헤어스타일 : 머리스타일은 단정한 느낌을 주는 짧은 헤어스타일이 좋으며 앞머리가 있다면 이마나 눈썹을 가리지 않는 선에서 정리하는 것이 좋다.

ⓛ 여성

- 의상 : 단정한 스커트 투피스 정장이나 슬랙스 슈트가 무난하다. 블랙이나 그레이, 네이비, 브라운 등 차분해 보이는 색상을 선택하는 것이 좋다.
- 소품 : 구두, 핸드백 등은 같은 계열로 코디하는 것이 좋으며 구두는 너무 화려한 디자인이나 굽이 높은 것을 피한다. 스타킹은 의상과 구두에 맞춰 단정한 것으로 선택한다.
- 액세서리 : 액세서리는 너무 크거나 화려한 것은 좋지 않으며 과하게 많이 하는 것도 좋은 인상을 주지 못한다. 착용하지 않거나 작고 깔끔한 디자인으로 포인트를 주는 정도가 적당하다.
- 메이크업 : 화장은 자연스럽고 밝은 이미지를 표현하는 것이 좋으며 진한 색조는 인상이 강해 보일 수 있으므로 피한다.
- 헤어스타일 : 커트나 단발처럼 짧은 머리는 활동적이면서도 단정한 이미지를 줄 수 있도록 정리한다. 긴 머리의 경우 하나로 묶거나 단정한 머리망으로 정리하는 것이 좋으며, 짙은 염색이나 화려한 웨이브는 피한다.

② 인사

ⓐ 인사의 의미 : 인사는 예의범절의 기본이며 상대방의 마음을 여는 기본적인 행동이라고 할 수 있다. 인사는 처음 만나는 면접관에게 호감을 살 수 있는 가장 쉬운 방법이 될 수 있기도 하지만 제대로 예의를 지키지 않으면 지원자의 인성 전반에 대한 평가로 이어질 수 있으므로 각별히 주의해야 한다.

ⓑ 인사의 핵심 포인트

- 인사말 : 인사말을 할 때에는 밝고 친근감 있는 목소리로 하며, 자신의 이름과 수험번호 등을 간략하게 소개한다.
- 시선 : 인사는 상대방의 눈을 보며 하는 것이 중요하며 너무 빤히 쳐다본다는 느낌이 들지 않도록 주의한다.
- 표정 : 인사는 마음에서 우러나오는 존경이나 반가움을 표현하고 예의를 차리는 것이므로 살짝 미소를 지으며 하는 것이 좋다.
- 자세 : 인사를 할 때에는 가볍게 목만 숙인다거나 흐트러진 상태에서 인사를 하지 않도록 주의하며 절도 있고 확실하게 하는 것이 좋다.

③ 시선처리와 표정, 목소리

  ⑦ 시선처리와 표정 : 표정은 면접에서 지원자의 첫인상을 결정하는 중요한 요소이다. 얼굴표정은 사람의 감정을 가장 잘 표현할 수 있는 의사소통 도구로 표정 하나로 상대방에게 호감을 주거나, 비호감을 사기도 한다. 호감이 가는 인상의 특징은 부드러운 눈썹, 자연스러운 미간, 적당히 볼록한 광대, 올라간 입 꼬리 등으로 가볍게 미소를 지을 때의 표정과 일치한다. 따라서 면접 중에는 밝은 표정으로 미소를 지어 호감을 형성할 수 있도록 한다. 시선은 면접관과 고르게 맞추되 생기 있는 눈빛을 띄도록 하며, 너무 빤히 쳐다본다는 인상을 주지 않도록 한다.

  ⓒ 목소리 : 면접은 주로 면접관과 지원자의 대화로 이루어지므로 목소리가 미치는 영향이 상당하다. 답변을 할 때에는 부드러우면서도 활기차고 생동감 있는 목소리로 하는 것이 면접관에게 호감을 줄 수 있으며 적당한 제스처가 더해진다면 상승효과를 얻을 수 있다. 그러나 적절한 답변을 하였음에도 불구하고 콧소리나 날카로운 목소리, 자신감 없는 작은 목소리는 답변의 신뢰성을 떨어뜨릴 수 있으므로 주의하도록 한다.

④ 자세

  ⑦ 걷는 자세
- 면접장에 입실할 때에는 상체를 곧게 유지하고 발끝은 평행이 되게 하며 무릎을 스치듯 11자로 걷는다.
- 시선은 정면을 향하고 턱은 가볍게 당기며 어깨나 엉덩이가 흔들리지 않도록 주의한다.
- 발바닥 전체가 닿는 느낌으로 안정감 있게 걸으며 발소리가 나지 않도록 주의한다.
- 보폭은 어깨넓이만큼이 적당하지만, 스커트를 착용했을 경우 보폭을 줄인다.
- 걸을 때도 미소를 유지한다.

  ⓒ 서있는 자세
- 몸 전체를 곧게 펴고 가슴을 자연스럽게 내민 후 등과 어깨에 힘을 주지 않는다.
- 정면을 바라본 상태에서 턱을 약간 당기고 아랫배에 힘을 주어 당기며 바르게 선다.
- 양 무릎과 발뒤꿈치는 붙이고 발끝은 11자 또는 V형을 취한다.
- 남성의 경우 팔을 자연스럽게 내리고 양손을 가볍게 쥐어 바지 옆선에 붙이고, 여성의 경우 공수자세를 유지한다.

ⓒ 앉은 자세

• 남성

> • 의자 깊숙이 앉고 등받이와 등 사이에 주먹 1개 정도의 간격을 두며 기대듯 앉지 않도록 주의한다.
> (남녀 공통 사항)
> • 무릎 사이에 주먹 2개 정도의 간격을 유지하고 발끝은 11자를 취한다.
> • 시선은 정면을 바라보며 턱은 가볍게 당기고 미소를 짓는다. (남녀 공통 사항)
> • 양손은 가볍게 주먹을 쥐고 무릎 위에 올려놓는다.
> • 앉고 일어날 때에는 자세가 흐트러지지 않도록 주의한다. (남녀 공통 사항)

• 여성

> • 스커트를 입었을 경우 왼손으로 뒤쪽 스커트 자락을 누르고 오른손으로 앞쪽 자락을 누르며 의자에 앉
> 는다.
> • 무릎은 붙이고 발끝을 가지런히 하며, 다리를 왼쪽으로 비스듬히 기울이면 단정해 보이는 효과가 있다.
> • 양손을 모아 무릎 위에 모아 놓으며 스커트를 입었을 경우 스커트 위를 가볍게 누르듯이 올려놓는다.

(2) 면접 예절

① 행동 관련 예절

ㄱ **지각은 절대금물**: 시간을 지키는 것은 예절의 기본이다. 지각을 할 경우 면접에 응시할 수 없거
나, 면접 기회가 주어지더라도 불이익을 받을 가능성이 높아진다. 따라서 면접장소가 결정되면
교통편과 소요시간을 확인하고 가능하다면 사전에 미리 방문해 보는 것도 좋다. 면접 당일에는
서둘러 출발하여 면접 시간 20~30분 전에 도착하여 회사를 둘러보고 환경에 익숙해지는 것도
성공적인 면접을 위한 요령이 될 수 있다.

ㄴ **면접 대기 시간**: 지원자들은 대부분 면접장에서의 행동과 답변 등으로만 평가를 받는다고 생각하
지만 그렇지 않다. 면접관이 아닌 면접진행자 역시 대부분 인사실무자이며 면접관이 면접 후 지
원자에 대한 평가에 있어 확신을 위해 면접진행자의 의견을 구한다면 면접진행자의 의견이 당락
에 영향을 줄 수 있다. 따라서 면접 대기 시간에도 행동과 말을 조심해야 하며, 면접을 마치고
돌아가는 순간까지도 긴장을 늦춰서는 안 된다. 면접 중 압박적인 질문에 답변을 잘 했지만, 면
접장을 나와 흐트러진 모습을 보이거나 욕설을 한다면 면접 탈락의 요인이 될 수 있으므로 주의
해야 한다.

ⓒ **입실 후 태도** : 본인의 차례가 되어 호명되면 또렷하게 대답하고 들어간다. 만약 면접장 문이 닫혀 있다면 상대에게 소리가 들릴 수 있을 정도로 노크를 두세 번 한 후 대답을 듣고 나서 들어가야 한다. 문을 여닫을 때에는 소리가 나지 않게 조용히 하며 공손한 자세로 인사한 후 성명과 수험번호를 말하고 면접관의 지시에 따라 자리에 앉는다. 이 경우 착석하라는 말이 없는데 먼저 의자에 앉으면 무례한 사람으로 보일 수 있으므로 주의한다. 의자에 앉을 때에는 끝에 앉지 말고 무릎 위에 양손을 가지런히 얹는 것이 예절이라고 할 수 있다.

ⓔ **옷매무새를 자주 고치지 마라.** : 일부 지원자의 경우 옷매무새 또는 헤어스타일을 자주 고치거나 확인하기도 하는데 이러한 모습은 과도하게 긴장한 것 같아 보이거나 면접에 집중하지 못하는 것으로 보일 수 있다. 남성 지원자의 경우 넥타이를 자꾸 고쳐 맨다거나 정장 상의 끝을 너무 자주 만지작거리지 않는다. 여성 지원자는 머리를 계속 쓸어 올리지 않고, 특히 짧은 치마를 입고서 신경이 쓰여 치마를 끌어 내리는 행동은 좋지 않다.

ⓜ **다리를 떨거나 산만한 시선은 면접 탈락의 지름길** : 자신도 모르게 다리를 떨거나 손가락을 만지는 등의 행동을 하는 지원자가 있는데, 이는 면접관의 주의를 끌 뿐만 아니라 불안하고 산만한 사람이라는 느낌을 주게 된다. 따라서 가능한 한 바른 자세로 앉아 있는 것이 좋다. 또한 면접관과 시선을 맞추지 못하고 여기저기 둘러보는 듯한 산만한 시선은 지원자가 거짓말을 하고 있다고 여겨지거나 신뢰할 수 없는 사람이라고 생각될 수 있다.

② **답변 관련 예절**

ⓗ **면접관이나 다른 지원자와 가치 논쟁을 하지 않는다.** : 질문을 받고 답변하는 과정에서 면접관 또는 다른 지원자의 의견과 다른 의견이 있을 수 있다. 특히 평소 지원자가 관심이 많은 문제이거나 잘 알고 있는 문제인 경우 자신과 다른 의견에 대해 이의가 있을 수 있다. 하지만 주의할 것은 면접에서 면접관이나 다른 지원자와 가치 논쟁을 할 필요는 없다는 것이며 오히려 불이익을 당할 수도 있다. 정답이 정해져 있지 않은 경우에는 가치관이나 성장배경에 따라 문제를 받아들이는 태도에서 답변까지 충분히 차이가 있을 수 있으므로 굳이 면접관이나 다른 지원자의 가치관을 지적하고 고치려 드는 것은 좋지 않다.

ⓛ **답변은 항상 정직해야 한다.** : 면접이라는 것이 아무리 지원자의 장점을 부각시키고 단점을 축소시키는 것이라고 해도 절대로 거짓말을 해서는 안 된다. 거짓말을 하게 되면 지원자는 불안하거나 꺼림칙한 마음이 들게 되어 면접에 집중을 하지 못하게 되고 수많은 지원자를 상대하는 면접관은 그것을 놓치지 않는다. 거짓말은 그 지원자에 대한 신뢰성을 떨어뜨리며 이로 인해 다른 스펙이 아무리 훌륭하다고 해도 채용에서 탈락하게 될 수 있음을 명심하도록 한다.

ⓒ 경력직을 경우 전 직장에 대해 험담하지 않는다. : 지원자가 전 직장에서 무슨 업무를 담당했고 어떤 성과를 올렸는지는 면접관이 관심을 둘 사항일 수 있지만, 이전 직장의 기업문화나 상사들이 어땠는지는 그다지 궁금해 하는 사항이 아니다. 전 직장에 대해 험담을 늘어놓는다든가, 동료와 상사에 대한 악담을 하게 된다면 오히려 지원자에 대한 부정적인 이미지만 심어줄 수 있다. 만약 전 직장에 대한 말을 해야 할 경우가 생긴다면 가능한 한 객관적으로 이야기하는 것이 좋다.

ⓔ 자기 자신이나 배경에 대해 자랑하지 않는다. : 자신의 성취나 부모 형제 등 집안사람들이 사회·경제적으로 어떠한 위치에 있는지에 대한 자랑은 면접관으로 하여금 지원자에 대해 오만한 사람이거나 배경에 의존하려는 나약한 사람이라는 이미지를 갖게 할 수 있다. 따라서 자기 자신이나 배경에 대해 자랑하지 않도록 하고, 자신이 한 일에 대해서 너무 자세하게 얘기하지 않도록 주의해야 한다.

3 면접 질문 및 답변 포인트

(1) 가족 및 대인관계에 관한 질문

① 당신의 가정은 어떤 가정입니까?
면접관들은 지원자의 가정환경과 성장과정을 통해 지원자의 성향을 알고 싶어 이와 같은 질문을 한다. 비록 가정 일과 사회의 일이 완전히 일치하는 것은 아니지만 '가화만사성'이라는 말이 있듯이 가정이 화목해야 사회에서도 화목하게 지낼 수 있기 때문이다. 그러므로 답변 시에는 가족사항을 정확하게 설명하고 집안의 분위기와 특징에 대해 이야기하는 것이 좋다.

② 친구 관계에 대해 말해 보십시오.
지원자의 인간성을 판단하는 질문으로 교우관계를 통해 답변자의 성격과 대인관계능력을 파악할 수 있다. 새로운 환경에 적응을 잘하여 새로운 친구들이 많은 것도 좋지만, 깊고 오래 지속되어온 인간관계를 말하는 것이 더욱 바람직하다.

(2) 성격 및 가치관에 관한 질문

① 당신의 PR포인트를 말해 주십시오.
PR포인트를 말할 때에는 지나치게 겸손한 태도는 좋지 않으며 적극적으로 자기를 주장하는 것이 좋다. 앞으로 입사 후 하게 될 업무와 관련된 자기의 특성을 구체적인 일화를 더하여 이야기하도록 한다.

② 당신의 장·단점을 말해 보십시오.

지원자의 구체적인 장·단점을 알고자 하기 보다는 지원자가 자기 자신에 대해 얼마나 알고 있으며 어느 정도의 객관적인 분석을 하고 있나, 그리고 개선의 노력 등을 시도하는지를 파악하고자 하는 것이다. 따라서 장점을 말할 때는 업무와 관련된 장점을 뒷받침할 수 있는 근거와 함께 제시하며, 단점을 이야기할 때에는 극복을 위한 노력을 반드시 포함해야 한다.

③ 가장 존경하는 사람은 누구입니까?

존경하는 사람을 말하기 위해서는 우선 그 인물에 대해 알아야 한다. 잘 모르는 인물에 대해 존경한다고 말하는 것은 면접관에게 바로 지적당할 수 있으므로, 추상적이라도 좋으니 평소에 존경스럽다고 생각했던 사람에 대해 그 사람의 어떤 점이 좋고 존경스러운지 대답하도록 한다. 또한 자신에게 어떤 영향을 미쳤는지도 언급하면 좋다.

(3) 학교생활에 관한 질문

① 지금까지의 학교생활 중 가장 기억에 남는 일은 무엇입니까?

가급적 직장생활에 도움이 되는 경험을 이야기하는 것이 좋다. 또한 경험만을 간단하게 말하지 말고 그 경험을 통해서 얻을 수 있었던 교훈 등을 예시와 함께 이야기하는 것이 좋으나 너무 상투적인 답변이 되지 않도록 주의해야 한다.

② 성적은 좋은 편이었습니까?

면접관은 이미 서류심사를 통해 지원자의 성적을 알고 있다. 그럼에도 불구하고 이 질문을 하는 것은 지원자가 성적에 대해서 어떻게 인식하느냐를 알고자 하는 것이다. 성적이 나빴던 이유에 대해서 변명하려 하지 말고 담백하게 받아드리고 그것에 대한 개선노력을 했음을 밝히는 것이 적절하다.

(4) 지원동기 및 직업의식에 관한 질문

① 왜 우리 회사를 지원했습니까?

이 질문은 어느 회사나 가장 먼저 물어보고 싶은 것으로 지원자들은 기업의 이념, 대표의 경영능력, 재무구조, 복리후생 등 외적인 부분을 설명하는 경우가 많다. 이러한 답변도 적절하지만 지원 회사의 주력 상품에 관한 소비자의 인지도, 경쟁사 제품과의 시장점유율을 비교하면서 입사동기를 설명한다면 상당히 주목 받을 수 있을 것이다.

② 만약 이번 채용에 불합격하면 어떻게 하겠습니까?

불합격할 것을 가정하고 회사에 응시하는 지원자는 거의 없을 것이다. 이는 지원자를 궁지로 몰아넣고 어떻게 대응하는지를 살펴보며 입사 의지를 알아보려고 하는 것이다. 이 질문은 너무 깊이 들어가지 말고 침착하게 답변하는 것이 좋다.

③ 당신이 생각하는 바람직한 사원상은 무엇입니까?

직장인으로서 또는 조직의 일원으로서의 자세를 묻는 질문으로 지원하는 회사에서 어떤 인재상을 요구하는 가를 알아두는 것이 좋으며, 평소에 자신의 생각을 미리 정리해 두어 당황하지 않도록 한다.

④ 직무상의 적성과 보수의 많음 중 어느 것을 택하겠습니까?

이런 질문에서 회사 측에서 원하는 답변은 당연히 직무상의 적성에 비중을 둔다는 것이다. 그러나 적성만을 너무 강조하다 보면 오히려 솔직하지 못하다는 인상을 줄 수 있으므로 어느 한 쪽을 너무 강조하거나 경시하는 태도는 바람직하지 못하다.

⑤ 상사와 의견이 다를 때 어떻게 하겠습니까?

과거와 다르게 최근에는 상사의 명령에 무조건 따르겠다는 수동적인 자세는 바람직하지 않다. 회사에서는 때에 따라 자신이 판단하고 행동할 수 있는 직원을 원하기 때문이다. 그러나 지나치게 자신의 의견만을 고집한다면 이는 팀원 간의 불화를 야기할 수 있으며 팀 체제에 악영향을 미칠 수 있으므로 선호하지 않는다는 것에 유념하여 답해야 한다.

⑥ 근무지가 지방인데 근무가 가능합니까?

근무지가 지방 중에서도 특정 지역은 되고 다른 지역은 안 된다는 답변은 바람직하지 않다. 직장에서는 순환 근무라는 것이 있으므로 처음에 지방에서 근무를 시작했다고 해서 계속 지방에만 있는 것은 아님을 유의하고 답변하도록 한다.

(5) 여가 활용에 관한 질문

취미가 무엇입니까?

기초적인 질문이지만 특별한 취미가 없는 지원자의 경우 대답이 애매할 수밖에 없다. 그래서 가장 많이 대답하게 되는 것이 독서, 영화감상, 혹은 음악감상 등과 같은 흔한 취미를 말하게 되는데 이런 취미는 면접관의 주의를 끌기 어려우며 설사 정말 위와 같은 취미를 가지고 있다하더라도 제대로 답변하기는 힘든 것이 사실이다. 가능하면 독특한 취미를 말하는 것이 좋으며 이제 막 시작한 것이라도 열의를 가지고 있음을 설명할 수 있으면 그것을 취미로 답변하는 것도 좋다.

(6) 지원자를 당황하게 하는 질문

① 성적이 좋지 않은데 이 정도의 성적으로 우리 회사에 입사할 수 있다고 생각합니까?

비록 자신의 성적이 좋지 않더라도 이미 서류심사에 통과하여 면접에 참여하였다면 기업에서는 지원자의 성적보다 성적 이외의 요소, 즉 성격·열정 등을 높이 평가했다는 것이라고 할 수 있다. 그러나 이런 질문을 받게 되면 지원자는 당황할 수 있으나 주눅 들지 말고 침착하게 대처하는 면모를 보인다면 더 좋은 인상을 남길 수 있다.

② 당신은 이 회사에 적합하지 않은 것 같군요.

이 질문은 지원자의 입장에서 상당히 곤혹스러울 수밖에 없다. 질문을 듣는 순간 그렇다면 면접은 왜 참가시킨 것인가 하는 생각이 들 수도 있다. 하지만 당황하거나 흥분하지 말고 침착하게 자신의 어떤 면이 회사에 적당하지 않는지 겸손하게 물어보고 지적당한 부분에 대해서 고치겠다는 의지를 보인다면 오히려 자신의 능력을 어필할 수 있는 기회로 사용할 수도 있다.

③ 다시 공부할 계획이 있습니까?

이 질문은 지원자가 합격하여 직장을 다니다가 공부를 더 하기 위해 회사를 그만 두거나 학습에 더 관심을 두어 일에 대한 능률이 저하될 것을 우려하여 묻는 것이다. 이때에는 당연히 학습보다는 일을 강조해야 하며, 업무 수행에 필요한 학습이라면 업무에 지장이 없는 범위에서 야간학교를 다니거나 회사에서 제공하는 연수 프로그램 등을 활용하겠다고 답변하는 것이 적당하다.

④ 지원한 분야가 전공한 분야와 다른데 여기 일을 할 수 있겠습니까?

수험생의 입장에서 본다면 지원한 분야와 전공이 다르지만 서류전형과 필기전형에 합격하여 면접을 보게 된 경우라고 할 수 있다. 이는 결국 해당 회사의 채용 방침상 전공에 크게 영향을 받지 않는다는 것이므로 무엇보다 자신이 전공하지는 않았지만 어떤 업무도 적극적으로 임할 수 있다는 자신감과 능동적인 자세를 보여주도록 노력하는 것이 좋다.

02 면접기출

1 공통 면접기출

(1) 인성 및 업무 관련

① 자기소개를 해 보세오.

② 본인에게 주어진 담당업무 외에 학교나 학생을 위해서 할 수 있는 일이 무엇이 있을지 말해 보세오.

③ 퇴근 시간 이후 업무가 주어진다면 어떻게 하겠습니까?

④ 당 교육청(또는 교육지원청)의 교육지표에 대해 알고 있습니까?

⑤ 지원 직종에 필요하다고 생각하는 자질에 대해 설명해 보세요.

⑥ 우리 지역 자랑을 30초 간 해 보세요.

⑦ 방학중 비근무인데 일정이나 계획에 대해 간단히 말해 보세요. (방학중 비근무직)

(2) 일반 시사 관련

① 김영란법에 대해 설명해 보시오.

② 창조경제에 대한 자신의 생각을 말해 보시오.

2 직종별 면접기출

(1) 교무행정사

① 교무행정사의 업무에 대해 설명해 보세요.

② 공문서 작성법에 대해 간략히 설명해 보세요.

③ 만약 교사가 부당한 일을 시킨다면, 어떻게 대처하겠습니까?

④ 여러 명의 교사가 동시에 업무를 부탁할 경우, 어떤 순서에 따라 처리하겠습니까?

⑤ 외부에서 학교로 전화가 온 상황을 가정하여 통화해 보세요.

⑥ 교무행정사가 되기 위해 어떤 노력을 했는지 말해 보시오.

⑦ 개인적으로 중요한 일정과 학교 행사가 겹칠 경우 어떻게 하겠습니까?

⑧ 교무행정사에게 필요하다고 생각하는 자질에 대해 설명해 보세요.

(2) 초등돌봄전담사

① 매 여름이면 발생하는 통학 차량 아동 갇힘 사고를 방지할 수 있는 방법이 있다면 말해 보세요.

② 학대 및 방치가 의심되는 아동이 있다면 어떻게 대처하겠습니까?

(3) 전문상담사 및 임상심리사

① 기억에 남는 학교폭력 상담 경험에 대해 말해 보세요.

② 자신만의 상담 프로그램 개발 및 운영 방법이 있다면 말해 보세요.

③ 학교폭력이 발생한 상황에서 피해 학생과 가해 학생의 부모 간 중재

(4) 특수교육실무원

① 특수교육대상 학생 지원이 일반 학생 지원과 다른 점을 말해 보세요.

② 특수교육대상 학생 생활지도에 있어 가장 중요한 점은 무엇이라고 생각합니까?

(5) 조리원

① 급식실 위생관리를 위한 자신만의 철칙이 있다면 말해 보세요.

② 급식품의 조리 후 식재료의 유통기한이 지난 것을 알았다면, 어떻게 하겠습니까?

③ 나이가 한참 어린 영양(교)사와의 관계에서 의견충돌이 있을 경우 어떻게 대처하겠습니까?

④ 조리원으로서 가장 중요하게 여겨야 할 점은 무엇이라고 생각합니까?